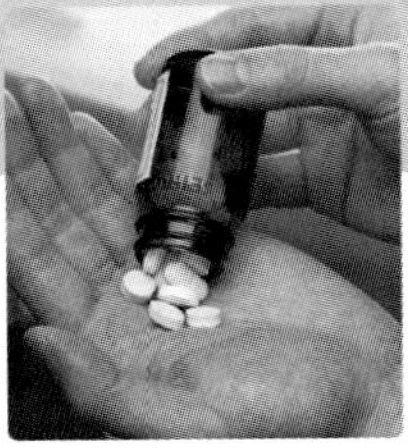

《学校卫生知识必读》编委会

顾　问　王晓明　王新华

主　审　张有成　李　慧

主　编　郑永东

副主编　李亚霞　李国长　王奋生

编　者　桑向来　熊志军　吴　照　肖　芳

　　　　乔小芸　郑宜佳　付　强　南　噻

　　　　李　扬　付富强　蔡呈煦

XUEXIAO WEISHENG ZHISHI BIDU

学校卫生知识必读

郑永东 ◎ 主编

兰州大学出版社

图书在版编目(CIP)数据

学校卫生知识必读/郑永东主编. —兰州:兰州大学出版社,2012.7

ISBN 978-7-311-03937-0

Ⅰ.①学… Ⅱ.①郑… Ⅲ.①学校卫生—基本知识 Ⅳ.①G478

中国版本图书馆 CIP 数据核字(2012)第 162768 号

策划编辑 宋 婷
责任编辑 宋 婷 徐 瑞
封面设计 管军伟

书　　名 学校卫生知识必读
主　　编 郑永东
出版发行 兰州大学出版社 (地址:兰州市天水南路 222 号 730000)
电　　话 0931-8912613(总编办公室) 0931-8617156(营销中心)
　　　　 0931-8914298(读者服务部)
网　　址 http://www.onbook.com.cn
电子信箱 press@lzu.edu.cn
印　　刷 兰州奥林印刷有限责任公司
开　　本 710 mm×1020 mm 1/16
印　　张 15
字　　数 360 千
版　　次 2012 年 7 月第 1 版
印　　次 2012 年 7 月第 1 次印刷
书　　号 ISBN 978-7-311-03937-0
定　　价 38.00 元

序

学校卫生关系到每一个学生的健康成长，关系到每一个家庭的切身利益和幸福生活，更关系到中华民族的健康素质和国家综合实力的提高。全面进入小康，首先要全民健康。因此，我们必须把学生的身心健康作为建设人力资源强国的基础性工程，把学生健康成长作为学校工作的基本内容之一。

党中央、国务院历来高度重视青少年学生的健康成长问题，十分关心学校卫生工作。各级卫生、教育部门周密部署，密切配合，认真贯彻落实《学校卫生工作条例》和《中华人民共和国传染病防治法》等卫生工作法律法规，进一步加大疾病预防控制力度，使突发公共卫生事件得到有效处置。我国卫生监督和健康教育工作做得扎实有效，学校卫生事业得到了蓬勃的发展。

但是，在西部欠发达地区和边远贫困山区，由于受自然条件、经济条件和卫生资源的影响，绝大多数中小学校目前还没有设置校医室，没有专职校医，传染病预防与控制、健康教育等工作都由教师兼任，而兼职教师又没有受过医学专业培训。这在一定程度上影响着学校卫生工作的正常开展，是制约学校卫生事业发展的“瓶颈”。

《学校卫生知识必读》紧密结合学校卫生工作现状，较好地把握了内容的深度和广度，从学校卫生概述、生长发育和青春期卫生、免疫规划等十一个方面，做了全面规范的介绍。语言通俗易懂，便于学习，具有科学性、实用性和可操作性，可作为学校卫生工作的工具书，也可作为教师和校医培训的教材。从而对进一步提高学校卫生工作者的业务水平起到较大的促进作用，有效解决了学校卫生事业发展的“瓶颈”问题。

学校卫生工作责任重大、使命光荣，搞好学校卫生工作是各级卫生、教育部门的责任，也是全社会的义务。让我们共同努力，以对党和人民高度负责的态度、对青少年学生一生负责的精神，切实搞好学校卫生工作，为维护和促进青少年学生健康成长做出贡献。

王晓明

甘肃省卫生厅副厅长

前 言

《学校卫生知识必读》以加强学校卫生工作者学习培训为目标，紧密联系当前学校卫生工作实际，合理安排了学校卫生工作者必读的相关知识，具体包括学校卫生概述、生长发育和青春期卫生、免疫规划、学校常见医学症状、传染病的预防与控制、学校常见病、健康教育和健康促进、健康体检、食品安全及环境卫生管理、突发公共卫生事件的应急处理、群体性心因性事件的防治、相关法律法规等。力求内容翔实、简明扼要、通俗易懂，并注重其内容的科学性、针对性、指导性和实用性，旨在帮助学校卫生工作者进行在岗学习，掌握预防、保健、传染病防治、突发公共卫生事件的应急处置等方面的基本知识，提高专业素质，能更好地适应学校卫生工作的实际需要。

《学校卫生知识必读》内容中的专业名词、数据和单位名称以国家标准和高等医学院校的有关教材为依据。

本书在编写过程中，得到了甘肃省卫生厅王晓明副厅长、省疾控中心王新华主任的关心和指导；兰州大学第二附属医院教授、主任医师、博士研究生导师张有成副院长，省疾控中心主任医师、硕士研究生导师李慧副主任在百忙中，对书稿进行了审校，并提出了宝贵意见；同时得到了许多同行的热心帮助和大力支持，并参考了国内部分教材、书刊的经验和精华，凡是加以引用和参考的，一般都注明了出处，但也难免有疏漏之处，这是需要加以说明和表示歉意的。本书的编写包含了老前辈、老师们的辛勤劳动和汗水，在此向他们深表敬意和感谢！

由于编者水平有限，难免存在不足之处，故热切希望各位专家、学校广大教师和卫生工作者惠予指正，以适时修订和完善。

编者

目　录

第一章　学校卫生概述

学校卫生学是涉及环境、营养、劳动、基础医学、临床医学等多方面内容的综合性边缘学科，与心理学、体育学、物理学有密切的联系，是预防医学的一个分支。它以儿童和青少年为研究对象；主要任务是研究儿童、青少年的健康和发育同教育及生活环境的关系，分析影响儿童和青少年成长的不利因素并加以控制；提出预防疾病、保护儿童和青少年健康的一系列措施，创造良好的学校教育环境，保障学生的正常发育、身心健康，以实现学生的德、智、体全面发展和社会主义教育的目标。

第一节　学校卫生立法

为提高学生的健康水平，国务院陆续颁布了《关于改善各级学校学生状况的决定》、《关于全日制学校的教学、劳动和生活安排的规定》、《中、小学学生体质健康卡片》等30余项学校卫生方面的规范性文件。

1980年，教育部和卫生部相继联合颁布了《中、小学卫生工作暂行规定(草案)》等。《中华人民共和国宪法》(1982年)中规定，国家要发展社会主义教育事业，提高全国人民的科学文化水平，要培养青年、少年、儿童在品德、智力、体质等方面的全面发展，这充分体现了国家对学生健康问题的关怀，也为我国学校卫生立法提供了依据。1990年4月25日，经国务院批准，国家教育委员会和卫生部联合制定了《学校卫生工作条例》；1996年卫生部发布了《学生集体用餐卫生监督办法》；1999年卫生部根据世界卫生组织《健康促进学校发展纲领》制定了《健康促进学校工作指南》；2002年5月发布了《关于加强学校预防艾滋病健康教育工作的通知》；2002年11月教育部、卫生部联合颁布了《学校食堂与学生集体用餐卫生管理规定》；2003年7月，国务院办公厅转发了教育部、卫生部《关于加强学校卫生防疫与食品卫生安全工作的意见》；2007年5月，出台了《中共中央国务院关于加强青少年体育增强青少年体质的意见》(中发〔2007〕7号)等卫生法律法规。可见，随着全民健康水平的不断提升，我国的学校卫生工作将得到不断发展，学校卫生立法体系将会更加完善。

第二节　学校卫生工作的任务及要求

《学校卫生工作条例》规定，学校卫生工作的任务主要是：监测学生的健康水平；对学生进行健康教育，培养学生良好的卫生习惯；改善学校卫生环境和教学卫生条件；加强对学生传染病、常见病的预防和治疗等。因此，提高学生身体、心理和社会适应等综合能力，协调做好学校教育和社会生活环境之间的互动联系，采取科学的学校卫生保健措施，是学校更好地履行其社会职能的重要前提和保障。

搞好学校卫生工作是实现学校教育目标的重要手段之一，也是提高学习效率的有效途径。培养良好的卫生习惯，还可以有效地防控传染病、常见病在学校内的发生，维持健康的正常的教学工作秩序。

一、学校卫生工作要求

(一) 教学和作息时间

根据我国教育部和卫生部的规定，学生每日学习时间(包括自习)：小学不超过 6 个学时，中学不超过 8 个学时。学校还必须保证学生有课间休息的时间，课间休息时间应当至少保证在 10 分钟。

(二) 劳动卫生

适度安排学生参加社会公益劳动，不仅能让学生增强劳动观念，提高动手能力，养成良好的劳动习惯，而且是学校搞好学生素质教育的一个重要方面。学校应当根据学生的年龄，组织学生参加适当的劳动，安排适当的劳动工种和劳动量。对参加劳动的学生，要进行安全生产教育，使学生严格遵守操作规程，同时还要采取必要的安全和卫生防护措施。

(三) 体育活动

学校应保证学生每天至少有一个小时的体育活动时间，学生的体育及格率应在 85%以上。要根据学生的生理承受能力和体质健康状况，合理安排适合学生的运动项目和运动强度，防止发生伤害事故。同时，还应当注意女学生的生理特点，适当给予必要的照顾。

二、教学设施卫生

《中华人民共和国未成年人保护法》规定，学校不得使未成年学生在危及人身安全、健康的校舍和其他教育教学设施中活动。《中华人民共和国教育法》规定，各级政府、教育行政部门、学校和其他教育机构应当提供符合国家安全标准的教育教学设施和设备。主要体现在：

①学校在新建、改建、扩建校舍时，其选址、设计应当符合国家的卫生标准，并取得当地卫生行政部门的许可，竣工验收应当有当地卫生行政部门参加。

②学校教学建筑、环境噪声，室内微小气候、采光、照明等环境质量以及黑板、课桌椅的设置应当符合国家有关标准。

③学校应当按照有关规定为学生提供充足的符合卫生标准的饮用水。

④学校体育场地和器材应当符合卫生和安全要求。

⑤设置厕所和洗手设施；寄宿制学校还应当为学生提供相应的洗漱、洗澡等卫生设施。

三、学生卫生保健

(一)开展健康教育

学校开展健康教育是预防和控制各类传染性及流行性疾病的重要措施。抓好学校的健康教育工作，是根本上解决不良卫生行为的重要举措。通过学校健康卫生教育，既增强了学生的健康观念，又培养了学生的健康习惯、建立了健康行为，使学生树立"健康第一、预防为主、从我做起"的理念。

(二)开展健康检查

学校应定期对学生开展健康检查。健康体检工作应经当地教育主管部门的批准，由具有体检资质的卫生机构实施。体检工作应每年开展一次，对体格检查中发现有器质性疾病的学生，应当配合学生家长做好转诊治疗工作。

(三)学生健康管理

1.建立与健全卫生管理的综合组织网络

学校应当建立与健全卫生管理的综合组织网络，充分发挥学校保健科(室)、学校爱国卫生运动委员会等组织机构的作用，制定学校卫生规章制度，建立由师生共同参与、各司其职的学校卫生岗位责任制。

2.完善学生健康管理制度

学校要有完善的学生健康管理制度，建立学生体质健康卡片，并纳入学生档案。要配备可以处理一般伤病事故的医务室及医疗用品。供学生使用的文具、娱乐器具、保健用品，必须符合国家有关卫生标准。

四、贯彻执行卫生法律法规

学校应当认真贯彻执行食品卫生法律、法规，加强饮食卫生管理，办好学生膳食，加强营养指导；要认真贯彻执行传染病防治法律、法规，做好急、慢性传染病的预防和控制管理工作，同时做好地方病的预防、控制和管理工作。

（一）学校食堂和学生集体用餐卫生管理

学校食堂与学生集体用餐的卫生管理，必须坚持预防为主的工作方针，实行卫生行政部门监督指导、教育行政部门管理督查、学校具体实施的工作原则。

（二）传染病的预防和控制工作管理

详见第五章“学校对传染病的预防”。

第三节 学校卫生工作管理和监督

一、学校卫生管理机构

为加强学校卫生管理，保障学生健康成长，根据《学校卫生工作条例》、《中华人民共和国食品卫生法》（后简称《食品卫生法》）、《中华人民共和国传染病防治法》（后简称《传染病防治法》）等国家有关卫生法律法规，学校职责部门必须认真贯彻执行各项法律法规，完善卫生设施，改善卫生环境，接受主管部门的监督检测，提高学生健康水平。学校发生食物中毒、生活饮用水污染、传染病流行等突发性公共卫生事件时，除按国家有关法律法规执行外，同时，还要及时报告上级教育和卫生行政部门。各级教育行政部门负责学校卫生工作的行政管理，职业中学、普通中小学可以设立卫生管理机构。城市普通中小学、农村中心小学和普通中学设卫生室，按学生人数600:1的比例配备专职卫生技术人员，学生人数不足600人的学校，可以配备专职或者兼职保健教师，开展学校卫生工作。

二、区域性中小学生卫生保健机构

经本地区卫生行政部门批准，教育行政部门可以成立区域性中小学生卫生保健机构。其主要任务是：调查研究本地区中小学生体质健康状况，开展中小学生常见疾病的预防与矫治，开展中小学卫生技术人员的技术培训和业务指导。

三、疾病预防控制机构的任务

各级疾病预防控制机构，对学校卫生工作承担下列任务：实施学校卫生监测；掌握本地区学生生长发育和健康状况；掌握学生常见病、传染病、地方病动态；制订学生常见病、传染病、地方病的防治计划；对本地区学校卫生工作进行技术指导，开展学校卫生服务。

四、学校卫生工作的监督

(一)学校卫生工作监督机构及其职责

《学校卫生工作条例》规定，县以上卫生行政部门对学校卫生工作行使监督职权。其职责是:对新建、改建、扩建校舍的选址、设计实行卫生监督;对学校内影响学生健康学习、生活、劳动、环境、食品等方面的卫生和传染病防治工作实行卫生监督;对学生使用的文具、娱乐器具、保健用品实行卫生监督。

(二) 学校卫生监督员职责

行使学校卫生监督职权的机构设立学校卫生监督员,由省级以上卫生行政部门聘任并颁发学校卫生监督员证书。学校卫生监督员执行卫生行政部门或者其他有关部门交付的学校卫生监督任务。学校卫生监督员在执行任务时应出示证件,在进行卫生监督时,有权查阅与卫生监督有关的资料,搜集与卫生监督有关的情况,被监督的单位或者个人应当给予配合。学校卫生监督员对所掌握的资料、情况负有保密责任。

(三) 处罚

对于未经卫生行政部门的许可,新建、改建、扩建校舍的,由卫生行政部门对直接责任单位或者个人给予警告、责令停止施工或者限期改正。对学校教学建筑、环境噪声,室内微小气候、采光、照明等环境质量以及黑板、课桌椅的设置没有符合国家有关标准的,没有按照有关规定为学生设置厕所和洗手设施的,寄宿制学校没有为学生提供相应的洗漱、洗澡等卫生设施的,学校体育场地和器材不符合卫生和安全要求的,由卫生行政部门对直接责任单位或者个人给予警告并责令限期改进。情节严重的，可以同时建议教育行政部门给予行政处分。对学校组织学生参加生产劳动,致使学生健康受到损害的,由卫生行政部门对直接责任单位或者个人给予警告,责令限期改进。对学校提供学生使用的文具、娱乐器具、保健用品,没有符合国家有关卫生标准的,由卫生行政部门对直接责任单位或者个人给予警告。情节严重的,可以会同工商行政部门没收其不符合国家有关卫生标准的物品,并处以非法所得 2 倍以下的罚款。拒绝或者妨碍学校卫生监督员实施卫生监督的,由卫生行政部门对直接责任单位或者个人给予警告。情节严重的,可以建议教育行政部门给予行政处分或者 200 元以下的罚款。

第二章　生长发育和青春期卫生

第一节　儿童与青少年生长发育的规律

生长发育是儿童、青少年重要的生理、心理特征，是反映儿童、青少年健康状况的重要内容。生长发育的过程是人体的遗传潜力与外界环境交互作用的过程。遗传决定生长发育的可能性，环境决定生长发育的现实性。了解和认识儿童、青少年生长发育的规律，能有效地发现或探究影响儿童生长发育的各种因素，采取各种措施，促进遗传潜能的充分发挥。

一、生长发育的一般规律

(一)头尾规律

小儿体格发育有其头尾规律，即头部在胎儿期和婴儿期领先生长，以后躯干增长，下肢增长最晚，如婴儿的头长是身长的1/4，成人头长则占身高的1/8，这种发育规律称之为头尾规律。

(二)生长发育的阶段性和连续性

体格的生长发育在不断进行，是一个连续的过程。但是，在各个年龄阶段，其生长发育的速度各不相同，年龄愈小体格增长愈快，具有一定的阶段性。例如，体重在1年内由出生的3 kg到1岁时的9 kg，共增长6 kg，身长由出生时的50 cm到1岁时的75 cm，增长25 cm，所以婴儿期是小儿生长发育第1个高峰期。2岁以后至青春期，体重、身高增长速度减慢，呈稳速增长，青春期又突增，直到发育成熟稳定于成人水平，青春期是儿童生长发育的第2个高峰期。

(三)各器官系统发育的不平衡性

各个器官系统的发育不是以同样的速度和同一模式进行的(图2–1)。神经系统发育最早。婴儿出生时的脑重已达成人脑重的25%，6周岁时达成人脑重的90%，平均重1200 g。淋巴系统在出生后头10年中生长非常迅速，12岁约达成人的200%；在第2个10年期间，淋巴系统便逐渐萎缩到成人水平。生殖系统发育最晚，在青春发育期以前，生殖系统一直处于幼稚期，当第2次生长突增开始后，生殖系统则迅速生长发育,并通过分泌性激素,促进人体的全面发育和成熟。全身的肌肉、骨骼、主要脏器和血流量等生长模式与身高、体重基本相似,即出生后第1年增长最快,以后稳步增长,到青春期出现第2次突增,然后增长速度再度减慢,直到成熟。

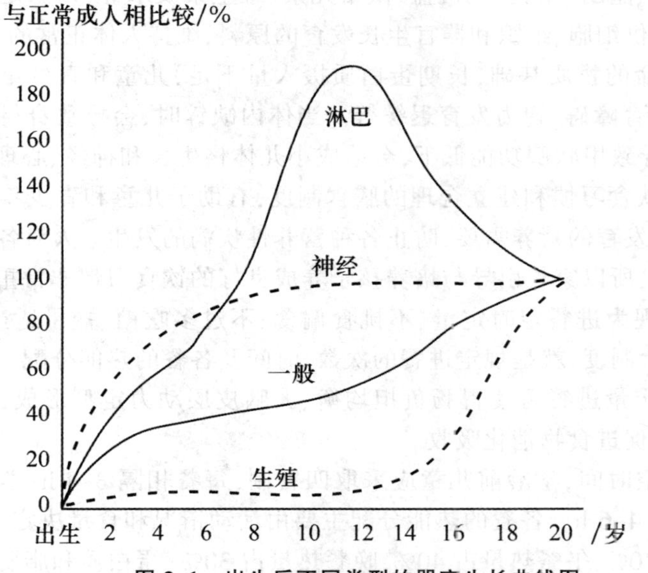

图2-1　出生后不同类型的器官生长曲线图

(四)个体的差异性

由于受机体内外因素,如遗传、环境、营养、教养、性别等的影响,儿童、青少年的生长发育存在着明显的个体差异。

二、影响生长发育的主要因素

儿童、青少年的生长发育,除了受到内在遗传因素的作用外,还受到外界环境因素的影响。遗传决定了生长发育的潜力和最大限度,环境条件则影响着遗传生长潜力的发挥,决定生长发育的速度及达到的程度。

(一)遗传因素

遗传是指子代和亲代之间在形态结构及生理功能上的相似。细胞染色体上的基因携带遗传信息,是决定遗传的物质基础,它决定了每个小儿个体的发育特点。在正常情况下,父母的种族、身材、外貌、体型和性格等,均会影响小儿的生长发育。在异常情况下,遗传性疾病,如染色体异常、遗传代谢性疾病、内分泌障碍及某些先天畸形,均可通过遗传影响小儿的生长发育。男女性别对生长发育也有一定的影响,如女孩平均身高、体重均低于男孩,女孩牙齿及骨化中心发育早于男孩,这也和遗传因素有关。

(二)营养因素

营养是生长发育过程中最主要的物质基础。食物中含有人体所必需的各种营养物质,包括蛋白质、脂肪、糖类、无机盐、微量元素、维生素及水等,以满足儿童和青少年所需的能量,提供细胞、组织和器官生长发育的原料,维持人体正常的生理功能。

蛋白质是生命的物质基础,长期蛋白质摄入量不足,儿童和青少年会患营养不良性水肿、生长发育障碍、智力发育迟缓等。当体内缺锌时,会导致身材矮小及行为偏离。碘缺乏可导致甲状腺功能低下,会造成小儿体格生长和神经、心理发育落后。

养成良好的饮食习惯和建立合理的膳食制度,有助于儿童和青少年的膳食达到平衡,以满足生长发育的营养需要,防止各种营养性疾病的发生。人对各种食物的好恶,是后天形成的,所以家长引导与培养孩子养成良好的饮食习惯非常重要。良好的饮食习惯主要表现为进餐定时定量、不挑食偏食、不过多吃糖、盐量适当、吃饭细嚼慢咽等。所谓膳食制度,就是规定进餐的次数、时间及各餐的热能分配。在合理的膳食制度下,定时、定量进餐可使胃肠负担均衡、大脑皮层动力定型形成,进餐时容易引起良好的食欲,促进食物消化吸收。

根据胃的排空时间,学龄前儿童应采取四餐制,每餐相隔 3~4 h;学龄儿童采用三餐制,每餐相隔 4~6 h。各餐的热能分配主要由活动情况和食量决定,一般早餐热量占全天热量的 30%,午餐热量占 40%,晚餐热量占 30%。蛋白质和脂肪含量丰富的食物应安排在早餐和午餐,晚餐则配以蔬菜和谷类食物。

(三)疾病因素

各种急、慢性疾病都可影响生长发育,但影响程度各不相同。影响程度主要取决于疾病的性质、病程的长短、病变的部位和时间等。常见的疾病如慢性消化道疾病可干扰胃肠道的消化吸收功能,导致人体营养不良,进而引起体格生长障碍,甚至可影响精神与运动发育;寄生虫病,如蛔虫、钩虫、绦虫、血吸虫等,均可导致营养不良或贫血,进而影响生长发育;地方病,如碘缺乏病,是经济欠发达地区流行最广、危害人数最多的一种疾病,可导致不同程度的智力和体格发育滞后;氟是一种亲骨元素,我国受氟危害的人口多达 3 亿,氟斑牙、氟骨症对少年儿童的健康也有着程度不同的危害;内分泌疾病,如生长激素缺乏所致的垂体性矮小症,甲状腺素缺乏引起的呆小症,都会使体格发育受到严重障碍,呆小症患儿还伴有明显的智力低下症状;其他疾病如肝炎、结核病、风湿病、肾炎、支气管哮喘及营养不良等,也可不同程度地影响少年儿童的生长发育。

对于危害少年儿童健康的各种急、慢性疾病,应该积极采取预防措施,同时做好疾病的早期发现与诊治工作,努力维护少年儿童的健康成长。

(四)家庭、学校、社会因素

家庭是组成社会的最基本单位,多数儿童生长发育期的大部分时间是在家庭环境中度过的。家庭的经济状况、社会地位、生活方式、氛围,父母的职业、所受教育的程度、性格、爱好特点及家庭教育,对儿童的体格发育及智力、性格、品德等心理健康的发展都有重要影响。其中,父母的文化素养最为关键,因为这种素质在很大程度上决定着家庭氛围、生活和教育方式。研究表明,父母受教育程度、自身修养与儿童的心理发展成正比。孩子在成长过程中,会调动其体内的潜力去适应自己的生活环境。同时,在相同的经济条件下,家庭结构对儿童的生长发育有明显的影响。国内外许多调查表明,多子女家庭的儿童在身高、体重、胸围、肺活量等方面都显著低于子女少的或独生子女家庭的儿童。父母离异或单亲家庭的儿童得到关怀和爱护的程度减弱,这会给儿童带来巨大的心灵创伤,容易使其产生各种心理问题,进而影响儿童对环境的适应能力。

在儿童和少年身体和心理的发展阶段,重要的时间都是在学校中度过的。多数专家认为,没有任何一个机构比学校更有潜力来促进儿童的健康。学校的教育过程、建筑设备条件、生活环境、饮食和体育锻炼条件、健康教育等均与学生的健康与生长发育密切相关。学校良好的物质条件能使学生产生愉悦的心境和安全感,同时还能激发他们爱校、护校的热情,自觉形成良好的社会公德意识。良好的学校精神氛围是学校师生共同建立的,在气氛和谐、相互尊重、理解、关心、爱护、心情愉快的环境中,学生的心理健康将会得到最直接有效的促进。

社会环境对青少年、儿童的健康和生长发育具有重要的影响作用。贫穷落后地区对教育、公共卫生和福利事业等方面的投资少,这将直接影响少年儿童的生活、学习条件,进而影响其身心的正常发育。生长发育还有明显的城乡差异,城区儿童的发育水平高于农村儿童,社会经济生活水平是造成这一差异的主要原因。近几年来,我国农村的经济及卫生水平得到较快提高,这为缩小城乡儿童发育水平上的差距创造了条件。

(五)其他因素

1.体育锻炼

体育锻炼可直接影响少年儿童的生长发育。锻炼不仅可促进人体的新陈代谢,增强呼吸和循环系统的功能发育,在适当的营养保证下还可提高体格发育的水平。体育锻炼有利于调节骨骼及全身的钙磷代谢,加速矿物盐在骨内的沉积,使骨密度增高。长期锻炼者骨骼直径增粗,骨髓腔增大,骨骼肌纤维变粗,肌肉代谢能力增强,从而使少年儿童的身体素质明显提高。

2.环境污染

环境污染物对儿童生长发育有严重的影响及危害。铅中毒可以导致儿童体格生长落后。铅具有亲神经毒性,对儿童尤其是婴幼儿中枢神经系统和周围神经系统有明显的损害作用。铅的神经毒性作用往往表现在出现明显的临床症状之前的亚临床阶段,可对儿童的智能及行为发育产生危害。我国儿童铅中毒的状况是比较严重的,对儿童健康构成威胁的铅污染的主要来源有:工业污染、铅作业工人对家庭环境的污染、学习用品和玩具的污染、食品的污染等。

氟主要蓄积在牙齿和骨骼中,生理范围内的氟含量对骨及牙齿发育、防止龋齿发生有重要作用。过量的氟可与钙结合成难溶的氟化钙,沉积在骨组织、骨周围及软骨组织中,引起钙磷代谢紊乱,使血钙减少,造成骨质脱钙现象,导致骨质疏松、软化,影响骨的正常生长发育。高氟地区的水源或生活燃煤,使饮水、食物和空气受污染而被摄入人体内,可引起青少年的氟斑牙和氟骨症。

3.作息制度

合理安排生活制度,保证儿童适当的学习时间和足够的户外活动,定时进餐,睡眠充足,是儿童 、青少年正常生长发育的重要保证。在合理的生活制度下,包括大脑在内的身体各部分的活动和休息都能得到适宜的交替, 以保证正常的生理功能状况,避免过度疲劳。睡眠对大脑皮层功能的恢复过程更为重要,睡眠中各种能量物质加紧储备,生长激素脉冲性分泌形成高峰。因此,儿童及青少年应有充足的睡眠,年龄越小,睡眠时间应越长,这样才有利于生长发育。进餐后需要一定的休息时间,从而保证饭后大量血液集中在胃肠道,以便进行消化吸收。饭后若立即从事大运动量的锻炼,可影响消化道的正常功能。定时进餐主要是安排好进餐间隔时间与进餐时间,保证儿童有足够的营养物质和能量的摄入。同时,每天保证 1 h 左右的运动,尤其是户外运动,这对增强体质、促进发育大有益处。

三、生长发育监测

(一)体格测量指标及其意义

体格发育有很多测量指标,大体归为三类,包括纵向测量指标、横向测量指标和重量测量指标。

1.纵向测量指标

包括身高、坐高、上肢长、下肢长、手长、足长等。纵向测量指标主要与骨骼系统的生长有关。在全身各个系统中,骨骼是最稳定的系统之一,受遗传因素控制作用较强,外界生活条件的影响需要有一个长期的过程才能够得到体现。所以纵向测量指标主要用来反映长期营养、疾病和其他不良环境因素的影响过程。

2.横向测量指标

包括围度测量指标和径长测量指标。常用的围度测量指标有头围、胸围、腹围、上臂围、大腿围和小腿围等。常用的径长测量指标有肩围、骨盆围、胸廓前后径和左右径、头前后径和左右径等。

3.重量测量指标

目前,在儿童保健工作中可应用的重量测量指标为体重。

对体格测量指标的选择还需依据年龄和研究目的。婴幼儿时期为了筛查小头畸形和脑积水等疾病常需测量小儿头围;观察婴幼儿的头围和胸围的交叉年龄,需测量胸围;监测儿童生长发育情况需测量身高和体重。

(二)体格发育指标的意义及其测量方法

1.身高

身高是指站立时头、颈、躯干和下肢的总高度。外界生活条件的改善或恶化,必须经过长时间后才可能影响身高。

身高常用身高计测量。方法为儿童取立位姿势,两眼平视,胸廓稍挺起,腹部微收,两臂自然下垂,手指并拢,足跟靠拢,足尖分开约60°。足跟、臀部和两肩胛间三个部位同时贴靠身高坐高计立柱。移动水平底板,使之轻抵颅顶点,测量者平视,记录身高,以"cm"为单位,精确到小数点后1位,如某4岁3个月的男童身高写为104.5 cm。

2.坐高

坐高指儿童处于坐位时的头顶点至坐骨结节的高度。身长或身高减去顶臀长或坐高即为下肢长度。

顶臀长用量床测量,需有一人协助,协助者固定儿童头部于正中位,测量者左手提儿童下肢,膝关节屈曲,大腿垂直,测量者右手将底板紧贴儿童骶骨,读取读数,用"cm"单位记录。

3.头围

头围稳定,变异系数最小。新生儿头围大于胸围,随着月龄增长,胸围超过头围。头围与胸围交叉所在的月龄大小成为评价婴儿营养状况的标准之一。头围与颅内容物和颅骨发育有关。前囟由额骨、顶骨的骨缝构成,出生时斜径约2.5 cm,在出生后12到18个月闭合;后囟由顶骨与枕骨缝构成,呈三角形,在出生时或出生后2~3个月闭合。佝偻病、脑积水、地方性甲状腺功能低下等可致囟门闭合延迟;颅内压增高可致前囟门饱满;严重脱水或营养不良,可致囟门凹陷。

头围表示头颅的围长,间接反映颅内容量的大小。测量者用软尺从头部右侧眉弓上缘经枕骨粗隆、左侧眉弓上缘回到起点。结果用"cm"为单位,记录到小数点后1位。测量时,软尺紧贴头皮,左右对称。

4.胸围

胸围是胸廓的围长,反映胸廓与肺的发育。出生时胸围小于头围1~2 cm,1岁时胸围与头围大致相等,形成交叉,之后胸围超过头围。

胸围测量时,3岁以下婴幼儿取仰卧位,3岁以上取立位,两手自然平放或下垂。测量者立于儿童的前方或后方,用左右拇指将软尺零点固定在儿童胸前左乳头下缘,右手将软尺从右侧绕过胸后壁,经左侧回到零点。协助者双手将软尺固定在两肩胛下角下缘，可保证测量的准确性。记录儿童平静呼吸时中间读数，用“cm”为单位，记录到小数点后1位。

5.上臂围

上臂围是指上臂正中位的肌肉、脂肪和骨骼的围度。在儿童期，肌肉和骨骼围度上的差异相对稳定，脂肪多少会影响上臂围变化。因此，可通过上臂围值间接反映脂肪变化来估计营养状况。

上臂围测量用软尺，被测量者双手臂自然平放或下垂，取左臂肩峰点至尺骨鹰嘴连线的中点绕上臂一周，以“cm”为单位，记录到小数点后1位。

6.皮脂厚度

皮下脂肪厚度(简称皮脂厚度)是评价儿童营养状况的指标之一。

皮脂厚度可用X射线照片、超声波、皮脂卡钳等测量。用皮脂卡钳(皮脂厚度计)测量儿童皮下脂肪厚度最为简单和安全。皮下脂肪常用以下三个测量部位测量。

(1)腹壁皮脂厚度：取锁骨中线与脐平线交界点，测量者用左手拇指、食指与测量点左右分开3 cm，沿躯干长轴平行方向捏起皮下脂肪，右手拿皮脂卡钳，张开钳口，在距手捏点下1 cm处夹住皮下脂肪，读取刻度盘指针所指读数，单位用“mm”，记录到小数点后1位。

(2)背部皮下脂肪：取左侧肩胛下角下稍偏外侧处皮下脂肪，左手拇指与食指捏起时与脊柱呈45°夹角。

(3)上臂皮脂厚度：在左侧上臂肩峰点与尺骨鹰嘴连线中点处测量皮脂厚度。

7.体重

体重反映了身体各部分、各种组织重量的总和，其中骨骼、肌肉、内脏、体脂和水分占主要成分。在构成体重的各成分中，骨骼发育受遗传因素影响大，发育趋于稳定，儿童肌肉、内脏变化居中，而水分和体脂变化最为活跃。体重的下降，可由远期或近期营养造成。

第二节 青春期生理和心理卫生

一、青春期

青春期是每个人一生中都要度过的关键的时期，是人体生长发育成熟前的一个迅速发育的阶段，大致可分为三个时期。

(一)青春发育前期

女生11~12岁开始，男生13~14岁开始，一般持续2~3年。

(二)青春发育中期

女生12~15岁开始,男生14~16岁开始,主要以性器官及第二性征发育为主,女生出现月经,男生出现遗精,一般持续2~4年。

(三)青春发育后期

女生16~17岁开始,男生17~18岁开始,身体各系统继续缓慢发育并逐渐成熟。这一时期为生长发育最重要的阶段,是决定人一生的体格、素质、行为、性格和智力水平的关键时期,生理、心理变化很大,其中最突出的就是性器官的发育和性心理的发展。青少年不论在身体形态、身体功能方面,还是在智力、思想、情感、意志、行为等方面都具有与儿童时期不同的特点。进入青春期的青少年正处于长身体、长知识之际,多表现为精力充沛、朝气蓬勃、积极向上、思想活跃、富有幻想,大多活泼好动,有的还富有创新甚至冒险精神。

二、第二性征发育的外部表现

青春期的生长发育主要表现为第二性征的出现。第二性征是性发育的外部表现,也叫副性征,除男女有别的生殖器官外,在身材、体态、相貌、声音等方面男生和女生都表现不同,且有着明显的差异。第二性征发育出现的年龄阶段为13~17岁。

女生第二性征的发育主要表现为乳房的发育、体毛的出现、骨盆变宽、臀部变大、变声、月经初潮等,一些女孩还会出现青春痘。男生第二性征的发育主要表现为出现胡须、喉结突出、嗓音低沉、体毛明显、阴囊及阴茎增大等。

女性一生中第一次月经来临称为月经初潮,月经初潮标志着女性青春期的到来。月经是女子周期性子宫内膜剥脱,经血从阴道排出的过程,是一种正常的生理现象。男孩第一次遗精的出现,标志着男性进入了青春发育期,通常第一次遗精出现在13~15岁。

第二性征的发育过程,前后约需4年。第二性征的出现使两性在体征上的差异突显出来,从而使青少年增强了成人感和性别角色的体验,个性心理的发展也更加迅速。

三、青春期心理发育特征

(一)青春期闭锁心理

青春期闭锁心理是处于青春期的青少年所特有的一种心理状态,即把自己封闭起来,不轻易向外界敞开心扉,变得孤僻,对父母的态度显得冷淡,这是一种从不成熟走向成熟的正常心理反应。他们开始向往独立,但又缺乏经验;会在意别人尤其是同龄伙伴的评价;会体验自己从未体验过的内心秘密;与人交往不再那么坦率,对自己亲近的人也会有所保留,有孤独感;会关心自己的相貌、体态、身高;会有交友的需求，对异性会有朦胧的感觉；对他人的内心世界和社会生活及新事物感兴趣，开始形成价值观。产生原因有以下三点。

1.独立意识的增长

随着独立意识的增长，思维能力的增强，社会实践的扩大，他（她）们想要自己去体验世界。同时由于与家长的年龄、兴趣、爱好、社会经历不同，从而产生了闭锁心理。

2.自我意识的发展

自我意识的发展是导致青少年产生许多独特的想法和对未来美好的向往，而这些想法往往被家长认为是幼稚的、想入非非的。为免遭耻笑，孩子便将自己的想法和内心秘密封存起来。

3.家庭的约束

家长不了解青少年心理特征，对孩子管头管脚，从而引起了孩子欲摆脱父母监护的心理抵触，于是“话不投机半句多”了。

社会、学校和家长都要关心、理解青少年的心理状态，多采用平等、协商的口吻，疏导、引导的方法，不要用训斥、命令的口气和强迫的办法对待孩子。应充分尊重青少年的独立愿望，主动为他们创造独立自由的小天地，不干预他们的个人自由，鼓励创造性活动，与青少年之间建立平等的相互关系，为他们提供情感支持和爱抚。

（二）自发性集合倾向

自发性集合倾向指的是同性别的、同年龄间松散的、有核心人物的小伙伴集团。其主观动机是强烈要求摆脱对父母的依赖，准备走入社会，通过伙伴的认同感、归属感寻觅知音，发挥才能，相互仿效。积极意义是建立友谊，学习社交能力、责任感和义务感，发泄和舒缓心理压力，是获得自尊、自信的开端。不良后果表现为只顾小集团利益，和大集体疏远，难以和成人社会融合，导致家庭鸿沟扩大，情绪和行为问题不易纠正，容易在外来不良因素的诱惑下，产生反社会行为。

对处于有自发性集合倾向的青春期的青少年，要因势利导，和他（她）们做知心朋友，以情感人，以理服人，注意说话方式，注意青少年特有的敏感性和自尊心，加强引导，不放任自流，建立学校—家庭—社会三联保障体系。

（三）性意识的觉醒

一般女孩在10~13岁、男孩在11~15岁进入性朦胧期，伴随着性生理的变化，男孩和女孩产生了对性知识的需求，他们非常关注自己周围伙伴的发育变化，心中有很多疑惑等待找到答案，很想知道发生在自己身上的变化是否正常，所以，常常有意识地通过一些途径来寻求性知识。

性意识的觉醒是进入青春期的一个重要标志，是由生理发育引发的本能——性欲，在神经—内分泌作用下产生性冲动，性欲和性冲动结合，产生性爱的心理和行为活动。性冲动是正常人本能的行为表现，学校和家长应积极引导，使学生有正确的认识。

四、青春期生理、心理卫生的教育方法与对策

青春期教育是为了学生健康成长而对青少年进行的有关青春期的生理卫生、心理卫生、性心理和性道德等方面的教育。青春期教育除了包括性的生理知识教育外，还包括青春期的心理性道德观念、男女同学之间的友谊与爱情、法制观念、科学人生观等方面的教育，是德育的一个重要组成部分。

青少年正常的异性交往与早恋并存，自尊与自卑共生。由于性发育和趋向成熟，他们逐渐意识到两性差异，产生一种特殊的心理体验，渴望了解性知识，很想知道自身生理上和心理上的变化究竟是怎么回事，如乳房为什么会渐渐变大，为什么会来月经，男性特征等等。青少年开始对自我进行分析，渴求自主，期待能够得到他人的承认和尊重。这个年龄的孩子对周围及自身的变化大都非常的敏感，加之学生特有的羞涩心理，因此，青春期教育要以性教育为核心，主要学习性生理学、性器官解剖知识以及生理知识。性心理教育包括对手淫、异性交往、同性恋、贞操、性骚扰等相关知识的教育，以及避孕、性病知识的教育。对学生性知识的教育，总的来说，宜疏不宜堵，防止青少年出现逆反心理。可从以下几个方面做起：一是正确区分正常的异性交往与早恋；二是理解两性的早恋动机，阐述恋爱的本质和规律，分析早恋的不利影响；三是创造良好的外部环境，开展有益的集体活动等。

总之，要教育学生增强自信，正确认识、了解青春期生理和心理卫生知识，悦纳不足，不断完善。不论遇到多少问题或问题有多少种表现形式，只要通过学习，进行科学的分析，就会明白大多数问题的产生都是有其生理或心理基础的，并具有较强的规律性。学生通过学习、了解、掌握预防知识，可以提高自身防护、自我保健的能力，从而树立起正确的世界观、人生观、价值观。同时，由于生理方面的差异，女孩还要做到以下五个方面的卫生保健。

(一)经期卫生

女孩在经期要保持外阴清洁，经常用干净的温水冲洗外阴，避免经血结痂。清洗外阴时，下身不要泡在水中，以免脏水渗进阴道，更不能用洗脚巾和洗脚水洗外阴。洗外阴的盆也要和洗脚的盆分开。大小便后用手纸时要由前向后擦，这样可避免把肛门四周的细菌带到外阴处。

(二)维持乐观和稳定的情绪

在月经期间，少女往往因身体的某些不适，如乳胀、腰酸、小腹坠胀、头痛而出现情绪烦躁、易怒或抑郁，而情绪波动反过来又会影响月经。因此，保持心情愉悦和自我调节情绪，可以减轻月经期的不适感觉，同时能防止月经失调。

(三)适当的运动量

月经期要注意休息,维持充足的睡眠,以增强机体抵抗力;避免激烈的体育运动和重体力劳动。女同学若碰到月经期间上体育课,可以向老师说明情况,参加一些轻松的运动,如体操、散步、打羽毛球或乒乓球等活动。

(四)注意保暖

月经期身体抵抗力下降,盆腔充血,要注意保暖。要避免淋雨、涉水、游泳或用冷水洗澡、洗头、洗脚,不要在潮湿的地上坐。夏天不要喝过多的冷饮,以免受寒、着凉,刺激盆腔血管收缩,导致月经减少或忽然停经,引发其他疾病。

(五)注意饮食卫生,加强营养

月经期间可吃些易于消化吸收的食品,如蛋类、瘦肉、豆制品、蔬菜、水果,同时还要多喝开水,增加排尿次数,冲洗尿道,以防范炎症。不吃生冷及辛辣刺激性食物,保持大便通畅,减少盆腔充血。

第三章　免疫规划

免疫规划又称计划免疫，是指根据特定传染病疫情的监测和人群免疫状况分析，按照规定的免疫程序有计划地进行人群预防接种，提高人群免疫水平，达到控制以至最终消灭相应传染病的目的而采取的重要措施。

免疫程序的制定和实施是免疫规划工作的重要内容，从实际出发，制定合理的免疫程序，严格按照程序实施接种，提高接种率，充分发挥疫苗的免疫效果，使人群达到和维持较高的免疫水平，是有效控制相应传染病流行的主要手段。20世纪70年代以前，我国的疫苗接种工作主要采用在同一时间内进行突击性疫苗接种的方式，但在预防接种中常出现漏种、重种、无效接种、浪费疫苗等混乱现象，不能达到免疫工作的应有效果。到20世纪70年代后期，我国才提出了计划免疫，并于1982年10月首次召开了全国计划免疫工作会议，颁布了《全国计划免疫工作条例》、《计划免疫工作考核办法》等，统一了全国儿童免疫程序，我国的免疫规划工作正式走入了正轨并有了长足发展。2007年3月，温家宝总理在政府工作报告中对儿童免疫规划工作作出明确的指示："做好重大传染病防治工作，扩大国家免疫规划范围，将甲肝、流脑等15种可以通过接种疫苗有效预防的传染病纳入国家免疫规划。"2008年8月，扩大国家免疫规划在我国正式实施，我国的儿童免疫规划工作迎来了历史性的机遇。

第一节　预防接种概述

所谓预防接种是把疫苗(用人工培育并经过处理的病菌、病毒等)接种在健康人的身体内，使人在不发病的情况下产生抗体并获得特异性免疫的过程。

一、预防接种的种类

(一)人工自动免疫

人工自动免疫是指以免疫原物质接种人体，使人体产生特异性免疫。免疫原物质包括处理过的病原体或提炼成分及类毒素，其制剂可分为以下几种。

1.活菌(疫)苗

由免疫原性强而毒力弱的活菌(病毒或立克次体)株制成，如结核、鼠疫、布氏菌活菌苗，脊髓灰质炎、流感、麻疹活疫苗。其优点是能在体内繁殖，刺激机体时间长，接种量小，接种次数少，免疫作用维持时间长。由于不加防腐剂，当被污染时杂菌易生长。需冷冻保存。

2.死菌(疫)苗

将免疫原性强的活细菌(病毒等)灭活制成。优点是无需减毒，生产过程较简单，含防腐剂，不易有杂菌生长，易于保存；缺点是免疫效果差，接种量大，副作用大。

3.类毒素

类毒素是将细菌外毒素加甲醛去毒，成为无毒而又保留免疫原性的制剂，如白喉、破伤风类毒素等。

(二)人工被动免疫

以含抗体的血清或制剂接种人体，使人体获得现成的抗体而受到保护。由于抗体半衰期短，因而难保持持久而有效的免疫水平。其主要在有疫情时使用。

1.免疫血清

用类毒素免疫动物取得的含特异抗体的血清称为抗毒素，提取其丙种球蛋白的有效免疫成分称为精制抗毒素。其中精制抗毒素含异种蛋白少，可减少过敏反应的发生。免疫血清主要用于治疗，也可作预防使用。

2.免疫球蛋白(丙种球蛋白及胎盘球蛋白)

由人血液或胎盘提取的丙种球蛋白制成，可作为麻疹、甲型肝炎易感接触者预防接种使用，但不能预防所有传染病，更不能作为万能治疗制剂滥用。

(三)被动自动免疫

被动自动免疫只是在有疫情时用于保护婴幼儿及体弱接触者的一种免疫方法。其兼有被动及自动免疫的长处，但只能用于少数传染病，如白喉，可肌注白喉抗毒素1000~3000单位，同时接种吸附精制白喉类毒素。

二、预防接种的注意事项

1.对各种生物制品的接种对象、剂量、程序、方法及保存条件等，严格按照说明书执行。

2.高热、急性传染病人、各种器质性疾病患者、有过敏史的人、孕妇、哺乳期母亲等禁用。

3.基础免疫按程序进行接种，其余一般在传染病流行季节前1~2月完成。

第二节　疫苗免疫程序

免疫程序是根据有关传染病的流行病学特征、免疫因素、卫生设施等条件，由国家对不同年(月)龄儿童接种何种疫苗作出的统一规定。只有制定合理的免疫程序并严格实施，才能充分发挥疫苗效果，避免浪费。免疫程序的内容包括：初种(初服)起始月龄、接种生物制品的间隔时间、加强免疫时间和年龄范围、接种剂次、接种部位、接种途径和剂量(表 3-1,3-2)。初种和加强免疫接种是指同一种疫苗在免疫过程中的两个不同阶段。

表 3-1 疫苗免疫程序表

疫苗	接种对象月(年)龄	接种剂次	接种部位	接种途径	接种剂量(剂次)	备注
乙肝疫苗	0、1、6 月龄	3	上臂三角肌	肌内注射	酵母苗 5 μg/mL，CHO 苗 10 μg/mL、20 μg/mL	出生后 24 h 内接种第 1 剂次，第 1、2 剂次间隔不少于 28 d
卡介苗	出生时	1	上臂三角肌中部略下处	皮下注射	0.1 mL	
脊髓灰质疫苗	2、3、4 月龄，4 周岁	4		口服	1 粒	第 1、2 剂次，第 2、3 剂次间隔均不少于 28 d
百白破疫苗	3、4、5 月龄，18~24 月龄	4	上臂外侧三角肌	肌内注射	0.5 mL	第 1、2 剂次，第 2、3 剂次间隔均不少于 28 d
白破疫苗	6 周岁	1	上臂三角肌	肌内注射	0.5 mL	
麻风疫苗(麻疹疫苗)	8 月龄	1	上臂外侧三角肌下缘附着处	皮下注射	0.5 mL	
麻腮风疫苗(麻腮疫苗、麻疹疫苗)	18~24 月龄	1	上臂外侧三角肌下缘附着处	皮下注射	0.5 mL	
乙脑减毒活疫苗	8 月龄，2 周岁	2	上臂外侧三角肌下缘附着处	皮下注射	0.5 mL	
A 群流脑疫苗	6~18 月龄	2	上臂外侧三角肌附着处	皮下注射	60 μg/mL	第 1、2 剂次间隔 3 个月
A+C 流脑疫苗	3 周岁，6 周岁	2	上臂外侧三角肌附着处	皮下注射	200 μg/mL	2 剂次间隔不少于 3 年；第 1 剂次与 A 群流脑疫苗第 2 剂次间隔不少于 12 个月
甲肝减毒活疫苗	18 月龄	1	上臂外侧三角肌附着处	皮下注射	1 mL	

表 3-2 计划免疫程序中的月(年)龄接种疫苗及接种时间程序

接种时间	接种制品
出生后 24 h 内	接种乙型肝炎疫苗、接种卡介苗
出生 1 个月	接种乙型肝炎疫苗(第 2 针)
出生 2 个月	口服三价混合脊髓灰质炎活疫苗糖丸(第 1 丸)
出生 3 个月	口服三价脊灰糖丸(第 2 丸),接种百白破(第 1 针)
出生 4 个月	口服三价脊灰糖丸(第 3 丸),接种百白破(第 2 针)
出生 5 个月	接种百白破第 3 针
出生 6 个月	接种乙型肝炎疫苗(第 3 针),流脑 A 群疫苗(第 1 针)
出生 8 个月	接种麻风疫苗,乙脑减毒活疫苗(第 1 针)
出生 9 个月	接种流脑 A 群疫苗 2 针(与第 1 针间隔 3 个月)
1.5 岁	接种甲肝减毒活疫苗
1.5~2 岁	接种百白破(第 4 针),麻腮风疫苗(复种)
2 岁	乙脑减毒活疫苗疫苗加强(第 2 针)
3 岁	A+C 群流脑疫苗(第 1 针)
4 岁	口服三价脊灰糖丸(第 4 丸)
6 岁	A+C 群流脑疫苗(第 2 针),白破疫苗

第三节 疫苗的使用和管理

一、国家免疫规划疫苗

疫苗种类:国家免疫规划的疫苗包括儿童常规接种的疫苗和重点人群接种的疫苗。

儿童常规接种的疫苗包括重组乙型肝炎疫苗(以下称乙肝疫苗,HepB)、皮内注射用卡介苗(以下称卡介苗,BCG)、口服脊髓灰质炎减毒活疫苗(以下称脊灰疫苗,OPV)、无细胞百日咳白喉破伤风联合疫苗(以下称无细胞百白破疫苗或无细胞三联,DPT)及吸附白喉破伤风联合疫苗(以下称白破疫苗,DT)、麻疹腮腺炎风疹联合减毒活疫苗(以下称麻腮风疫苗,MMR)、麻风二联疫苗(以下简称麻风疫苗,MM)、甲型肝炎减毒活疫苗(以下称甲肝减毒活疫苗,HepA-L)、乙型脑炎减毒活疫苗(以下称乙脑减毒活疫苗,JE-L)、A 群脑膜炎球菌多糖疫苗(以下称 A 群流脑疫苗,Men. A)和 A+C 群脑膜炎球菌多糖疫苗(以下称 A+C 群流脑疫苗, Men. AC)。

二、使用规定

国家免疫规划规定的儿童常规基础疫苗接种完成的时间要求有以下几点：

1.乙肝疫苗、卡介苗、脊灰疫苗、百白破疫苗、麻风疫苗、乙脑减毒活疫苗须于新生儿出生后12个月内完成；A群流脑疫苗≤18月龄完成；甲肝疫苗≤24月龄完成。

2.免疫程序所列各种疫苗第1剂的接种时间为最小免疫起始时间。

3.脊灰疫苗、百白破疫苗基础免疫各剂次的间隔时间应≥28 d。

4.乙肝疫苗接种3剂次，在儿童出生时、1月龄、6月龄各接种1剂次，第1剂在出生后24 h内尽早接种。

对母亲有乙肝病毒的新生儿，在自愿的基础上，提倡新生儿在接种首剂乙肝疫苗的同时，在不同部位自费接种100 IU乙肝免疫球蛋白。

5.卡介苗接种1剂次，在儿童出生时接种。

6.脊灰疫苗接种4剂次，在儿童2月龄、3月龄、4月龄和4周岁各接种1剂次。

7.无细胞百白破疫苗接种4剂次，在儿童3月龄、4月龄、5月龄和18~24月龄各接种1剂次。

8.白破疫苗接种1剂次，儿童6周岁时接种。

9.麻腮风疫苗供应不足阶段，使用含麻疹成分疫苗的过渡期免疫程序。8月龄接种1剂次麻风疫苗，麻风疫苗不足部分继续使用麻疹疫苗。18~24月龄接种1剂次麻腮风疫苗，麻腮风疫苗不足部分使用麻腮疫苗代替，麻腮疫苗不足部分继续使用麻疹疫苗。

10.流脑疫苗接种4剂次，儿童6~18月龄接种2剂次A群流脑疫苗，3周岁、6周岁各接种1剂次A+C群流脑疫苗。

11.乙脑减毒活疫苗接种2剂次，儿童8月龄和2周岁各接种1剂次。

12.甲肝减毒活疫苗接种1剂次，儿童18月龄接种。

13.如需同时接种≥2种疫苗，包括国家免疫规划规定的常规基础疫苗和二类自费疫苗，每次最多只能接种2种注射疫苗和1种口服疫苗，注射疫苗应在不同部位接种。严禁将几种疫苗混合吸入同一支注射器内接种。2种减毒活疫苗如未同时接种，应间隔≥28 d。

14.未完成基础免疫的≤14岁的儿童应尽早补种。在补种时应掌握以下原则：

(1)未接种国家免疫规划疫苗常规免疫的儿童，按照免疫程序进行补种。

(2)未完成国家免疫规划疫苗常规免疫程序规定剂次的儿童，只需补种未完成的剂次。

(3)未完成百白破疫苗免疫程序的3月龄~5岁的儿童使用百白破疫苗；6~11岁的儿童使用白破联合疫苗；≥12岁的儿童使用成人及青少年用白破联合疫苗。

(4)未完成脊灰疫苗免疫程序的儿童，<4岁儿童未达到3剂次(含强化免疫等)，应补种完成3剂次。≥4岁儿童未达到4剂次(含强化免疫等)，应补种完成4剂次。

(5)未完成2剂次含麻疹成分疫苗接种(含强化免疫等)的儿童,应补种完成2剂次。

(6)未接种卡介苗的3月龄以下的儿童可直接补种,对3月龄~3岁儿童PPD试验阴性者给予补种,≥4岁儿童不予补种。

三、疫苗和稀释液储存与运输的温度要求

所有疫苗应按品种、批号分类码放。

乙肝疫苗、卡介苗、百白破疫苗、白破疫苗、A群流脑疫苗、A+C群流脑疫苗、甲肝疫苗在2~8 ℃条件下避光保存和运输。

麻疹疫苗、麻腮风疫苗、麻腮疫苗、麻风疫苗、乙脑减毒活疫苗在8 ℃以下的条件下避光保存和运输。

脊灰疫苗在-20 ℃以下或2~8 ℃避光保存和运输。-20 ℃以下保存有效期为2年,2~8 ℃保存有效期为5个月。

疫苗稀释液在常温下保存和运输,防止冻结。

注射器储存和运输时要注意防潮,避免和挥发性、腐蚀性物品存放在一起。

第四节　疫苗的种类及预防的相关疾病

一、疫苗分类

《疫苗流通和预防接种管理条例》将疫苗分为第一类疫苗和第二类疫苗。

(一)第一类疫苗

第一类疫苗是指政府免费向公民提供，公民应当依照政府的规定受种的疫苗，包括国家免疫规划确定的疫苗，省级人民政府在执行国家免疫规划时增加的疫苗，以及县级以上人民政府或者其卫生行政部门组织的应急接种或者群体性预防接种所使用的疫苗。

2008年8月,我国在实施扩大国家免疫规划后,儿童计划免疫接种的疫苗种类在既往卡介苗、脊髓灰质炎疫苗、吸附百白破三联疫苗、麻疹疫苗等“五针三粒药”的基础上,增加了乙肝疫苗、甲肝减毒活疫苗、无细胞三联、麻风疫苗、麻腮风疫苗、A群流脑疫苗、A+C群流脑疫苗、乙脑减毒活疫苗等13种疫苗。

(二)第二类疫苗

根据《疫苗流通和预防接种管理条例》的规定,第二类疫苗是指由公民自费并且知情、自愿受种的其他疫苗。我国目前常用的第二类疫苗有流感疫苗、水痘疫苗、b型流感嗜血杆菌疫苗(Hib)、口服轮状病毒疫苗、肺炎疫苗(23价多糖疫苗、7价结合

疫苗)、狂犬病疫苗等。

二、疫苗与可预防的相关疾病

疫苗与可预防的相关疾病如表3-3所示。

表3-3　疫苗与可预防的相关疾病

种类	疫苗名称	预防传染病	备注
1	卡介苗	结核病	免疫规划疫苗
1	乙肝疫苗	乙型病毒性肝炎	免疫规划疫苗
1	无细胞百白破疫苗(基础) 白破疫苗(加强)	百日咳、白喉、新生儿破伤风	免疫规划疫苗
1	麻疹疫苗	麻疹	免疫规划疫苗
1	麻风疫苗(基础)	麻疹、风疹	免疫规划新增疫苗
1	麻腮风疫苗(加强)	麻疹、风疹、流行性腮腺炎	免疫规划新增疫苗
1	乙脑减毒活疫苗	流行性乙型脑炎	免疫规划新增疫苗
1	A群流脑疫苗(基础)	流行性脑脊髓膜炎	免疫规划新增疫苗
1	A+C群流脑疫苗(加强)	流行性脑脊髓膜炎	免疫规划新增疫苗
1	甲肝减毒活疫苗	甲型肝炎	免疫规划新增疫苗
1	出血热双价纯化疫苗	流行性出血热	免疫规划新增疫苗
1	炭疽减毒活疫苗	炭疽	免疫规划新增疫苗 疫情控制储备疫苗
1	钩体灭活疫苗	钩端螺旋体病	免疫规划新增疫苗 疫情控制储备疫苗
2	流感疫苗	流行性感冒	
2	口服轮状病毒疫苗	病毒性腹泻	
2	甲肝灭活(减毒)疫苗	甲型肝炎	
2	水痘疫苗	水痘	
2	腮腺炎疫苗	流行性腮腺炎	
2	b型流感嗜血杆菌疫苗(Hib)	b型流感嗜血杆菌感染性疾病	
2	狂犬疫苗	狂犬病(疯狗病)	
2	23价肺炎疫苗	肺炎	

注:疫苗种类1代表国家免疫规划疫苗,即一类疫苗,是国家规定对免疫规划内适龄儿童实行免费接种的疫苗;2代表二类疫苗,即由接种对象自费接种的疫苗。

第五节 预防接种的反应

一、预防接种的一般反应

预防接种一般反应，是指在预防接种后发生的，由疫苗本身所固有的特性引起的，对机体只会造成一过性生理功能障碍的反应，主要有发热和局部红肿，同时可能伴有全身不适、倦怠、食欲不振、乏力等综合症状。

(一)全身反应

1.临床表现

接种灭活疫苗后少数受种者 24 h 内可能出现发热，一般持续 1~2 d，很少超过 3 d；个别受种者在接种疫苗后 2~4 h 即有发热，6~12 h 达高峰。

接种减毒活疫苗后，出现发热的时间比接种灭活疫苗稍晚，如注射麻疹疫苗后 6~10 d 内可能会出现发热，个别受种者可伴有轻型麻疹样症状。

接种疫苗后，少数受种者除出现发热症状外，还可能出现头痛、头晕、乏力、全身不适等情况，一般持续 1~2 d。个别受种者可出现恶心、呕吐、腹泻等胃肠道症状，一般以接种当天多见，很少超过 2~3 d。

2.处置原则

受种者发热在 37.5 ℃以下时，应加强观察，适当休息，多饮水，防止继发其他疾病。

受种者发热超过 37.5 ℃，或 37.5 ℃以下并伴有其他全身症状、异常哭闹等情况，应及时到医院诊治。

(二)局部反应

1.临床表现

皮下接种的疫苗在注射后数小时至 24 h 或稍后，少数受种者出现局部红肿，伴疼痛，红肿范围一般不大，仅有少数人红肿直径>30 mm，一般在 24~48 h 逐步消退。

皮内接种卡介苗者，绝大部分受种者于 2 周左右在局部出现红肿，以后化脓或形成溃疡，一般 8~12 周后结痂，形成疤痕(卡疤)。

接种含吸附剂的疫苗，部分受种者的注射部位会因为吸附剂不易吸收，刺激结缔组织增生，而形成硬结。

2. 处置原则

红肿和硬结直径<15 mm 的局部反应，一般不需任何处理。

红肿和硬结直径为 15~30 mm 的局部反应，可用干净的毛巾热敷，每日数次，每次 10~15 min。

红肿和硬结直径>30 mm 的局部反应,应及时到医院就诊。

接种卡介苗出现的局部红肿,不能热敷。

二、异常反应的监测及处理

疑似预防接种异常反应(AEFI)是指在预防接种过程中或接种后发生的,可能造成受种者机体组织器官或功能损害,且怀疑与预防接种有关的反应。

(一)责任报告人

各级各类医疗机构、接种单位和疾病预防控制机构及其执行职务的人员。

(二)报告内容

姓名、性别、出生日期、儿童监护人姓名、现住址、接种疫苗名称、剂次、接种时间、发生反应日期和人数、主要临床经过、就诊单位、临床诊断、报告单位、报告人、报告日期等。

(三)报告程序及时限

1.责任报告人发现疑似预防接种异常反应,应及时向所在地的县级疾病预防控制机构、药品不良反应监测机构报告。

2.责任报告人发现怀疑与预防接种有关的死亡、群体性反应或者引起公众高度关注的事件时,应在 2 h 内向所在地县级卫生行政部门和药品监督管理部门报告。

三、癔症和群发性癔症

(一)癔症

1.临床表现(表 3-4)

表 3-4 癔症主要临床表现

反应类型	主要临床表现
自主神经系统紊乱	头痛、头晕、恶心、面色苍白或潮红、出冷汗、肢冷、阵发性腹痛等
运动障碍	阵发性抽搐、下肢活动障碍、四肢强直等
感觉障碍	肢麻、肢痛、喉头异物感
视觉障碍	视觉模糊、一过性复视或一过性失明
精神障碍	翻滚、嚎叫、哭闹
其他	嗜睡(阵发性)

2.治疗

一般不需特殊治疗，如果病人在丧失知觉时可用棉球蘸少许氨水置于鼻前,促其苏醒。苏醒后可酌情给予镇静剂,如地西泮(安定)成人每次 2.5~5 mg,儿童每次 0.1~0.2 mg/kg。

暗示治疗收效最佳，如注射生理盐水、葡萄糖酸钙和维生素类药物结合心理暗示；也可用物理治疗，如针刺人中、印堂、合谷等穴位或应用电针治疗。

尽可能在门诊治疗，尽快予以治愈。

对发作频繁而家属又不合作者，可考虑请精神神经科医生会诊处理。

(二)群发性癔症

群发性癔症由多个单发病例组成。由于学校接种疫苗一般为群体性预防接种，因此比较容易出现群发性癔症。

其他内容详见第十一章“群体性心因性事件的防治”。

第六节　预防接种工作的管理

儿童预防接种工作由当地卫生行政主管部门统一管理，县级疾病预防控制机构指导各级开展工作，如疫苗的储存、运输(冷链运转)、对乡村级预防接种工作人员的培训、工作督导、重大传染病的应急防控等等。

一、预防接种服务

预防接种组织形式

1.常规接种

(1)常规接种是指接种单位按照国家免疫规划疫苗的程序和预防接种服务周期，为适龄儿童提供的预防接种。

(2)在重点地区还需要对重点人群开展出血热疫苗接种。

2.群体性预防接种

(1)群体性预防接种是指在特定范围和时间内，针对可能受某种传染病感染的特定人群，有组织地集中实施预防接种的活动。

(2)任何单位或者个人不得擅自进行群体性预防接种。

3.应急接种

(1)在传染病流行开始或有流行趋势时，为控制疫情蔓延，对易感人群开展的预防接种活动。

(2)传染病暴发、流行时，县级以上地方人民政府或者其卫生行政部门需要采取应急接种措施的，依照《传染病防治法》和《突发公共卫生事件应急条例》的规定执行。

二、预防接种服务形式和周期

承担国家免疫规划疫苗接种工作的接种单位每年至少应提供12次接种服务，

入户接种每年至少应提供6次接种服务。

(一)定点接种

1.预防接种门诊

(1)城镇接种单位,根据责任区的人口密度、服务人群以及服务半径等因素设立预防接种门诊,按日(周或旬)进行预防接种。

(2)农村地区在乡镇卫生院设立预防接种门诊,按周(旬或月)集中进行预防接种。

2.村级接种点

农村地区根据人口、交通情况以及服务半径等因素,设置覆盖1个或几个村级单位的固定预防接种点,按月进行预防接种。

3.出生时接种

设有产科的各级各类医疗卫生机构按照"谁接生,谁接种"的原则,承担新生儿乙肝疫苗及卡介苗预防接种服务。

(二)入户接种

边远山区、牧区等交通不便的地区,通常采取入户巡回预防接种方式,每年提供不少于6次的预防接种服务。

(三)临时接种

在流动人口等特殊人群儿童集聚地设立临时预防接种点,一般选择适宜时间,为适龄人群提供预防接种服务。

(四)校内疫苗的预防接种

入幼、入托、入学儿童的查验证工作开展期间(一般为每年的秋季新生入学时),学校经过培训的教师或校内预防保健人员,根据儿童免疫规划接种程序,按照卫生部、教育部《关于做好入托、入学儿童预防接种证查验工作的通知》(卫疾控发〔2005〕408号)中的"疫苗漏种儿童的补种原则"的要求和实施方法,对未种、漏种及未全程接种疫苗的儿童,通过查验接种证,及时将疫苗补种信息通知给儿童家长(监护人),并让其带领孩子到所在辖区的预防接种单位开展疫苗补种。

其余疫苗一般在传染病流行季节前1~2月内完成接种。传染病流行期间的疫苗应急接种,要求及早开展。

三、预防接种证、卡(簿)的管理

国家对儿童实行预防接种证制度。接种单位应按规定为适龄儿童建立预防接种证、卡(簿),作为儿童预防接种的凭证、记录和证明;同时,应做好其他适龄人群预防接种的记录工作。

(一)儿童预防接种证、卡(簿)的建立

1.预防接种证、卡(簿)按照受种者的居住地实行属地化管理。

2.在儿童出生后1个月内,其监护人到儿童居住地的接种单位为其办理预防接种证。未按时建立预防接种证或预防接种证遗失者应及时到接种单位补办。

3.设有产科的医疗卫生单位,应告知新生儿监护人及时到居住地接种单位建立预防接种证、卡(簿)。

4.户籍在外地的适龄儿童寄居当地时间在3个月及以上者,由寄居地接种单位及时建立预防接种卡(簿),无预防接种证者需同时建立、补办预防接种证;要向流动儿童监护人宣传,及时到寄居地接种单位办理接种卡(簿)和接种证。

5.接种单位在接种证上加盖公章。

(二)儿童预防接种证、卡(簿)的使用管理

1.接种单位对适龄儿童在实施预防接种时,应当查验预防接种证,并按规定做好记录。

2.预防接种证、卡(簿)由实施接种工作的人员填写。书写工整、文字规范、填写准确、内容齐全,时间(日期)栏(项)填写均以公历为准。

3.儿童迁移时,原接种单位应将儿童既往预防接种史的证明交给儿童家长或其监护人,转入迁入地接种单位;迁入地接种单位应主动向儿童家长或其监护人索查儿童既往预防接种史证明;无预防接种证、卡或接种证明的要及时补建。

4.承担预防接种工作的接种单位,根据托幼机构、学校对儿童入托、入学查验预防接种证的报告,对发现没有或遗失接种证的儿童,应会同托幼机构、学校督促其监护人及时到接种单位补办接种证。

5.预防接种证由儿童监护人长期保管。

四、预防接种的具体实施

接种单位(人员)接种疫苗,要严格遵守预防接种工作规范、免疫程序、疫苗使用指导原则和方案,并在其接种场所的显著位置公示第一、二类(免费或自费)疫苗的品种和接种方法。

(一)预防接种前准备工作

1.确定应种对象

(1)根据国家免疫规划疫苗免疫程序,确定应种对象。

(2)清理预防接种卡(簿),根据接种记录核实应种对象。

(3)主动搜索流动人口和计划外生育儿童中的应种对象,与本地儿童同样管理。

2.通知儿童家长或其监护人

采取预约、通知单、电话、手机短信、口头、广播通知等适当方式,通知儿童家长

或其监护人,告知接种疫苗的种类、时间、地点和相关要求。学校开展的预防接种活动,应提前向学生下发接种知情同意书(告家长书),在家长详细阅读接种相关内容并确认签字后,方可进行接种工作。

3.分发和领取疫苗

4.准备注射器材

5.准备药品和器械

(二)接种时的工作

1.接种场所要求

(1)接种场所室外要设有醒目的标志,室内清洁、光线明亮、通风保暖,并准备好接种工作台、坐凳以及为儿童和家长提供休息、等候的地方。

(2)接种场所应当按照登记、健康咨询、接种、记录、观察等内容进行合理分区,确保接种工作有序进行。

(3)同时接种几种疫苗时,在接种室(台)分别设置醒目的疫苗接种标记,避免错种、重种和漏种。

(4)做好室内清洁,使用消毒液或紫外线消毒,并做好消毒记录。

(5)接种工作人员穿戴工作衣、帽、口罩,双手要洗净。

(6)在接种场所显著位置公示相关资料,包括:预防接种工作流程;疫苗的品种、免疫程序、接种方法、作用、禁忌、不良反应、注意事项以及第二类(自费)疫苗的接种服务价格等;接种服务咨询电话;宣传资料。

2.核实应种对象

(1)接种工作人员通过查验儿童预防接种证、卡(簿)或电子档案,核对受种者姓名、性别、出生日期及接种记录,确定本次应种对象和接种疫苗的品种。

(2)接种工作人员发现原始记录中受种者姓名、出生日期有误时,应及时更正。

(3)对不符合本次接种要求的受种者,向儿童家长或其监护人做好解释工作。

(4)对于因有接种禁忌而不能接种的受种者,医疗卫生人员应当对受种者或其监护人提出医学建议,并在预防接种证、卡(簿)上记录。

3.接种前告知并询问健康状况

(1)接种工作人员在实施接种前,应告知受种者或者其监护人所接种疫苗的品种、作用、禁忌、不良反应以及注意事项。告知可采取口头或文字方式。

(2)接种工作人员在实施接种前,询问受种者的健康状况以及是否有接种禁忌等情况,并如实记录询问情况。

(3)受种者或者其监护人要求自费选择接种第一类疫苗的同品种疫苗的,接种单位应当告知费用承担、异常反应、补偿方式等相关内容。

4.接种现场疫苗管理(由医务人员管理)

5.接种操作

(1)接种工作人员在接种操作前应再次查验并核对受种者姓名、预防接种证、接种凭证和本次接种的疫苗品种,无误后予以接种。

(2)皮肤消毒。

(3)接种时严格执行安全注射。

6.接种记录、观察与预约

(1)接种后及时在预防接种证、卡(簿)记录所接种疫苗的年、月、日及批号。

(2)告知家长或监护人,受种者在接种后留在接种现场观察 30 min。如出现疑似预防接种异常反应,应及时处理和报告。

(3)与儿童家长或其监护人预约下次接种疫苗的种类、时间和地点。

(三)接种后的工作

1.清理器材。

(1)清洁冷藏容器。

(2)使用后的自毁型注射器、一次性注射器及其他医疗废物严格按照《医疗废物处理条例》的规定处理,实行入户接种时应将所有医疗废物带回集中处理。学校开展集中接种活动后,应绝对杜绝使用后的注射器出现流失,要严格按照卫生部《预防接种规范》中的相关要求,收集后实行集中、统一销毁,销毁方式可采用焚烧或深埋,或先焚烧后深埋。同时应有两人以上登记、销毁的签字记录。

2.清理核对接种通知单和预防接种卡(簿),及时上卡(簿),确定需补种的人数和名单,下次接种前补发通知。

3.统计本次接种情况。

第七节 儿童预防接种证的查验工作

儿童预防接种证作为儿童疫苗免疫的有效凭证,记载了儿童所有的疫苗预防接种信息,这些信息包括接种疫苗名称、疫苗接种时间、接种剂次、疫苗批号、疫苗接种单位、接种医生等。

一、国家对儿童实行预防接种证制度

《传染病防治法》第十五条规定:“国家实行有计划的预防接种制度。国家对儿童实行预防接种证制度。”接种单位应按规定为适龄儿童建立预防接种证,作为儿童预防接种的凭证、记录和证明;同时,做好其他适龄人群预防接种的记录工作。托幼机构、小学应在每年的秋季开学时,开展一次新生入幼、入托、入学的预防接种证的查验工作。《疫苗流通与预防接种管理条例》第二十七条同时还规定:“儿童入托、入学

时，托幼机构、学校应当查验预防接种证，发现未依照国家免疫规划受种的儿童，应当向所在地的县级疾病预防控制机构或者儿童居住地承担预防接种工作的接种单位报告，并配合疾病预防控制机构或者接种单位督促其监护人在儿童入托、入学后及时到接种单位补种。”托幼机构、学校是人群集中的地方，容易发生传染病暴发与流行，而预防传染病暴发与流行最经济、最有效的手段和方法就是接种疫苗。因此，儿童有无抵御可预防性传染病的能力，儿童预防接种证就是一种最直观的证明。儿童预防接种证在入托、入学、入伍或将来出入境时都要接受查验，接种证是伴随孩子一生的健康证件。

二、预防接种证的查验工作

国家规定每年的秋季新生入学时，为入幼、入托、入学儿童的预防接种证的查验工作时间，要求学校经过培训的教师或校内预防保健人员，根据儿童免疫规划接种程序，按照卫生部、教育部《关于做好入托、入学儿童预防接种证查验工作的通知》(卫疾控发〔2005〕408号)中的“疫苗漏种儿童的补种原则”的要求和实施方法，对未种、漏种及未全程接种疫苗的儿童，及时通知儿童家长(监护人)带领其到所在辖区的预防接种单位进行疫苗的补种，并由接种单位出具补种证明后进行入学手续的办理工作。现场查验预防接种证工作原则上要求在开学两周内完成。

三、部门职责

各级教育行政部门负责对托幼机构和学校查验预防接种证工作的领导和管理工作，应将其纳入传染病防控管理内容，并开展定期检查。各级卫生行政部门负责对漏种儿童补种工作的领导和管理工作，疾病预防控制机构积极指导托幼机构和学校开展预防接种宣传工作。托幼机构和学校要充分利用多种形式向学生及家长宣传预防接种意义和有关知识；将查验预防接种证纳入儿童入托、入学报名程序，在报名须知中明确告知查验预防接种证的要求和国家免疫规划要求接种的疫苗种类，要求没有预防接种证或未按国家免疫规划接种疫苗的儿童，在入托、入学前应到居住地的接种单位补办或补种。各级卫生行政部门会同当地教育行政部门结合实际情况制订具体培训计划，组织开展辖区内各级各类托幼机构和学校查验预防接种证的培训工作；各级疾病预防控制机构应积极加强技术指导工作；各级教育行政部门协助卫生行政部门落实有关培训工作，确保托幼机构和学校派员参加。培训内容应包括：纳入国家免疫规划疫苗的种类及其免疫程序、预防接种证查验、登记报表填写(表3-5)、查验结果报告(包括报告机构、时限、内容等)、漏种儿童补种等具体内容和要求。

表 3-5 入托、入学新生预防接种验证登记表

______学校(托儿所、幼儿园) ______班

姓名	有无预防接种证	有无查验补种证明	老师签名	备注

登记日期：　　年　　月　　日　　　　登记老师：

第四章　学校常见医学症状

第一节　发热

当机体在致热源作用下或由各种原因引起体温调节中枢功能发生障碍时，体温升高超出正常范围，称为发热。以腋窝温度为标准，将发热分为低热(37.5~38 ℃)、中热(38.1~39 ℃)、高热(39.1~40 ℃)、超高热(超过 41 ℃)；人体最高的耐受温度为40.6~41.4 ℃，高热持续在 42 ℃以上 2~4 h 常导致休克以及严重的并发症；体温高达43 ℃者则很少存活。

一、发热常见的原因

正常情况下，人体的产热和散热保持动态平衡。由于各种原因导致产热增加或散热减少，则出现发热。引起发热的原因主要有三类。

(一)外源性致热源

外源性致热源的种类很多，包括：各种微生物病原体及其产物，如细菌、病毒、真菌及支原体等；炎性渗出物及无菌性坏死组织；抗原抗体复合物等。该类物质通过激活血液中的中性、嗜酸性粒细胞、单核吞噬细胞系统，使其产生并释放内源性致热源，导致发热。

(二)内源性致热源

又称白细胞致热源，如白介素、肿瘤坏死因子和干扰素等。通过血脑屏障直接作用于体温调节中枢的体温调定点(set point)，使调定点上升，机体产热增多，散热减少，出现发热。

(三)非致热源性发热

如颅脑外伤、出血、炎症等引起体温调节中枢受损；癫痫持续状态、甲状腺功能亢进症等引起产热过多；广泛性皮肤病引起散热减少等情况均可导致发热。

二、症状分析

在急性发热中，感染因素占首要地位，其次为肿瘤、血管、结缔组织病。以细菌引起的全身性感染、局限性脓肿、泌尿系感染、胆道感染为多见，结核病居第二位。

体温在几小时内达 39~40 ℃或以上，常伴有寒战。见于流行性感冒、肺炎、输液或某些药物反应等。同时伴有疲乏无力、肌肉酸痛、皮肤苍白、畏寒或寒战等现象。

发热伴皮肤黄染者，多见于肝胆疾病，如重型肝炎、胆囊炎、胆道感染等。

发热伴皮疹者，病后第 1、2、3、4、5、6 天出现皮疹时，依次见于水痘、猩红热、天花、麻疹、斑疹伤寒、伤寒。

发热伴口周疱疹者，多见于流行性感冒。

发热伴关节疼痛者，常见于风湿热、结核病、布氏杆菌病、结缔组织疾病。

体温逐渐上升在数日内达高峰、多不伴寒战，常见于伤寒、结核病等所致的发热。

病因不同，体温上升达高峰之后保持的时间不同。如疟疾发热可持续数小时，肺炎、流行性感冒引起的发热可持续数天，伤寒发热则可为数周。

第二节　头痛

头痛是临床上常见的症状之一，一般指头颅上半部的疼痛，即眉弓、耳轮上缘和枕外隆突连线以上部位的疼痛，是人体对各种致痛因素所产生的主观感觉，属于疼痛的范畴。致痛因素可以是物理的、化学的或机械性的。这些因素刺激颅内外组织结构中的感觉神经末梢，通过相应的转导通路传至大脑而被感知。头痛的程度一般分轻、中、重三种，但与病情的轻重并无平行关系。

一、引起头痛的原因

(一)神经系统病变

如脑外伤、脑缺血病变等，另外植物神经功能失调、神经衰弱的病人也常会感到头痛。

(二)五官科疾病

如慢性中耳炎、外耳道疖肿、额窦炎等，另外三叉神经痛、牙痛亦可导致头痛。

(三)内科疾病

如感冒、高血压病、低血压病、贫血、感染、中毒、低血糖等。

(四)颈椎疾病

在工作或学习中长期处于一种姿势，可造成颈椎增生、变形、退化，颈部肌肉扯紧，动脉供血不足，这也是导致头痛的主要原因。

(五)心、脑供血不足

血黏度增高致血流缓慢，脑动脉硬化使脑血管内径变小直接造成大脑供血、供氧不足；心脏冠状动脉粥样硬化使管腔变细、变窄，导致心、脑部供血、供氧不足，引起头痛。

(六)失眠

长期睡眠不足可引起头痛或偏头痛。

二、症状分析

(一)按发病情况

急性起病并有发热者常为感染性疾病所致。

急剧的头痛，持续不减，并有不同程度的意识障碍而无发热者，提示为颅内血管性疾病。

长期的反复发作头痛或搏动性头痛，多为血管性头痛或神经官能症。

慢性进行性头痛并伴恶心、呕吐等表现，特别是有外伤病史者应注意颅内占位性病变。

青壮年慢性头痛，而无其他表现者，常为焦急、情绪紧张而引起的肌收缩性头痛(或称肌紧张性头痛)。

(二)按伴随症状

头痛伴剧烈呕吐者为颅内压增高，呕吐后减轻者常见于偏头痛。

头痛伴眩晕者见于小脑肿瘤、椎基底动脉供血不足。

头痛伴发热者常见于感染性疾病。

慢性进行性头痛出现精神症状者应注意颅内肿瘤。

慢性头痛突然加剧并有意识障碍者提示可能发生脑疝。

头痛伴视力障碍者可见于青光眼或脑肿瘤。

头痛伴脑膜刺激征者提示有脑膜炎或蛛网膜下腔出血。

头痛伴癫痫发作者可见于脑血管畸形或脑肿瘤。

头痛伴神经功能紊乱症状者常见于神经功能性头痛。

第三节　腹痛

腹痛可因腹腔内器官的器质性病变或功能性障碍所致，也可因腹壁或腹腔外器官病变引起。

一、引起腹痛常见的原因

(一)急性腹痛

腹腔器官急性炎症：如急性胃炎、急性肠炎、急性胰腺炎、急性出血坏死性肠炎、急性胆囊炎等。

空腔脏器梗死或扩张：如肠梗阻、胆道结石、胆道蛔虫症、泌尿系结石梗阻等。

脏器扭转或破裂：如肠扭转、肠绞痛、肠系膜或大网膜扭转、卵巢扭转、肝破裂、异位妊娠破裂等。

腹膜炎症：多由胃肠穿孔引起，少部分为自发性腹膜炎。

腹腔内血管阻塞：如缺血性肠病、夹层主动脉瘤等。

腹壁疾病：如腹壁挫伤、脓肿及腹壁带疱疹。

胸腔疾病所致的腹部牵涉性痛：如心绞痛、心肌梗死、急性心包炎、下叶肺炎等。

全身性疾病所致的腹痛：如腹型过敏性紫癜、尿毒症、铅中毒、血卟啉病等。

(二)慢性腹痛

腹腔脏器的慢性炎症：如反流性食管炎、慢性胃炎、慢性胆囊炎及胆道感染、慢性胰腺炎、结核性腹膜炎、溃疡性结肠炎、克罗恩(Crohn)病等。

空腔脏器的张力变化：如胃肠痉挛或胃肠、胆道运动障碍等。

胃及十二指肠溃疡。

腹腔脏器的扭转或梗阻：如慢性胃扭转。

脏器包膜的牵张：实质性器官因病变肿胀，导致包膜张力增加而发生的腹痛，如手术后腹膜的粘连、肝脾肿大等。

肠寄生虫病：如蛔虫病等。

胃肠神经功能紊乱：如胃肠神经官能症。

二、症状分析

(一)腹痛的起势与诱发因素

有外伤史或起病急骤、全身症状迅速恶化者，常见于腹腔内出血、空腔脏器及管道梗阻或穿孔、胰腺炎、宫外孕破裂。

腹痛前有饱餐史者，常见于胆囊炎、胰腺炎；伴有恶心、呕吐、腹泻、发热等表现者，多为食物中毒，共同进餐者有类似表现。

腹痛在劳累或激动后发作，且有心血管病史者，多考虑心绞痛、心肌梗死。

继急性呼吸道感染后发生的腹痛，应考虑基底部肺炎、胸膜炎等病症。

无诱发因素而多次反复发作的小儿脐周疼痛，多为肠道寄生虫病。

腹痛呈进行性加重伴有发热者，常为炎症性病变。

（二）腹痛的性质

持续性腹痛，常见于器官炎症、实质性器官肿大、包膜张力增加、胃扩张、麻痹性肠梗阻等。

阵发性腹痛，常见于空腔脏器、管道梗阻或痉挛。

持续性疼痛阵发性加剧，可能既有炎症又有梗阻或炎症刺激引起痉挛。

（三）腹痛的程度

腹痛的程度在一定的意义上反映了病情的轻重。

胃肠道穿孔、肝脾破裂、急性胰腺炎、胆绞痛、肾绞痛等疼痛多剧烈，而溃疡病、肠系膜淋巴结炎等疼痛相对轻缓。

疼痛的性质与程度有关，剧烈疼痛多为刀割样痛、绞痛，较缓和的痛则为酸痛、胀痛。胆道蛔虫症患者的疼痛常为钻顶样痛。

（四）伴随的症状

伴发热的提示为炎症性病变。

伴呕吐腹泻的常为食物中毒或胃肠炎。

仅伴腹泻的为肠道感染。

伴呕吐，呕吐物为胃内容物者，可能为胃肠梗阻、胰腺炎。

伴黄疸的提示为胆道疾病。

伴便血的可能是肠套叠、肠系膜血栓形成。

伴血尿、疼痛向会阴部放射者，可能是输尿管结石。

伴休克的多为内脏破裂出血、胃肠道穿孔并发腹膜炎等。

上腹痛伴发热、咳嗽等则需考虑有肺炎的可能。

上腹痛伴心律失常、血压下降的则考虑心肌梗死的可能。

第四节　恶心、呕吐

恶心是一种可以引起呕吐冲动的胃内不适感，常为呕吐的前驱感觉，但也可单独出现，主要表现为上腹部的特殊不适感。

一、引起恶心、呕吐的主要原因

消化系统感染性疾病：如食物中毒、急性胃肠炎、病毒性肝炎等。

内脏疼痛性疾病：如急性肠梗阻、胰腺炎、胆囊炎、腹膜炎等。

中枢神经系统疾病：如脑炎、脑膜炎、高血压脑病等。

药物引起：如化疗药物、洋地黄类药物、某些抗生素或空腹服用对胃肠道有刺激性的药物等。

晕动症:如晕车、晕船。

其他:急性青光眼、美尼尔氏症、妊娠呕吐、消化不良等。

二、症状分析

急性胃肠炎:起病急骤,恶心、呕吐伴腹痛、腹泻。呕吐物多为胃内发酵食物或残渣;有进食生冷、腐败、刺激性食物,暴饮暴食史。

慢性胃炎:恶心、呕吐伴嗳气、饱胀、烧灼、钝痛等上腹部不适感,疼痛无节律性,在进食刺激性或过冷、过热食物时加重。

消化性溃疡病:起病缓慢,病程较长。恶心、呕吐伴嗳气、反酸、流涎,上腹部疼痛,呈周期性发作,疼痛与饮食有关,具有节律性,进食或内服碱性药物后多可缓解。

胃下垂:恶心、呕吐伴厌食、嗳气、上腹不适等。平卧后减轻,餐后久站或劳累后加重。

细菌性痢疾:起病急,恶心、呕吐伴全身不适、畏寒、发热,体温可达 39 ℃以上,有腹痛、腹泻及脓血便,里急后重感。

急性病毒性肝炎:恶心、呕吐伴厌油、纳差、周身乏力、腹胀、腹泻、肝区疼痛。

肝硬化:起病缓慢,恶心、呕吐伴食欲减退、腹胀、腹泻、疲乏、消瘦、蜘蛛痣或肝掌,可有鼻衄、齿龈出血、贫血及皮下淤斑。

高血压病:恶心、呕吐伴头晕、头痛、耳鸣、眼花。严重时可出现心悸、多汗、口干、面色苍白或潮红、视力模糊、手足震颤等。

贫血:严重贫血时可出现恶心、呕吐伴厌食、精神萎靡、疲乏、头晕、记忆力减退、嗜睡,甚至昏迷。晚期可有出血倾向。

糖尿病:早期仅有多饮、多食、多尿、体重减轻等表现,严重时出现食欲减退、恶心、呕吐等。

偏头痛:周期性发作的半侧头痛伴恶心、呕吐,多见于女性,病程长,可在疲劳、紧张、情绪激动、睡眠欠佳、月经期和特定季节发病。

中暑:起病急骤,恶心、呕吐伴面色苍白、头昏、口渴、胸闷、心悸、多汗、四肢无力、面色潮红、呼吸加快等。

美尼尔综合征:突发旋转性眩晕伴恶心、呕吐、神志不清,发作时病人闭目不敢睁眼,可有先兆耳鸣、波动性耳聋,发作后症状消失。

阑尾炎:早期有脐周或中上腹痛、恶心、呕吐、食欲不振,数小时后疼痛转移并固定于右下腹,呈持续性,伴阵发性加剧。

妊娠呕吐:健康已婚生育期妇女,清晨起床后出现恶心、呕吐,连续多天,并有困倦思睡等。

慢性胆囊炎、胆结石:上腹或下季肋部隐痛、胀痛、绞痛或右肩背不适,伴恶心、呕吐、嗳气、呃逆、腹泻等消化不良症状。进食油性食物后症状多加重,且反复发作。

感冒:起病急,有高热、畏寒、全身酸痛、头痛、乏力,伴恶心、呕吐、腹泻等。多发生于夏秋季节。

第五节　腹泻

腹泻是指由于某种原因而使肠道蠕动过快,肠黏膜分泌与吸收功能异常,导致排便次数增多,粪稀薄,或含有脓、血、黏液等病理性内容物而言。腹泻分急性和慢性2类。急性腹泻发病急剧,病程在1~2周之内。慢性腹泻指病程在2个月以上或间歇期在2~4周内的复发性腹泻。

一、引起腹泻的常见原因

进食发霉变质的食物以及进食生冷、难以消化的食物,腹部遇冷受凉,对海鲜等食物过敏。

患细菌性痢疾、阿米巴性痢疾、伤寒等急慢性传染病。

慢性肝胆胰腺疾患造成肠道吸收不良。

二、症状分析

大便次数多,粪便稀薄或水样且量多,伴腹痛、腹胀者,一般为小肠性腹泻。

伴剧烈呕吐、腹痛、粪便中混有未消化食物及少量黏液,同餐者多于食后数小时发生腹泻,为食物中毒性腹泻。

大便次数多,发病急,粪便呈黏液、脓血样,伴发热、腹痛、里急后重者多为急性细菌性痢疾;症状轻、粪便呈暗红酱色或血水样,为阿米巴痢疾。

伴发热者,见于感染性食物中毒、急性细菌性痢疾、伤寒或副伤寒、肠结核、局限性肠炎、病毒性肠炎等。

慢性腹泻,常有脓血便者,应考虑直肠癌的可能。

剧烈腹泻伴呕吐,排大量米泔水样粪便,无腹痛及里急后重者,常见于霍乱或副霍乱。

第六节　咳嗽

咳嗽是人体清除呼吸道内的分泌物或异物的保护性呼吸反射动作。

一、引起咳嗽的常见原因

吸入物:吸入特异性和非特异性物质。如尘螨、花粉、真菌、动物毛屑、硫酸、二氧化硫等。

感染：呼吸道感染。

气候改变：当气温改变时诱发咳嗽，多见于寒冷季节。

精神因素：情绪激动、紧张不安等情况时可诱发咳嗽。

运动：剧烈运动后可诱发咳嗽，称此为运动性咳嗽。

二、症状分析

无痰或痰量极少称为干性咳嗽，常见于急性或慢性咽喉炎、急性支气管炎、支气管异物、胸膜疾病等。

咳嗽伴有咳痰称为湿性咳嗽，常见于慢性支气管炎、支气管扩张、肺炎、肺脓肿和空洞型肺结核等。

咳嗽伴发热多见于急性上、下呼吸道感染，肺结核，胸膜炎等。

咳嗽伴胸痛常见于肺炎、胸膜炎、支气管肺癌、肺栓塞和自发性气胸等。

咳嗽伴呼吸困难见于喉水肿、支气管哮喘、慢性阻塞性肺病、重症肺炎、肺结核、大量胸腔积液、气胸、肺淤血、肺水肿及气管或支气管异物。

咳嗽伴咯血常见于支气管扩张、肺结核、肺脓肿、支气管肺癌等。

咳嗽伴大量脓痰常见于支气管扩张、肺脓肿、肺囊肿合并感染和支气管胸膜瘘。

第七节 眩晕

眩晕是由于人体对空间关系的定性感觉或平衡感觉障碍而发生的一种运动性错觉。临床上分为前庭系统性眩晕和非前庭系统性眩晕。前庭系统性眩晕表现为旋转性，以倾倒的感觉为主，感到自身晃动或景物旋转。非前庭系统性眩晕以头晕的感觉为主，感到眼前发黑或发花，头重脚轻。

一、引起眩晕的常见原因

前庭周围性眩晕：中耳炎、耵聍或异物堵塞、听神经瘤、外伤、中毒等造成。

前庭中枢性眩晕：由前庭系统病变引起。

眼源性眩晕：屈光不正、眼肌麻痹、青光眼、居高俯视、注视飞快行驶的车辆造成。

全身疾病性眩晕：高血压、低血压、神经官能症、更年期综合征、颈椎病等都可引起眩晕。

二、症状分析

美尼尔病：以发作性眩晕伴耳鸣、听力减退及眼球震颤为特点，严重时可伴有恶心、呕吐、面色苍白和出汗。

迷路炎：由中耳炎并发，鼓膜穿孔有助于诊断。

药物中毒：常由链霉素、庆大霉素及其同类药物中毒损害所致。

前庭神经元炎：发热或上呼吸道感染后突发眩晕，伴恶心、呕吐，一般无耳鸣及听力减退。

位置性眩晕：病人头部处在一定位置时出现眩晕和眼球震颤。

晕动病：见于晕船、晕车等，常伴恶心、呕吐、面色苍白、出冷汗等。

心血管疾病：低血压、高血压、阵发性心动过速等可引起眩晕。

其他：贫血、颅脑外伤、糖尿病在一定程度上也可出现眩晕。

第八节　皮疹

皮疹是以皮肤表面颜色改变、局部皮肤表面隆起或发生水疱等多种表现形式的皮肤损害。急性发疹性传染病包括猩红热、风疹、水痘、麻疹、登革热斑疹伤寒、恙虫病、伤寒、副伤寒、丹毒等多种疾病。其特点是发疹多伴有不同形式的发热。

一、常见的皮疹

斑疹：只有局部皮肤颜色变化，既不高起皮面也无凹陷的皮肤损害，见于斑疹伤寒、丹毒、风湿性多形性红斑等。

丘疹：丘疹是一种较小的实质性皮肤隆起、伴有颜色改变的皮肤损害，见于药物疹、麻疹、猩红热、湿疹等。

玫瑰疹：常于胸腹部出现的一种鲜红色、小的(直径多为 2~3 mm)、圆形斑疹，压之退色。这是对伤寒和副伤寒具有重要诊断价值的特征性皮疹。

斑丘疹：在斑疹的底盘上出现丘疹为斑丘疹，见于猩红热、风疹及药疹等。

荨麻疹：又称风团，是局部皮肤暂时性的水肿性隆起，大小不等，形态不一，颜色或苍白或淡红，消退后不留痕迹，是皮肤速发型变态反应所致，见于异性蛋白性食物、药物或其他物质过敏、虫咬伤等。

二、症状分析

猩红热的皮疹常于发病第 1~2 天，先出现于胸上部与颈底部，继而迅速蔓延全身，面部发红而唇周苍白，有脱屑现象，发病以急性发热、咽喉炎开始，可伴有白细胞增多及典型的杨梅样舌。

麻疹的皮疹常发于病后的第 3~4 天，发疹开始于面部、耳后、发际，以后遍布全身，呈斑疹或斑丘疹，后期有脱屑及色素沉着，伴有白细胞减少、上呼吸道感染症状及口腔内的麻疹黏膜症状。

风疹发疹于病后第1~2天，皮疹迅速出现、迅速消退，呈散在性小斑丘疹，由面部向下蔓延，无脱屑及色素沉着，一般病程短而症状轻。

水痘的皮疹常于发病数小时或1~2 d内分批陆续出现，初为红斑，次为斑疹，再次为丘疹，随后转为水疱。

急性播散性红斑狼疮典型的皮肤损害为鼻梁或双颊出现蝶形红斑。

风湿热病人中部分可出现各种皮疹。最常见的为环形红斑与皮下结节，此病多伴发热、汗多、关节痛及血沉加快等反应。

药疹多呈对称性分布且呈多形性，往往伴有痒感、烧灼感，具有服药史。

荨麻疹多由寒冷刺激及其他过敏原所致，其特征为暂时性水肿性、皮肤隆起，顶面齐平，常伴有瘙痒和灼热感，通常突然发生，经过数分钟或数小时后迅速消失。

第九节 鼻出血

鼻出血又称鼻衄，是临床常见症状之一，多因鼻腔病变引起，偶有因鼻腔邻近部位病变出血，经鼻腔而流出者。鼻出血多为单侧，亦可为双侧。可间歇反复出血，或持续出血。出血量多少不一，轻者仅鼻涕中带血，重者可引起失血性休克。反复出血则可导致贫血。

一、鼻出血的常见原因

鼻腔黏膜中的毛细血管分布密集，敏感脆弱，外伤或自行挖鼻导致毛细血管破裂可引起出血。学龄前幼儿较多见。

干燥性鼻炎、萎缩性鼻炎、急性鼻炎、急性上颌窦炎等，在气候发生变化或气温较高的夏秋季时，常为鼻出血的原因。

血小板数量减少或凝血机制异常，维生素C、K及微量元素钙等缺乏时，均易发生鼻出血。

青春发育期的个别女性，由于内分泌失调，在月经期因血中雌激素含量减少，鼻黏膜血管扩张易导致鼻出血。

二、症状分析

出血可发生在鼻腔的任何部位，但以鼻中隔前下区最为多见，有时可见喷射性或搏动性小动脉出血。

鼻腔后部出血常迅速流入咽部，从口吐出。一般说来，局部疾患引起的鼻出血，多限于一侧鼻腔，而全身疾病引起者，可能两侧鼻腔内交替或同时出血。

鼻出血可对机体造成一定的损害。主要有失血性贫血、急性失血性休克等，应及时去医院诊治。

第五章 传染病的预防与控制

第一节 传染病基本知识

一、概述

(一)传染病的定义

传染病是指能够在人群中或人和动物之间引起流行的感染性疾病。

该类疾病由病原体(如细菌、病毒、真菌、寄生虫等)侵入人体内引起,病原体在体内繁殖或产生毒素,并对正常细胞及其功能造成破坏,严重时可导致感染者死亡。这些病原体,能通过多种途径,从一个传染源(例如病人、病畜)传到另一个人身上,在人与人或动物与人之间相互传染,使其他人也感染同样疾病。

(二)传染病的特点

1.病原体

绝大多数传染病都有其特异的病原体,包括细菌、病毒、立克次体、衣原体、真菌、螺旋体、原虫、寄生虫等,少数传染病的病原体至今仍不太明确。

2.传染性

病原体从宿主排出体外,通过一定方式,到达新的易感染者体内,呈现出一定的传染性,其传染强度与病原体种类、数量、毒力、易感者的免疫状态等因素有关。

3.流行性、地方性和季节性

(1)流行性按传染病流行过程的强度和广度分为:

散发:指传染病在人群中散在发生。

流行:指某一地区或某一单位,在某一时期内,某种传染病的发病率超过了历年同期的发病水平。

大流行:指某种传染病在某个短时期内迅速传播、蔓延,超过了一般的流行强度。

暴发:指某一局部地区或集体中,短时间内突然出现大批患同一传染病的人。

(2)地方性指某些传染病或寄生虫病的中间宿主,受地理条件、气候条件变化的影响,常局限在一定的地域范围内发生。如疟疾等虫媒传染病,鼠疫等自然疫源性疾病。

(3)季节性指传染病的发病率在年度内出现季节性升高,如流行性乙型脑炎多在夏秋季节流行。

4.免疫性

传染病痊愈后,人体对同一种传染病病原体产生抵抗力,一段时间内再次遇到该病原体的入侵而不会再感染,称为免疫。

不同的传染病,病后的免疫状态有所不同,有的传染病患病一次后可终身免疫,有的经过一段时间后还可再感染。

(三)传染病传播的基本条件

传染病传播需同时具备传染源、传播途径和易感人群三个基本条件。

1.传染源

是指体内有病原体生长、繁殖并且能排出病原体的人和动物,包括病人、病原体携带者和受感染的动物、昆虫。病原体通常必须依靠传染源作为载体,伺机感染其他易感者。

2.传播途径

传播途径是指病原体离开传染源后,传染给其他易感者所经过的途径。传染病可经过一种或多种途径传播。常见的传染病传播途径与过程如表 5-1 所示。

表 5-1 传染病的传播途径

传播途径	传染过程	传染病例子
直接接触	通过与感染者身体的直接接触,如抚摸、拥抱等	疥疮、水痘等
间接接触	通过接触被病原体污染的物品,如毛巾、梳子、衣物和文具等	头虱、结膜炎(红眼病等)
空气或飞沫传播	吸入感染者打喷嚏、咳嗽、吐痰、讲话时喷出的飞沫;手触摸沾有飞沫、痰液的污染物或地面,再触摸眼、口、鼻等黏膜进行传播;病原体附着在微尘或水雾中,在空气中飘浮,经呼吸道进入体内	非典型肺炎、流行性感冒、肺结核等
食物或水(共同的污染源)	进食受污染的食品,饮用受污染的水	霍乱、细菌性痢疾、甲型肝炎等
昆虫或动物媒介	昆虫通过沾有病原体的足部或口部,将病原体散播;有些病原体要先在昆虫体内寄居一段时间繁殖后,才具传染性	乙型脑炎、疟疾(蚊子传播)、肠道传染病(苍蝇、老鼠传播)、狂犬病(狗传播)等
血液/体液传染	通过输血、文身、穿耳洞、被污染的针具扎伤或性行为传播	乙型肝炎、艾滋病等
母婴传染	病原体由母体进入胎儿,使胎儿受到感染	先天性梅毒、艾滋病等

3.易感人群

对某种传染病缺乏特异性免疫力的人就是这种传染病的易感人群。人群作为一个整体对传染病的易感程度称为人群易感性,人群易感性的高低取决于该人群中易感个体所占比例。与之相对应的是群体免疫力,即人群对于某种传染病的侵入和传播的抵抗力,儿童及青少年由于身体抵抗力及免疫功能发育不完善,良好的个人卫生习惯尚未养成,自我保护能力差,因而较为容易受到传染病的侵袭,在儿童中开展有计划的疫苗接种就是要提高儿童的群体免疫水平。

二、国家法定传染病

(一)传染病的种类

传染病种类繁多,为了保障公众的健康与安全,国家以法律的形式将某些传染病例列为法定传染病,以加强管理。2004 年新颁布的《传染病防治法》规定了甲类、乙类和丙类共 39 种法定传染病。其中:

1.甲类传染病

2 种,有鼠疫、霍乱。

2.乙类传染病

26 种,有甲型 H1NI 流感、传染性非典型肺炎、艾滋病、病毒性肝炎、脊髓灰质炎、人感染高致病性禽流感、麻疹、流行性出血热、狂犬病、流行性乙型脑炎、登革热、炭疽、细菌性和阿米巴性痢疾、肺结核、伤寒和副伤寒、流行性脊髓膜炎、百日咳、白喉、新生儿破伤风、猩红热、布鲁氏菌病、淋病、梅毒、钩端螺旋体病、血吸虫病、疟疾。

3.丙类传染病

11 种,有流行性感冒、流行性腮腺炎、风疹、手足口病、急性出血性结膜炎、麻风病、流行性和地方性斑疹伤寒、黑热病、包虫病、丝虫病,除霍乱、细菌性阿米巴性痢疾、伤寒和副伤寒以外的感染性腹泻病。

(二)责任报告人及报告时限

卫生部规定,执行职务的医护人员和检疫人员、疾病预防控制人员、乡村医生、个体开业医生、学校校医都为责任疫情报告人。各级各类医疗卫生机构和疾病预防控制机构为责任报告单位。

责任报告单位对甲类传染病、传染性非典型肺炎和乙类传染病中艾滋病、肺炭疽、脊髓灰质炎的病人、病原携带者和疑似病人,城镇应于 2 h 内,农村应于 6 h 内通过传染病疫情监测信息系统进行报告。对其他乙类传染病病人、疑似病人和伤寒、副伤寒、痢疾、梅毒、淋病、乙型肝炎、白喉、疟疾的病原携带者,城镇应于 6 h 内、农村于 12 h 内通过传染病疫情监测信息系统进行报告。对丙类传染病和其他传染病,在 24 h 内进行报告。

责任报告人发现甲类传染病和乙类传染病中艾滋病、肺炭疽和严重传染性非典型肺炎的病人、病原携带者和疑似传染病病人时，城镇于 6 h 内，农村于 12 h 内，以最快的通信方式向发病地的疾病预防控制机构报告，并及时报出传染病报告卡；发现乙类传染病病人、病原携带者和疑似传染病病人时，城镇于 12 h 内，农村于 24 h 内向发病地区的疾病预防控制机构报出传染病报告卡；在丙类传染病检测区内发现丙类传染病病人时，应当在 24 h 内向发病地的疾病预防控制机构报出传染病报告卡。发现传染病暴发、流行，应以最快的通信方式向当地疾病预防控制机构报告疫情。省级政府卫生行政部门接到发现甲类传染病和发生传染病暴发、流行的报告后，应于 6 h 内报告国务院卫生行政部门。

三、传染病控制的基本原则

由于传染病的传播必须同时具备以下三个条件：传染源、传染途径和易感人群（宿主），即所谓的传染链，因此，控制传染病的蔓延也必须针对这几个条件采取相对应的措施（表 5–2）。

表 5–2 不同传播条件下传染病的不同控制方法

传播条件	控制方法
传染源	病人及早接受观察、隔离及治疗；清洁环境或消毒，清除或杀灭病原微生物
传播途径	注重环境、个人及食物卫生，采取有效措施，切断传播途径
易感人群	增强个人的抵抗力，加强个人防护，接受免疫接种

（一）管理和控制传染源

传染源是引发传染病的根源之所在，因此控制和消除传染源是控制与消灭传染病的根本措施。

例如，对非典型肺炎病人和疑似病人进行隔离治疗、严格诊治和管理，对病人家属加以严密监控和检疫，就是控制非典型肺炎流行的传染源；流行性出血热的传染源是老鼠，消灭老鼠就是消灭流行性出血热的传染源；狂犬病的传染源是狗，国家对养犬的管理就是控制狂犬病的传染源。

（二）切断传播途径

传播途径是传染病传播的通道，因此，切断传播途径，是控制与消灭疾病的关键措施。

病原体离开传染源后，需经一定的途径才会传染给正常人，如咳嗽产生的飞沫、蚊虫叮咬、水源污染、输血等途径。消灭蚊子可以预防疟疾；搞好饮食卫生可以减少痢疾、伤寒的发生；开窗通风、避免与病人近距离接触、戴口罩等措施可以预防如流行性感冒等经由空气传播的呼吸道传染病。

(三)保护易感人群

保护易感人群,是控制与消灭传染病的重要措施,一种传染病是否能在某一人群中发生、流行(包括流行的强度),均与这些人群是否具有对该病的易感性有关。人群易感性高,说明该人群具备发生该病流行的可能性较大,一旦有传染源传入,并且有适宜的传播途径,即可形成暴发或流行。

对于一种新的传染病而言,从来没有感染过这种疾病的人群都是易感者。注射疫苗是保护易感人群的最好方法,现在很多传染病可以通过注射疫苗来控制。

传染病的流行还受自然环境与社会环境的影响,自然环境与社会环境对传染病流行的三个条件的存在均可发挥重要的作用。

第二节 学校对传染病的预防

一、建立完善的传染病管理机制

按照《传染病防治法》、《学校卫生工作条例》等法律、法规的要求,学校应建立起一套完善、科学、规范的传染病预防控制管理机制。

(一)健全学校传染病防治工作制度

各级各类学校应按照要求建立传染病防控工作责任制,应将防控责任分解落实到各部门和具体责任人,确保职责到位、检查到位,共同做好学校传染病防治工作。

学校应建立健全的制度主要包括:传染病疫情报告制度;学生晨、午检制度;学生缺勤、缺课追问制度;对患有传染病的师生电话追踪制度;师生定期体检制度;教学场所通风与重要场所定期消毒制度;课堂、宿舍、公共场所卫生清扫制度;个人卫生清洁制度;食品卫生安全制度;体育活动卫生制度;学生健康档案管理制度等。

(二)加强学校传染病监测与报告工作

按照传染病防控"早发现、早报告、早隔离、早治疗"的原则("四早"原则),学校需要建立由学生到教师、到专职(兼职)卫生保健人员或学校传染病疫情报告人、到学校领导的传染病发现、疫情监控与报告机制。

1.学校应按照《学校卫生工作条例》等有关规定,根据学生人数配备一定数量的专职或兼职卫生保健人员或学校传染病疫情报告人。专职(兼职)卫生保健人员或学校传染病疫情报告人应负责学校传染病预防与控制的日常工作和疫情报告工作。

2.学校专职(兼职)卫生保健人员或学校传染病疫情报告人应按照要求,建立健全师生员工的健康档案(包括因病缺课登记等),随时了解师生员工的身体健康情况。

3.学校应坚持实施晨、午检工作制度,加强对学生身体状况的监测。

(1)晨、午检应在学校专职(兼职)卫生保健人员或学校传染病疫情报告人员的指导下,由班主任或班级卫生员对早晨和午后到校的每个学生进行观察、询问,及时了解学生出勤、健康状况。

(2)发现可疑传染病患者,特别是请病假的学生应追查病因,教师或专职(兼职)卫生保健人员或学校传染病疫情报告人应进行排查,以确保做到早发现。

(3)对确诊病例、疑似病例的早期症状者,学校应根据传染病的不同类型,及时隔离,如通知家长将病人送定点医院或在家隔离治疗等,以保证传染病不蔓延。

(4)在传染病流行季节,学校应以年级、班级或宿舍为单位,采取相应的排查措施,发现有传染病早期症状者,应督促其立即到医院就诊。学校应在卫生部门的指导下制定和采取有针对性的预防控制措施。

(5)在确认疫情的第一时间内,疫情报告人在报告校领导的同时,应立即向当地疾病预防控制机构和上级教育主管部门上报疫情。

(6)学校出现传染病病例或疫情后,要配合当地卫生部门及时对病例进行调查,并对病人所在场所进行终末消毒。发生大面积疫情时,经县级以上人民政府批准,可对病人接触过的其他人员进行预防性接种或服药,对所在场所进行定期消毒。并按《传染病防治法》的相关规定对班级或学校实行停课,待疫情得到有效控制后,经有关部门批准,予以复课。

(7)学校专职(兼职)卫生保健人员与班主任教师要严格掌握学生病愈返校的时间。病愈返校后必须经医师证明已无传染性后,方可准许复课。

(三)建立应对传染病疫情流行的应急预案

为了确保学校出现传染病突发疫情事件时处置有序高效,各级各类学校对疫情发生要有足够的思想准备,制定详细的应急预案。一旦发生疫情,要有专人指挥,有人值班,有隔离、消毒、防护、救护等具体措施和物质保证,确保在第一时间内控制疫情的发展,阻断一切可能传播的途径,遏制校内传染病的暴发和流行,确保学校正常的教育教学秩序。

(四)加强监督检查,严格责任追究

学校领导应了解、熟悉学校卫生工作的特点和规律,应经常听取学校师生对学校卫生工作管理方面的意见,经常对专职(兼职)卫生保健人员或学校传染病疫情报告人的工作、传染病的宣传教育以及食堂、教学场所与生活设施进行检查,并将其工作成绩纳入考核与奖惩中,以督促有关部门和人员认真履行职责,把不安全因素消灭在萌芽状态。在完善制度的同时,要积极有效地实施常规管理,加强对制度执行情况的督促检查,严格责任追究制,对不履行职责、造成传染病蔓延的有关人员,应追究相应的责任。

二、加强健康教育,培养师生良好卫生习惯

通过健康教育可以宣传卫生防病知识,增强师生的公共卫生意识,促使师生养成良好的卫生行为,提高自我防范的能力,并将学校传染病预防工作转化为全校师生的自觉行动。这对于传染病预防控制的工作具有重大意义。

学校要把传染病预防教育纳入教学计划,通过多种形式,如开设健康教育课或者专题课讲座,通过宣传栏、班会、队会、讲座、板报、广播、电视、网络等方式对学生进行传染病预防知识教育,特别要注意根据不同传染病的流行特点,有针对性地开展宣传教育,切实增强学生的卫生防病意识。

三、注意保持个人卫生,积极预防传染病

教师与学生应注意讲究个人卫生,增强健康意识,采取必要的个人防护措施,预防传染病的发生与传播。

1.保持正常、合理的生活规律,积极锻炼身体,不吸烟,不酗酒,保证充分休息,增强身体抵抗力。

2.经常洗澡、理发、修剪指甲,早晚洗漱。

3.及时换洗衣服、床单、枕巾、被套。

4.平时保持双手清洁,用清水及肥皂洗手。

5.饭前便后一定要用肥皂和流动水洗手。

6.不随地吐痰,不乱扔垃圾。

7.养成良好的饮食习惯,多吃水果、蔬菜等绿色食品。

8.不与他人共用毛巾、手帕、牙刷、餐具或其他个人物品。

9.保持室内空气流通。

10.避免挖鼻孔和用手或不干净的手巾等物品擦拭眼睛。

11.痰必须吐在纸巾里后丢进垃圾桶,或吐在厕所马桶中冲掉。

12.保持头发清洁,预防头虱。

13.如果有发烧及咳嗽、打喷嚏等呼吸道症状,应自觉戴上口罩并尽快就诊。

14.不吃生的或半生的肉类、水产品等,生吃的瓜果要彻底洗净。

15.注意选购、食用新鲜的食品和水产品,不吃味道异常及发霉的食物。

16.剩余食物要冷藏,隔餐食物应彻底加热后方可食用。

17.不吃可能受到鼠类等动物污染过的生冷食物、水和饮料等。

18.洁身自爱,遵守性道德,青少年不应过早发生性行为。

19.拒绝毒品。注射药物或疫苗时一定要使用一次性针具或彻底消毒的针具。如果发现遗弃针管、针头,不要触摸,应立即报告老师或家长。

20.与动物接触(如老鼠、鸡、鹅、鸭、鸟、猫、狗及野生动物等)后一定要洗手。

21.发现死亡或可疑患病的动物,不要触摸,应立即报告老师或家长。

22.避免接触猫狗、禽鸟、鼠类的粪便及排泄物,一旦接触,一定要洗手。

23.一旦被宠物抓伤或咬伤,要立即反复清洗伤口(用20%肥皂水或0.1%新洁尔灭),并到医院接受治疗及狂犬疫苗的注射。

24.疟疾、乙脑流行地区或季节一定要使用个人防护设备(如蚊帐)。

总之,师生在个人卫生方面要坚持做到“五要”、“六不”和“两坚持”。

“五要”:要定时休息,要睡前刷牙,要勤换衣、勤洗澡,要勤理发,要勤剪指甲。

“六不”:不喝生水,不吃不洁食物,不吸烟、喝酒,不用公共毛巾,不乱扔果皮纸屑,不随地吐痰。

“两坚持”:坚持自带饮水杯、手纸、手帕等个人卫生用品,坚持做课间操和眼保健操。

四、学校不同场所传染病的预防措施

(一)教室

1.教室应保持整齐清洁,地面无痰迹、纸屑、脏物,每天清扫地面及抹擦课桌椅。

2.教室应保持良好的通风和空气新鲜。按照(GB/T 17226—1998)规定,每小时需要置换空气。学校应根据季节和天气的不同,确定换气方式与次数,如温暖天气(或季节)宜采取全日开窗的方式换气,寒冷天气(或季节)在课前和课间休息期间利用教室和走廊的窗户开窗换气。

3.保证教室适宜的温度。

按照《中小学校教室采暖温度标准》(GB/T 17225—1998)规定,在学习(授课和自习)时间内,教室中部(距地面1m处)的温度应为16~18 ℃,不宜超过20 ℃,相对湿度应为30%~80%。

(二)宿舍

1.设计卫生要求

(1)每层楼必须备有盥洗室和公共卫生间,卫生间应有自然通风管井或机械通风装置。

(2)盥洗室内应设有污水池及地漏。

(3)空调装置的新鲜空气进风口应设在室外,空调器过滤材料应定期清洗或更换。

2.经常性卫生要求

(1)宿舍内和周围环境应整洁、美观,地面无果皮、痰迹和垃圾。

(2)应有健全的宿舍卫生制度。

(3)宿舍的通风换气要符合卫生标准。宿舍管理员每天应督促学生在起床后,将宿舍窗户打开通风,确保宿舍空气新鲜。

(4)盥洗间和厕所应该每日清洁,做到并保持无积水、无积粪、无蚊蝇、无异味。

(5)宿舍应有防蚊、蝇、蟑螂和鼠害的设施,并经常检查设施使用情况,发现问题及时改进,应做到室内外无蚊蝇滋生场所。

(三)厕所

1.要建立厕所保洁和清扫制度,要落实负责厕所保洁的人员。

2.要保持厕所地面、蹲位(厕坑)及小便池内清洁。

3.要及时清理蹲位(厕坑)、化粪池的粪渣。

4.在厕所内或前室应设置洗手设施。

5.厕所应保持良好的通风和采光。

6.要培养学生养成良好的入厕习惯,以保持厕所清洁。

(四)食堂

1.食堂必须要有有效的卫生许可证,从业人员必须经过体检、培训,取得健康证和卫生知识培训合格证后方可上岗。从业人员如患痢疾、伤寒、活动性肺结核、病毒性肝炎、化脓性皮肤病应立即停止工作并及时调离。

2.食堂应建立健全卫生管理制度,应设有专(兼)职食品卫生管理人员。

3.食堂布局、设施与设备等应符合《学校食堂与学生集体用餐卫生管理规定》的要求。

4.食堂采购、加工、储存等各个环节应符合《学校食堂与学生集体用餐卫生管理规定》的要求。

5.餐厅内外应保持清洁、卫生,清扫时应采用湿式作业。

6.食堂饮用水应符合国家生活饮用水卫生标准,二次供水设施如蓄水池等应有卫生防护措施,做到定期清洗消毒。

(五)垃圾处理

1.在校园内、教室外应配置相应数量的废物箱,且要与食堂、宿舍、水源有一定的防护距离。

2.垃圾实行密封存放,保持其内、外环境清洁,无恶臭,不滋生苍蝇。

3.每天由专人对废物箱进行清理,垃圾及时清运,日产日清。

(六)浴室

1.公共浴室应持有效卫生许可证,从业人员必须持有效健康合格证和卫生知识培训证,从业人员患有传染病时应立即调离。

2.公共浴室应有卫生管理制度,内外环境整洁。

3.公共浴室应设有更衣室、浴室、厕所和消毒等房间。更衣室(兼休息室)必须有保暖、换气设备。

4.浴室应设气窗,保持良好通风。

5.浴室内不设公用面巾、浴巾;更衣室(兼休息室)所用垫巾应及时更换,以保持清洁整齐。

6.浴室内及其卫生间应及时清扫、清毒，做到无积水、无异味。

7.应设有禁止患性病和各种传染性皮肤病(如疥疮、化脓性皮肤病、广泛性皮肤霉病)的患者就浴的明显标志，用水水质应符合卫生标准。

(七)校园

1.保持校园整洁、卫生，不随意(随手)丢垃圾(废弃物)，不随意吐痰，不随地泼洒污物。

2.根据《中小学校建筑设计规范》要求，校园应处于阳光充足、空气流通、场地干燥、排水通畅、地势较高的地段。校园里还应提供一些必要的卫生设施，如污物桶、洗手及排水设施。

3.校园作为学校公共环境的一部分，要安排人员定时打扫。地面清扫方式以湿式清扫为宜，以防止尘土飞扬；要及时清理地面的纸屑、污物，防止细菌、病毒的滋生、传播；要定时清洗校园的门窗、楼梯护栏及扶手、手柄，并进行消毒，以消灭附着在设施上的细菌、病毒，防止细菌、病毒传播；气象条件不好时，如风、沙、雨、雪天气，要及时消除地面污水、污物、积雪。

当传染病流行时应在卫生部门指导下对地面及公共设施进行消毒。可用适当浓度含氯制剂(含氯消毒液，如 1:49 漂白水等)，对门、墙、地面实行消毒，待 30 min 后用清水冲洗。

4.对容易滋生蚊、蝇、蟑螂、老鼠等有害生物的卫生死角进行定期清扫，及时采取灭蚊、灭蝇、灭蟑、灭鼠措施，杜绝卫生死角。

(八)图书馆和阅览室

图书馆和阅览室是学校师生员工课外阅读的场所，也是人员流动较大的地方。按照《中小学校建筑设计规范》要求，图书馆必须有足够的空气量，特别是良好的通风换气。

1.用于自习、阅读的图书馆和阅览室，应每天保持良好的通风与换气。在温暖天气(或季节)可全天开窗，寒冷天气(或季节)可定时开窗，以避免二氧化碳的蓄积，保持空气清新。

2.冬春季是呼吸道传染病的高发季节，应适时用含氯消毒剂(如 1:49 漂白水或 0.3%~0.5%的过氧乙酸)对图书馆和阅览室地面、桌椅、门窗、手柄及相关设施进行清洗和消毒。

(九)专业教室

目前学校的专业教室较多，包括化学、物理、生物等实验教室，音乐、美术、自然等专业教室以及计算机教室、电视教室、室内体育场馆等。与普通教室相比较，这些教室供全校师生使用，更具有人群流动性大等特点，因此，开窗换气、对桌面及相关物品的清洗和消毒就尤为重要。

1.按照《中小学校教室换气卫生标准》(GB/T 17226—1998)规定,需要定时置换空气。学校应根据季节和天气的不同,确定换气方式与次数,如温暖天气(或季节)宜实行全日开窗的方式换气,寒冷天气(或季节)在课前和课间休息宜利用教室和走廊的窗户开窗换气。

2.计算机教室中,计算机键盘和鼠标是细菌、病毒的一大窝藏地,因此,每天应使用专用工具、试剂(如84消毒液)对键盘、鼠标外壳进行消毒清洗,防止细菌病毒的滋生、传播。

(十)学校自备水源和其他公共设施

学校自备水源是指为解决学校用水而建的水塔、蓄水池、水井等给水设施。因学校自备水源被污染而造成肠道传染病流行的事件每年时有发生。因此,加强学校自备水源的管理是预防学校肠道传染病流行的关键措施之一。学校应严格按照《生活饮水集中式供水单位卫生规范》、《二次供水设施卫生规范》(GB 17051—1997)的有关要求管理自备水源。

1.学校应建立相应的自备水源卫生管理规章制度,并安排专职(或兼职)人员负责其管理,水源管理人员每年必须进行体检,经体检合格者方能上岗。

2.水源管理人员必须定期清理水源的周围环境,保持清洁卫生。

3.学校应当为学生提供充足的符合卫生标准的饮用水。

4.学校若使用自备水井,应定期(每季度)请疾病预防控制部门进行水质检测,防止水污染事件的发生。

5.学校采取水塔、蓄水池进行二次供水的,必须按照《二次供水设施卫生规范》(GB 17051—1997)的要求,加强卫生管理,并建立定期清洗制度,确保供水符合卫生标准。

6.设置合理的洗手设施:有许多呼吸道及消化道传染病是通过手来传播的,如果教师或学生接触一个生病的学生后,未经洗手又接触另外一个学生,便可把病原体从第一位学生带到第二位学生身上。因此,配备合理的洗手设施对于预防和控制传染病的发生是十分必要的。洗手设施的设置应以方便学生使用为原则,特别是方便学生饭前便后、运动前后洗手。洗手设施可按学校班级数1:1的比例设置。有条件的学校可在洗手设施旁配备洗手液或肥皂,并由专人管理,保持洗手设施无积水、无污物。

此处,学校还有许多其他公共设施,保持公共设施的清洁与卫生对维护学生健康也十分重要,因此,学校应定期对公共设施表面进行清扫和消毒。公共设施需进行湿式清扫,以减少微尘。

五、疫苗接种

(一)可通过接种疫苗预防的传染病

可通过接种疫苗预防的传染病包括:麻疹、流行性腮腺炎、小儿麻痹症、百日咳、白喉、破伤风、甲型与乙型肝炎、水痘、流感、乙脑、流脑等。

(二)学校组织学生接种疫苗的注意事项

1.在新生入学时,学校应严格按照国务院《疫苗流通和预防接种管理条例》(2005年6月实施)要求,查验新生有无完成计划免疫接种程序,查验情况必须如实填写并登记造册。对没有预防接种证或未依照要求接种纳入国家免疫规划疫苗的新生,学校应当在30日内向学校所在地的接种单位或县级疾病预防控制机构报告,同时通知家长(或学生监护人)带学生到当地规定的接种单位补种。

2.为预防、控制传染病的发生、流行,需要对学校人群实施群体性预防接种的,必须按照《疫苗流通和预防接种管理条例》要求,由学校所在地县级以上人民政府决定,并报予上一级卫生主管部门备案,由当地疾病预防与控制机构组织实施。任何单位和个人不得擅自组织学校人群进行群体性预防接种。

3.学校按照当地政府要求(需经县级以上人民政府批准),组织学生进行群体性预防接种时,应当配合疾病预防控制机构将应急免疫接种家长通知书发放到每个家长手中。对学生进行应急预防接种的健康教育。配合疾病控制部门将接种此种疫苗的副作用和禁忌证告知学生、家长。

第三节 学校师生对传染病疫情的应对

防止传染病蔓延最重要的措施是早发现、早报告。《传染病防治法》规定:“任何单位和个人发现传染病病人或者疑似传染病病人时,应当及时向附近的疾病预防控制机构或者医疗机构报告。”因此,学校的老师、专职(兼职)卫生保健人员、领导都有责任在发现传染病后及时报告,尤其是法定需要上报的传染病,应尽早报告给当地疾病预防控制机构,以便采取及时、有效的措施防止蔓延。

学校传染病疫情报告的范围包括三个方面:学生个人及早发现自己或他人患病并及时报告;教师及早发现学生患病并及时报告;学校领导如何应对传染病的暴发流行,各自的责任及需要采取的措施。

一、学生应对传染病的措施

(一)发现传染病症状应立即报告老师

学生本人出现或发现其他同学有以下传染病症状，应立即报告老师或其他负责人：

1.出现发热、呼吸较平时急促、发冷、咳嗽、鼻塞、流涕、打喷嚏、头痛、喉咙痛、胸痛、全身酸痛及乏力(原因不明)、咳脓痰或痰中带血等症状时,应及时报告,并采取必要的隔离措施,如向老师或专职(兼职)卫生保健人员申请提供口罩,并接受适当的隔离,等待诊治。

2.出现腹痛、腹泻、食欲不振、呕吐等症状。

3.手脚、头皮、躯干出现水疱,或皮肤出疹子,皮肤瘙痒等。

4.眼睛红肿、流泪、怕光、分泌物增多。

5.曾被犬、猫及其他动物舔、咬伤,对声、光、风等敏感,出现"恐水"现象。

6.其他自己感觉明显的异常或身体不适。

报告时应该尽量将有关症状的性质和特点描述清楚。

住宿生之间接触多,易造成传染病的传播,学生应提高警惕,注意观察自己及宿舍其他同学的情况,发现病情应及时报告。大多数患者在感染传染病时会出现一些传染病常见的临床症状,但也有一些患者临床表现不典型,不易被察觉。因此,即使没有明显的临床症状,当同学出现精神萎靡或与平时表现不一致等情况时,也应提高警惕,注意观察。

(二)及时报告病情进展

1.学生在校内感到不适或出现上述症状,应及时向班主任报告,听从班主任安排,不能隐瞒病情。

2.学生在家中患传染病,应及时就诊,学生家长应将学生病情告知老师。

3.住宿学生出现上述情况,应及时报告宿舍长,由宿舍长或学生本人报告老师。报告内容包括:症状、发病时间、有无其他人出现类似症状、出现症状后是否与他人接触等。

4.学生发现自己有上述症状时,应采取下列措施:避免与其他同学或他人密切接触;避免与其他同学共用生活用品;不隐瞒自己的病情;配合当地疾病控制部门进行有关的流行病学调查;服从与传染病防治相关的救治或隔离安排;注意洗手,避免将病原体传播给他人;发生呼吸道感染时,应主动戴口罩,并与他人保持一定距离;患病学生何时返校则要听取医生建议,根据疾病性质、治愈情况而定。

二、教师应对传染病疫情的措施

对于传染病的预防和控制来说,越早发现传染病疫情并及时采取措施,造成的危害就越小。那么,作为学校教师应怎样及时发现和应对传染病疫情?

(一)及时发现疫情

当出现以下情况时,学校老师应高度重视,及时报告学校,采取相应措施。

在同一宿舍、同一班级或同一楼层短期内有多个学生出现相同症状时,如发热、皮疹、咳嗽、呼吸急促、头痛、腹痛、腹泻、食欲不振、全身酸痛及乏力等,应高度注意是否为传染病的前驱症状。班主任或教师、宿舍管理员等有关人员应立即报告学校专职(兼职)卫生保健人员或传染病疫情报告人,经由他们初步判断后及时报告当地疾病预防控制机构和上级教育主管行政部门。

与病人有过密切接触的学生和老师如在短期内也出现相同的症状,应按照上述方式处理。

在学校食堂就餐的人员中,有2例或2例以上在进食相同食物后短时间内发生呕吐、腹痛、腹泻等症状,而未进食的同学没有发病症状时,应高度怀疑是否为食物中毒。

请病假的人数突然增加。

病人有可疑传染源接触史,如在校外或家中接触过类似病人或某类动物,吃过不洁食物或饮用过不卫生的水等。

单个病例发生,有时也应当做暴发流行对待。例如以往从未出现过的病症,或是对公众健康有重大影响的疾病,如传染性非典型肺炎或禽流感流行期间,学生或教职员工出现突然高热(38 ℃以上)或呼吸急促情况,应保持高度警惕。

(二)及时报告疫情

报告程序:任何老师发现或者怀疑有传染病疫情发生时,都应当立即以最快的方式报告本校专职(兼职)卫生保健人员或学校传染病疫情报告人,由专职(兼职)卫生保健人员或学校传染病疫情报告人对患者进行初步的判断。若可以排除传染病的可能,则将患者送往相关医院进行诊治;如不能排除传染病的可能,则应在最短时间内报告学校主管领导和当地疾病预防控制机构。

1.报告内容

发病时间、发病地点、发病人数、发病者具体姓名、患者发病情况、密切接触者、已采取的措施等。

2.报告的同时应采取的措施

将情况通知家长,争取家长配合。

如果学生病情紧急,应在报告的同时立即将学生送至最近的医院进行治疗,或按照疾病预防控制机构的要求进行处理。

若怀疑为食物中毒,则应在进行紧急处理、及时报告时,注意保存好造成食物中毒或者可能导致食物中毒的食品及其原料、工具、设备和现场,以备疾病预防控制机构的查验。

如果怀疑为经空气传播的疾病,应立即开窗确保室内的空气流通。

尽量将患病的学生与其他学生隔离开,以免造成疾病的传播。

应注意加强和媒体以及学生家长的沟通,做好解释工作,尽量避免造成不必要的恐慌和不良的社会影响。

注意了解发病的有关情况,如发病时间、主要症状、发病人群的分布等,以便疾病预防控制机构开展调查。

密切注意学生病情的变化,并做好记录,以供疾病预防控制机构调查时参考。

减少学生集会,增加室外活动。

(三)提高应对传染病的能力

牢固树立预防控制传染病意识。学校是教师和学生学习和生活的重要场所,一旦在学校发生传染病的暴发流行,必将对师生的身体健康造成不利影响,也会妨碍学校的正常教学工作。作为学校老师一定要把保护和关心学生的健康状况视为自身的责任,要在日常和学生接触的过程中密切关注他们的健康状况。

学习传染病相关知识,了解、掌握常见传染病的发病特点,包括主要流行病学特征和典型临床表现。尤其是要重点掌握学校经常发生的传染病的各种典型特征和处理办法。

配合学校进行常规卫生工作,执行晨、午检工作制度以及请假制度,协助专职(兼职)卫生保健人员建立学生健康档案。全面掌握班级学生健康情况,以便出现病情时能及时发现。

(四)有针对性地做好卫生工作

不同的传染病,有着不同的流行特点,因此,应针对不同传染病,采取相应的预防措施(表5-3)。如冬春季注意门窗通风,指导学生加强体育锻炼,增强免疫力,以预防流感等呼吸道传染病;夏秋季应注意食品卫生,对学生进行食品卫生知识宣传教育,以预防痢疾等消化道传染病。

不同传染病的患病率在大、中、小学中也有很大区别,教师应根据学生不同年龄段的易患疾病采取相应预防措施。

各地传染病流行情况差别较大,应分别对待。要根据当地传染病流行情况做好日常卫生工作及应对传染病疫情的准备工作。

当地发生疫情或校内发生疫情时,应根据学校安排,做好防病工作。如组织学生每日测量体温,发现异常情况及时上报,班内采取消毒措施等。

表 5-3 部分传染病的预防措施和个人防护措施

相关传染病	预防措施	个人防护措施
流行性感冒、传染性非典型肺炎、肺结核等	预防近距离飞沫、空气传播	保持室内空气流通； 打喷嚏或咳嗽时掩住口鼻，用过的纸巾丢到垃圾桶； 保持双手清洁，尤其是接触患者及处理呼吸道分泌物后，应立即用正确方法洗手； 患者和照顾患者的人均应戴口罩； 尽量与患者保持最少 1 m 的距离，避免密切接触； 需要时穿防护衣物。
结膜炎、头虱等	预防接触传播	保持双手清洁，并用正确方法洗手； 患者用过的物品，必须清洗并消毒； 不共用毛巾及其他个人物品； 接触患者后应立即洗手。
食物中毒、细菌性痢疾、甲型肝炎、伤寒等	预防消化道传播	饭前便后要洗手，不喝生水； 不吃生的或半生的肉类、水产品等，生吃瓜果前要彻底洗净； 注意食用及选购新鲜食品和水产品，不吃外表、气味或味道异常及发霉的食物； 避免生熟食物混放或使用同一菜板和菜刀加工生熟食物； 剩余食物要冷藏，隔餐食物应彻底加热后再食用； 餐饮具应及时洗净、消毒。
乙型肝炎、艾滋病等	预防血液、体液传播	拒绝毒品，不共用针管与针头； 如果发现遗弃针管、针头，不要触摸，应立即报告老师或家长； 不与他人共用牙刷、剃须刀； 洁身自爱、遵守性道德； 坚持正确使用安全套是预防艾滋病的有效方法。
疟疾（蚊子传播）、肠道传染病（苍蝇、老鼠传播）、狂犬病（狗、猫等传播）等	预防虫媒、动物传播	保持环境卫生，杀虫、灭蚤、灭蝇、灭鼠、灭蟑螂，盖好垃圾，日产日清； 疫情流行地区或季节应使用个人防护设备（如蚊帐）。

三、学校领导应对传染病疫情的措施

（一）学校领导在传染病预防和控制过程中的职责

学校领导是学校传染病预防与控制的第一责任人。

学校中出现个别或多个传染病病例或疑似病例及学校中出现一定数量的发热、

咳嗽、腹泻等不明原因的群体症状以及其他需要报告的疫情时，学校领导都应立即报告当地疾病预防控制机构和上级教育主管部门。

（二）学校所在地区出现传染病暴发、流行时的处理措施

学校所在地区出现传染病暴发、流行，而校内尚无疫情发生时，学校领导要按照当地政府的统一部署，根据所在地区发生传染病的特点、严重程度、流行情况等做好进入应急状态的准备，避免传染病向校内蔓延。并采取如下措施：

1.开展针对性的健康教育，提高师生员工的自我防护意识和防护能力；

2.对全体师生健康状况进行监测，对缺勤者逐一登记，及时查明缺勤原因；

3.发现身体异常者劝其及时就医或在家接受医学观察，暂停上学或上班，并及时上报有关情况；

4.对教室、实验室、食堂、图书馆、体育馆、厕所等场所进行消毒、通风换气；

5.对重大传染病的密切接触者，学校要配合卫生部门做好隔离、医学观察和消毒等工作；

6.加强进出校门的管理力度，要求住校学生不得离开学校，并严格控制外来人员进入校园；避免因人群的聚集和流动导致传染病的传播；

7.学校根据情况，及时向师生员工通报疫情防控情况；

8.学校每日公布校园疫情防控工作情况。

第四节　学校发现传染病病例和疫情时的处理

一、学校内出现散发性传染病病例时的处理

学校一旦发生传染病病例，校领导在报告当地疾病预防控制机构和上级教育行政部门的同时，应积极配合疾病预防控制机构迅速采取果断措施，控制传染源，切断传染途径，保护易感人群，控制其蔓延，以做到早预防、早发现、早隔离、早治疗。所采取的措施要有针对性，工作要规范、扎实、有效。

（一）学校内发现疑似传染病病例的处理

学校师生员工中发现疑似传染病病人时，学校应对病人进行跟踪了解。

学校进行晨、午检时发现学生出现发热、咳嗽等症状，应要求其到学校卫生室休息；由专职（兼职）卫生保健人员或学校传染病疫情报告人作初步检查，并通知其家长或监护人，由家长陪同去医院。家长不能到校者，由学校老师护送去医院。学生若出现发热、畏寒、头痛、全身酸痛、腹疼、腹泻等症状应立即送医院进行医治，并采取相应的防治措施。如学生情况危急，老师、专职（兼职）卫生保健人员或学校传染病疫情报告人应立即带学生到附近的医院急诊室，或马上拨打“120”急救电话以送医院

诊治。

学生或教职工如在家中出现发热、咳嗽等症状应报告学校，退热后继续观察 2 d，确认无反复，并经医院诊断排除传染病后方可返校。

密切跟踪或登记师生病假或患病情况，以便必要时向当地疾病预防控制机构提供相关资料。如怀疑发生经空气传播的呼吸道传染病，应经常开窗，确保室内空气流通；如怀疑发生肠道传染病，应将剩余的食物及呕吐物封存，留作调查用。

(二)学校内发现传染病确诊病例时的处理

要劝告患有传染病的学生或教职工暂时不要上学、上班，并及时到医院接受治疗和在家休息，同时，要求密切接触者留家观察或就诊。

避免患病学生或教职工与其他人进行密切接触。

学校对传染病病人所在班级教室或办公室及曾经去过的公共场所进行消毒，对与传染病病人密切接触过的学生、教职工进行隔离观察，迅速控制可疑传染源，切断传播途径，防止疫情扩散。

学校领导发现传染病病人后要及时、主动、准确地发布防治信息；同时加强对教职工和学生的正确引导，消除不必要的恐惧心理和紧张情绪，避免谣言传播，维护校园稳定。

学校应提醒学生留意自己及同学的身体状况，如有不适，应立即通知老师或请同学转告老师。

通知学生家长，并清楚说明学校发生的传染病的病症，要求学生家长留意其子女的身体状况，如有异常，不宜上课，必须及时就诊。

疫情发生期间，学校应尽量减少学校室内集体活动，增加学生室外活动。

二、学校发生传染病暴发、流行时的处理

及时隔离病人，尽快使病人得到治疗。

立即封锁患病人群所在班级或所在办公室，暂停学校的一切集体活动。停止校内人员相互之间和与外界的往来，等待卫生部门和教育部门的处理意见。

对学校所在场所进行彻底消毒。消毒工作可请当地疾病预防控制机构操作或在其指导下具体实施，消毒结束后要进行通风换气。

学校应密切配合当地疾病预防控制机构进行流行病学调查，对传染病病人到过的场所、接触过的人员，包括同学、老师以及家庭成员等进行随访，并采取必要的隔离观察措施。

发生大范围疫情时，经学校所在地县级以上人民政府决定，并报省、自治区、直辖市人民政府卫生主管部门备案后，学校应配合当地疾病控制部门对学校人群进行预防性服药和预防接种工作。必要时根据上级部门要求，启动每日报告工作。

向全体师生员工公布疫情及其采取的防护措施，让广大师生员工了解情况，有

效应对突发疫情。对被隔离观察人员进行思想教育,消除被隔离观察人员的紧张和恐惧心理,维护校园稳定,保护广大师生员工的身体健康和生命安全。做好学生家长的接待与宣传解释工作。

学校在传染病暴发、流行事件得到控制后,须将该事件的详细情况和处理结果向上级教育行政部门报告。

三、几种学校常见传染病的处理

根据不同类型的传染病,应采取相应的处理措施。

细菌性痢疾:对细菌性痢疾患者,宜早期发现并及时隔离治疗,至其症状消失后,2~3 次粪便细菌培养呈阴性,或大便正常 1 周才可解除隔离。对患者的住处和食具进行消毒处理,避免交叉传染。

流行性感冒:病人就地隔离,隔离至退热后 2 d,密切接触者医学观察 3 d。切断传播途径,对被患者鼻、咽部分泌物污染的物品要用漂白粉、来苏水等消毒,减少流行期间的集体活动,如暂停大型集会等。建议接触者戴口罩,加强教室内的通风换气,或用乳酸、食醋熏蒸进行空气消毒。对一些密切接触者可在医生的指导下施用某些非特异性药以阻断流感的蔓延。

流行性腮腺炎:做好流行性腮腺炎病人的隔离治疗,隔离病人自发病至腮腺肿大消失为止。痊愈后,须持医院证明,方可入托、入学。提倡流行期间不去公共场所,并尽量做到外出戴口罩,加强食具等用品的消毒。加强晨、午检,及早发现病人,及时隔离治疗。

麻疹:发现麻疹疑似或诊断病例,应立即隔离,一般隔离至出疹后 5 d。一般接触者不进行检疫。开窗通气,切断飞沫和直接接触传播。

水痘:对患者隔离至全部疱疹干燥结痂为止,对学校中接触病人的易感者应检疫 3 周,加强教室通风换气。水痘患者的用具等需要暴晒或煮沸消毒。

流行性出血性结膜炎:对患者可隔离,患者的用具应彻底消毒。本病发生流行时,应严格禁止病人到游泳池游泳,为保护易感人群,其他学生也应暂停到游泳池游泳。对病人的治疗要彻底,以防其成为慢性结膜炎。

甲型病毒性肝炎:病人应隔离治疗。对病人所使用过的器具、衣物要进行及时的消毒,对其居住和活动的地区(家庭、宿舍等)也应尽早进行终末消毒,对周围接触人群进行病原学检查。阻断粪—口传播途径,搞好饮水卫生、食品卫生、环境卫生,教育学生不饮生水,不共用餐饮具以及牙刷等个人盥洗用具等,消灭蚊蝇,妥善保管食物,不食生蔬菜和贝类食品。为保护易感人群,可接种甲肝疫苗,以提高人群的抗体水平。

四、学校疫点常用消毒剂及使用方法

学校最常用的消毒剂有漂白粉、84 消毒液、来苏儿及过氧乙酸等。

(一)漂白粉

漂白粉为白色粉末,具有强烈氯气味,易吸水,化学性质不稳定。遇水或潮湿空气会引起燃烧爆炸,与碱性物质混合后会引起爆炸,接触有机物有可能引起燃烧。受热、遇酸或日光照射会分解释放出氯气等有毒气体。因此,必须按照以下要求科学合理运输、储藏、使用,才能防止发生意外事故,达到有效的消毒效果。

1.储存注意事项

(1)漂白粉应储存于阴凉、通风的库房。

(2)远离火种、热源。

(2)库温不超过 30 ℃,相对湿度不超过 80%。

(4)与还原剂、酸类、易(可)燃物等分开存放,切忌混储。

(5)不宜大量储存或久存。

表 3-4 消毒方法

使用对象	消毒方法	注意事项
一般用具	漂白粉 50 g,加水 2.5 kg,浸泡和擦洗 30 min	
食具	漂白粉 1 g 加水 1 kg,浸泡 15 min	用洁净水冲洗
蔬菜、水果	漂白粉 2 g 加水 5 kg,浸泡 30 min	用洁净水冲洗
饮用水	井水加漂白粉 4 g/m^3,静置 30 min 后使用。	圆井水量(m^3)=[水面直径(m)]^2×0.8×水深(m) 方井水量(m^3)=边长(m)×边宽(m)×水深(m)
手	漂白粉 1 g 加水 1 kg,洗刷 3 min	用洁净水冲洗
房屋、墙壁、地 面	漂白粉 20 g 加水 5 kg,喷雾或洗擦 2 h	喷雾时表面渗透要均匀,土质地面 1000 mL/m^2,土质墙 200 mL/m^2,水泥地面 300 mL/ m^2
粪便	稀便加 1/5 量的漂白粉,搅匀消毒 2 h;干便加入 2 倍量的 10%漂白粉,上清液搅匀消毒 4 h	10%漂白粉上清液配制方法:漂白粉 10 份加清水 90 份充分搅和静置 30 min 沉淀后,取上清液即可用
呕吐物	加入 1/5 量的漂白粉,搅匀消毒 2 h	
痰等分泌物	漂白粉 20 g,加水 0.5 kg,与等量分泌物搅匀消毒 2 h	
生活污水	每 10 L 污水加漂白粉 4~5 g,混匀静置 1.5~2 h 后排放,余氯应保持 475 mg/L	

2.急救措施

(1)皮肤接触时应立即脱去污染的衣着,用肥皂水和清水彻底冲洗皮肤,严重时要尽快就医。

(2)眼睛接触时,应提起眼睑,用流动清水或生理盐水冲洗并尽快就医。

(3)吸入时,应迅速脱离现场至空气清新处,保持呼吸道通畅。如呼吸困难,应输氧气。如呼吸停止,立即进行人工呼吸,并快速送医院救治。

(4)万一误食,应立即饮用足量温水,并催吐,尽快就医。

(二)84 消毒液

84 消毒液的主要有效成分为次氯酸钠,有效氯含量为 4.25%~5.75%。能杀灭肠道致病菌、化脓性球菌、致病性酵母菌、细菌芽孢、肝炎病毒及其他病毒。广泛适用于一般物体表面消毒、餐饮具消毒、织物消毒、血液及黏液等污染物品消毒、排泄物消毒,也是一种效果极佳的洗手消毒剂。

84 消毒液有一定的刺激性和腐蚀性,必须稀释后才能使用。一般稀释浓度为 2‰~5‰,即 1000 mL 水里边放入 2~5 mL 84 消毒液。浸泡时间为 10~30 min。被消毒物品应完全浸泡在消毒液中,消毒以后必须用清水洗净后才能使用。84 消毒液的漂白作用较强,应注意不要与衣物接触。消毒液的有效期为 1 年,应注意在有效期内使用,同时,应将 84 消毒液放置于远离小孩的地方,避免误服。

(三)来苏儿

来苏儿的药品名为加香甲酚皂溶液,主要用于器械、环境消毒及处理排泄物。

用于水溶液浸泡、喷洒或擦抹污染物体表面,使用浓度为 2%~5%,作用时间为 30~60 min。

(四)过氧乙酸

空气消毒的消毒剂一般首选过氧乙酸,消毒时间应选在中午或晚上放学后,正确使用方法是将浓度为 15%~20%的过氧乙酸原液稀释到 0.3%~0.5%后使用。例如,15%的过氧乙酸加 50 倍的水,稀释到 0.3%才能用于消毒。稀释时要特别注意,不能把浓度为 15%~20%的原液当成 100%的原液进行稀释。

消毒时将稀释到 0.3%~0.5%的过氧乙酸溶液,按 8 mL/m^3 计算,在消毒场所无人的情况下,用气溶胶喷雾器对消毒空间进行喷雾,喷雾器可产生气溶胶(<20 μm 的雾滴),这些雾滴能够飘浮在空气中,增加与空气中病毒的接触频率,从而杀灭空气中的病毒,作用 1 h 后通风。

如果没有气溶胶喷雾器,可以用 15%~20%的过氧乙酸兑水进行加热蒸发。按照 7 mL/m^3 15%~20%的过氧乙酸原液,加 7 mL 水进行配比,放置在容器中用电热板加热蒸发,但注意不要蒸干,作用 1 h 后通风。将过氧乙酸原液加水是为了增加空气中的湿度,使杀灭病毒效果较好。

注意事项:过氧乙酸一般应在医务人员指导下使用,并注意放置在阴凉避光且儿童不易接触到的地方保存;过氧乙酸稳定性较差,配制好后,应在 1 周内使用,否则浓度会降低,影响使用效果。

第五节 学校常见传染病

学校是一个相对封闭的场所,人群聚集,接触面广,一旦有人感染上某种传染病,就很容易造成相互传播,特别是容易引发一些呼吸道传染病和消化道传染病的流行。传染源可以是患病的学校教职员工或学生。如果一个食堂炊事员患痢疾或甲型肝炎,那么他就可能通过污染所接触的食品容器、加工的食品,将病原体传播给就餐人员;一个学生患流行性感冒后如果继续上课,就可能通过飞沫将病原体传播给班级周边的同学和老师。

中小学生处于生长发育阶段,个体的免疫力较低,自我保护意识差,容易受传染。许多传染病如流感、水痘、流行性腮腺炎、麻疹、流脑等,易感人群都是儿童与青少年,因为处于生长发育阶段的儿童与青少年,身体免疫力较低,加之缺乏传染病的预防知识,没有养成良好的卫生习惯,个人防护意识和能力较差,特别是不了解传染病早期症状,不能清楚表达身体的不适,因此不能早期识别并配合老师、医生及时诊断治疗,容易造成传染病在学校的传播与流行。如一个学生患有麻疹,只以为是普通感冒,没及时治疗,咳嗽打喷嚏时,病原体就可能通过飞沫传染给其他学生,造成大面积的感染。

据2005年全国各地上报"国家突发公共卫生事件信息报告系统"的资料统计显示,我国学校传染病流行事件中约4/5是呼吸道传染病,其次是消化道传染病。在学校发生的传染病流行事件中,前5位的病种分别为流感、流行性腮腺炎、麻疹、水痘、细菌性痢疾。

学校传染病流行发生的高峰时间一般是4月和11月。农村中小学传染病的发生率明显高于城镇中小学。

一、病毒性肝炎

病毒性肝炎是由多种肝炎病毒引起的常见传染病,具有传染性强、传播途径复杂、流行面广泛、发病率较高等特点。临床上主要表现为乏力、食欲减退、恶心、呕吐、肝肿大及肝功能损伤,部分病人可有黄疸和发热。有些患者出现荨麻疹、关节痛或上呼吸道症状。

目前已经明确的病毒性肝炎包括甲型、乙型、丙型、丁型及戊型。虽然其病原不同,但临床表现基本相似,故称为病毒性肝炎。

(一)甲型病毒性肝炎(hepatitis A)

【病原及流行病学特征】

甲型病毒性肝炎是由甲型肝炎病毒(HAV)感染引起的,传染源为急性期患者和亚临床感染者,粪—口传播是甲肝的主要传播途径,未受感染者均易感。甲肝广泛存在于世界各地,主要流行于发展中国家,流行常在秋、冬和春季达高峰。

【临床表现】

典型病例发病初期常有乏力、厌食、恶心、呕吐等症状,随后出现黄疸,小便深黄,大便灰白,皮肤巩膜黄染,肝脾肿大,体温升高。甲肝病人还可出现腹泻,肌肉疼痛,咽炎等。

【诊断标准及治疗原则】

甲肝通常根据流行病学、临床症状、体征、实验室检查等手段综合分析、动态观察,从而进行诊断。

急性肝炎早期应住院或就地隔离治疗休息。急性肝炎食欲不振者,应进易消化的清淡食物,有明显食欲下降或呕吐者,可静脉滴注10%葡萄糖。目前治疗急性肝炎的中西药物疗效无明显差别,各地可根据药源,因地制宜就地选用适当的西药或中西药进行治疗。用药种类不宜太多,时间不宜太长,用药要简化,不主张常规使用肾上腺皮质激素治疗急性肝炎。重型肝炎应加强护理,密切观察病情变化,采取阻断肝细胞坏死、促进肝细胞再生、预防和治疗各种并发症等综合性措施及支持疗法以抑制病情恶化。

【预防控制措施】

1.预防措施

(1)健康教育,卫生宣传,阻断粪—口传播途径,搞好饮水卫生、食品卫生和环境卫生。在流行地区要做好宣传工作,让群众不饮生水,消灭蚊蝇,妥善保管食物,不食生蔬菜和贝类食品。

(2)饮食行业应认真执行《食品卫生法》。

(3)保护易感人群,对流行区和将要进入流行区的高危人群应尽快接种甲肝疫苗,甲肝疫苗接种后能产生保护性抗体,有效地预防甲肝的发生。在有条件的地方对易感乙肝人群应推广接种甲肝疫苗,提高人群抗体水平防止甲型肝炎的暴发流行。

2.对病人、接触者及接触环境的管理

甲肝病人一经发现确诊后应立即向当地传染病监测部门报告,并隔离病人,对周围接触人群进行病原学检查,防止大的暴发和流行,对病人所使用过的器具、衣物要进行及时的消毒。

(二)乙型病毒性肝炎(hepatitis B)

【病原及流行病学特征】

乙型病毒性肝炎是由乙型肝炎病毒(HBV)感染引起的,传染源主要是乙型肝炎患者和HBV携带者(包括无症状HBV携带者、乙肝表面抗原(HBsAg)阳性的肝硬化、肝癌患者)。传播途径主要有3种:围生期母婴传播,经血传播,性接触传播。凡未感染过HBV,也未经过乙肝疫苗接种者对HBV均易感。

我国是乙肝高发区之一。地区分布为农村高于城市，南方高于北方。性别分布为男性多于女性，人群的 HBV 总感染率为 35.5%~61.6%。

【临床表现】

乙型肝炎起病隐匿，主要症状为全身乏力、疲乏、厌食、腹部不适，少数病人有恶心、呕吐症状，无黄疸或轻度黄疸，检查可发现肝肿大、压痛、脾肿大，少数病人有肝区疼痛。

【诊断标准及治疗原则】

乙型肝炎的临床表现形式多样，诊断的依据除病人症状、体征外，需根据流行病学，实验室检查和(或)肝活检等手段进行综合分析、动态观察，以便诊断。

乙型肝炎临床表现多样，应根据不同类型、不同病期区别对待。

1.休息

急性乙肝早期应卧床休息，慢性乙肝应适当休息，病情好转时注意动静结合，恢复期逐渐增加活动，但要避免过劳。

2.饮食

急性乙肝急性期宜进食易消化，含丰富维生素的清淡饮食，慢性乙肝病情反复不愈，宜进食高蛋白饮食。

3.药物治疗

(1)急性乙肝：大多呈自限性经过，各地因地制宜、就地取材，选用中西药物进行治疗，以退黄利胆为主。

(2)慢性肝炎：应根据病人具体情况采取抗病毒、调节免疫、保护肝细胞、防止纤维化、改善肝功能、改善肝脏微循环等疗法，药物种类繁多，可选用 1~2 种，疗程不少于 3 个月。

(3)重型肝炎：病情凶险，应加强护理，进行监护，密切观察病情变化，在积极支持疗法的基础上，采取阻断肝细胞进行性坏死、促进肝细胞再生、改善肝脏功能、预防和治疗各种并发症(如肝性脑病、脑水肿、出血、肾功能不全、继发感染、电解质紊乱、腹水等)的综合措施，以防止病情恶化，提高治愈率。

【预防控制措施】

1.预防措施

(1)健康教育：应向群众宣传乙肝知识，认清乙肝病毒传播途径的复杂性和乙肝在我国人群中的普遍性，树立预防为主的自我保护意识。

(2)执行新生儿乙肝疫苗计划免疫，做好产前检查，阻断母婴传播。

(3)献血员的筛选：献血员必须做到每次献血前检测血清转氨酶(ALT)，以敏感的方法(ELISA)检测乙肝表面抗原(HBsAg)，两项中任何一项阳性均不得献血。

(4)防止医源性传播，各级医疗卫生单位，应严格实行“一人一针一管”，各种医疗卫生用品及器械应遵照 GB 15982—1995 有关规定执行。

2.慢性 HBsAg 携带者的管理与随访

血液 HBsAg 阳性但无症状体征，各项肝功能正常，经半年随访无变化者为慢性 HBsAg 携带者。

(1)慢性 HBsAg 携带者不能献血，可以照常工作与学习。

(2)注意个人卫生、经期卫生和行业卫生，所用剃须刀、修面用具、牙刷、盥洗用品等应单独使用。

3.对病人、接触者及直接接触环境的管理

乙型肝炎病人确诊后应及时报告，对患者的隔离应根据病情不同而采取不同的措施，乙肝病人使用的器具物品应单独使用，接触者应及时接种乙肝疫苗以预防。

4.流行期措施

乙型肝炎在我国常年散发，感染人群基数很大，没有明显季节性，暴发流行的形势也不常见。突然的暴发流行常见于血制品污染和毒品使用的人群，应特别做好血制品管理工作，打击贩毒以阻止暴发流行。控制流行的首选方法是新生儿免疫接种，以降低下一代感染率，最终达到控制流行的目的。

二、麻疹

【流行病学特征】

麻疹是由麻疹病毒引起的急性呼吸道传染病，麻疹患者是唯一的传染源。传染期一般为出疹前后各 5 d，自潜伏期末到开始出疹的第 1~2 天传染性最强，机体中免疫抗体形成后传染性明显降低。传播途径通过病人喷嚏、咳嗽和说话等由飞沫传播。人群对麻疹普遍易感，接触后 90%以上均发病，1~5 岁小儿发病率最高。婴儿可从胎盘得到母亲的抗体，生后 4~6 月内有被动免疫力，以后逐渐消失。麻疹疫苗使用后，发病率已下降。目前发病者在未接受疫苗的学龄前儿童、免疫失败的十几岁儿童和青年人中多见，甚至可形成社区内的流行。在人口密集的地方，接触密切，一般在春末最多，夏秋少见，到冬季渐多。

【临床表现】

临床上根据症状分为典型、轻型、异型、重型四型麻疹。

1.典型麻疹

可分以下四期。

(1)潜伏期：一般为 10~14 d，亦有短至 1 周左右。在潜伏期内可有轻度体温上升。

(2)前驱期：也称发疹前期，一般为 3~4 d。这一期的主要表现类似上呼吸道感染症状：①发热，见于所有病例，多为中度以上发热。②咳嗽、流涕、流泪、咽部充血等其他症状，以眼部症状突出，结膜发炎、眼睑水肿、眼泪增多、畏光、下眼睑边缘有一条明显充血横线(Stimson 线)，对诊断麻疹极有帮助。③Koplik 斑，在发疹前 24~48 h 出现，为直径约 1.0 mm 的灰白色小点，外有红色晕圈，开始仅见于对着下臼齿的颊黏膜上，但在 1 d 内很快增多，可累及整个颊黏膜并蔓延至唇部黏膜，黏膜疹在皮疹出现后即逐渐消失，可留有暗红色小点。④偶见皮肤荨麻疹，隐约斑疹或猩红热样皮疹，在出现典型皮疹时消失。⑤部分病例可有一些非特异性症状，如全身不适、食欲减退、精神不振等。婴儿可有消化系统症状。幼儿常有呕吐、腹泻，在软腭、硬腭弓出现红色细小疹子。第 2~3 日可于双侧近臼齿颊黏膜处出现细沙样灰白色小点，绕以红晕，称麻疹黏膜斑，为该病早期特征，也可见于下唇内侧及牙龈黏膜上，偶见于上腭，一般维持 16~18 h，有时 1~2 d，多于出疹后 1~2 d 内消失。

(3)出疹期：多在发热后 3~4 d 出现皮疹。体温可突然升高至 40~40.5 ℃，皮疹开始为稀疏不规则的红色斑丘疹，疹间皮肤正常，始见于耳后、颈部、沿着发际边缘，24 h 内向下发展，遍及面部、躯干及上肢，第 3 天皮疹累及下肢及足部，病情严重者皮疹常融合，皮肤水肿，面部浮肿变形。大部分皮疹压之褪色，但亦有出现淤点者。全身有淋巴结肿大和脾肿大，并持续几周，肠系膜淋巴结肿大可引起腹痛、腹泻和呕吐。阑尾黏膜的麻疹病理改变可引起阑尾炎症状。疾病极期特别是高热时常有谵妄、激惹及嗜睡状态，多为一过性，退热后消失，与以后中枢神经系统并发症无关。此期肺部有湿性罗音，X 射线检查可见肺纹理增多。

(4)恢复期：出疹 3~4 d 后皮疹开始消退，消退顺序与出疹时相同。在无并发症发生的情况下，食欲、精神等其他症状也随之好转。退疹后，皮肤留有糠麸状脱屑及棕色色素沉着，7~10 d 痊愈。

2.轻型麻疹(mild measles)

临床症状为一过性低热、轻度卡他及少量皮疹，全身状况良好。机理为接种麻疹疫苗后产生的抗体随时间的推移而下降，已不能完全抵御麻疹病毒的侵袭，但仍保留一定的抗病能力，因此病毒在体内只能有限繁殖。

3.异型麻疹(atypical measles)

典型症状是持续高热、不典型皮疹，伴有四肢浮肿、全身疼痛等，经常伴有严重的肺炎。其主要发病机理为接种灭活疫苗后，不产生呼吸道局部免疫和抗 F 蛋白抗体，当再遇到病毒时，H 为再次免疫反应，HI 抗体产生早，滴度高。导致麻疹病毒在细胞内扩散，与体内 HI 抗体形成抗原抗体复合物，这种复合物在血管壁沉积后激活补体系统，生成过敏毒素，造成一系列组织病理损害。

4.重型麻疹

发热高达 40 ℃以上，中毒症状重，伴惊厥、昏迷。皮疹融合呈紫蓝色者，常有黏膜出血，如鼻出血、呕血、咯血、血尿、血小板减少等，称为黑麻疹，可能是 DIC 的一种形式；若皮疹少，色暗淡，常为循环不良的表现。此型患儿死亡率高。

【诊断标准】

1.疑似病例

发热、出疹(全身性斑丘疹)并伴有咳嗽、卡他性鼻炎或结膜炎症状之一的病例，或任何经过训练的卫生人员诊断为麻疹的病例均为疑似麻疹病例。

2.确诊病例

疑似麻疹病例有完整的流行病学调查资料,实验室证实为麻疹病毒感染的为确诊病例。有下例之一为实验室证实。

(1)IgM 抗体捕捉 ELISA 法,麻疹疑似病人血中麻疹 IgM 阳性。

(2)间接 ELISA 或血凝抑制法。

(3)从疑似麻疹病例的标本中用 B95 细胞分离到麻疹病毒。

3.临床诊断病例

符合以下条件的麻疹疑似病例为临床诊断病例:

(1)未进行流行病学调查,无实验室诊断结果的临床报告病例。

(2)完成调查前失访或死亡的病例。

(3)流行病学调查表明与实验室确诊麻疹病例有明显流行病学联系的疑似病例。

(4)实验室证实为麻疹暴发,同一暴发中其他未经实验室证实的疑似病例。

4.排除病例

有完整的流行病学调查资料,并采取了合格的血清标本,并经实验室检测结果呈阴性的病例;或经实验室证实为其他发热出疹性疾病。

5.SSPE 的诊断

脑脊液和血清中有高滴度的麻疹 IgG 抗体,血/脑 IgG 抗体比值<160,并排除血脑屏障破坏。

【鉴别诊断】

1.风疹

重点应与轻型麻疹相鉴别。风疹特点:多见于幼儿及学龄前期小儿,成人少见。前驱期短而症状轻,无热或低热,轻咳、流鼻涕,较少发生眼结膜炎,无科氏斑。起病 1~2 d 后即出疹,迅速见于全身。皮疹为稀疏色淡斑、丘疹,1~2 d 内即消退,不脱屑、不留痕。同时耳后、枕后、颈部淋巴结肿大。很少有并发症,预后好。测血清特异抗体可助鉴别。

2.幼儿急疹

多见于婴幼儿,1 岁以内为主。骤起高热,持续 3~5 d,而突然下降,可伴发高热惊厥,呼吸道卡他症状不明显。热退时或热退后出现皮疹,呈散在玫瑰色斑丘疹,以躯干为多,1~2 d 即自动消退,疹退后一般不脱屑或留有色素沉着。发热时外周血白细胞总数下降,淋巴细胞相对增多。

3.猩红热

前驱期发热咽痛明显。1~2 d 后全身出现针头大小红疹,疹间皮肤充血,呈现一片猩红,压之退色。疹退后可发生大片脱皮,血液白细胞总数及中性粒细胞增高显著。

4.肠道病毒感染

柯萨奇病毒及埃可病毒等肠道病毒感染时常伴发各种类型皮疹,多发生于夏秋季。出疹前常有呼吸道症状,伴发热、咳嗽、腹泻等,偶见黏膜斑,常伴全身淋巴结肿大,继而出疹,也有热退后出疹者。皮疹多样,大多为斑丘疹,也可为小疱疹、荨麻疹样。皮疹消退后不脱屑、不留痕。外周血象无特殊变化,或可有白细胞轻度增加。

5.其他

如败血症、斑疹伤寒、药物过敏、过敏性皮疹、川崎病(黏膜皮肤淋巴结综合征)等亦需与麻疹鉴别。根据流行病学、临床表现、皮疹特点和实验室检查可加以区分。

【治疗】

1.一般治疗

卧床休息,房内保持适当的温度和湿度,有畏光症状时房内光线要柔和;给予容易消化的富有营养的食物,补充足量水分;保持皮肤、黏膜清洁。

2.对症治疗

高热时可用小量退热剂;烦躁可适当给予苯巴比妥等镇静剂;剧咳时用镇咳祛痰剂;继发细菌感染可给抗生素。麻疹患儿对维生素 A 需要量大,世界卫生组织推荐,在维生素 A 缺乏区的麻疹患儿应补充维生素 A,<1 岁者每日给 10 万单位,年长儿 20 万单位,共 2 d,有维生素 A 缺乏眼症状者 1~4 周后应重复。

【预防】

1.管理传染源

对病人应严密隔离,对接触者隔离检疫 3 周;流行期间托儿所、幼儿园等儿童机构应暂停接送和接收易感儿入所。

2.切断传播途径

病室注意通风换气,充分利用日光或紫外线照射;医护人员离开病室后应洗手更换外衣或在空气流通处停留 20 min 后,可接触易感者。

3.保护易感人群

(1)主动免疫:麻疹减毒活疫苗的应用是预防麻疹最有效的根本办法,应按照国家规定的免疫程序及时接种。应急接种最好于麻疹流行季节前 1 个月进行,易感者在接触患者后 2 d 内接种疫苗仍可防止发病或减轻病情。

(2)被动免疫:有密切接触史的体弱、年幼的易感儿应采用被动免疫。在接触患者后 5 d 内注射人血丙种球蛋白 3 mL(或每次 0.25 mL/kg)可防止发病;在接触患者 6 d 后注射,可减轻症状。免疫有效期为 3~8 周。

三、水痘

水痘是由水痘带状疱疹病毒初次感染引起的急性传染病,传染率很高。主要发生在婴幼儿群体中,以发热及成批出现周身性红色斑丘疹、疱疹、痂疹为特征。冬春两季多发,其传染力强,接触或飞沫均可传染。易感儿发病率可达 95%以上,学龄前儿童多见。临床以皮肤粘膜分批出现斑丘疹、水疱和结痂,而且各期皮疹同时存在为特点。该病为自限性疾病,也可在多年后感染复发而出现带状疱疹。

【病原和流行病学特征】

水痘是由于感染水痘带状疱疹病毒(varicella zostervirus, VZV)引起,人是唯一的宿主。水痘传染性强,患者为主要传染源,出疹前 1~2 d 至出疹后 1 周都有传染性。儿童与带状疱疹患者接触亦可发生水痘,因两者病因相同。传播途径主要是呼吸道飞沫或直接接触传染,也可接触污染的衣物间接传染。该病以冬春季发病为主,主要为 2~10 岁的儿童发病。人群普遍易感,但一次发病可获得持久的免疫力。

【临床症状】

1.潜伏期

14~15 d 左右。

2.前驱期

一般不超过 24 h,患者有发热、头疼、全身不适、食欲减退,或有恶心、呕吐、腹痛等症状。年长儿和成年人症状较重,幼儿及儿童多不明显。

3.出疹期

发热当天出现皮疹,皮疹先发于头皮、躯干受压部分,呈向心性分布。在为期 1~6 d 的出疹期内皮疹相继分批出现。皮损呈现由细小的红色斑丘疹→旁疹→症疹→脱疹的演变过程,脱疹后不留疤痕。水疱期痛痒明显,若因挠抓继发感染时可留下轻度凹痕。体弱者可出现高热,约 4%的成年人可发生播散性水痘、水痘性肺炎,大多见于 1~10 岁的儿童,潜伏期 2~3 周。起病较急,可有发热、头痛、全身倦怠等前驱症状。在发病 24 h 内出现皮疹,迅速变为米粒至豌豆大的圆形紧张水疱,周围有明显红晕,有水疱的中央呈脐窝状。约经 2~3 d 水疱干涸结痂,痂脱而愈,不留疤痕。皮损呈向心性分布,先自前额部开始,后见于躯干、四肢。数目多少不定,以躯干为多,其次是颜面、头部,四肢较少,掌跖更少。黏膜亦常受侵,见于口腔、咽部、眼结膜、外阴、肛门等处。皮损常分批发生,因而丘疹、水疱和结痂往往同时存在,病程经过 2~3 周。若患儿抵抗力低下时,皮损可进行性全身性播散,形成播散性水痘。水痘的临床异型表现有水疱性水痘、出血性水痘、新生儿水痘、成人水痘等。

【临床诊断】

1.病前 2~3 周有与水痘或带状疱疹患者密切接触史。

2.发热与皮疹(斑丘疹、疱疹)同时发生,或无发热即出疹。皮疹向心性分布,以躯干、头、腰处多见。皮疹可分批出现,即斑丘疹→水疱疹→结痂,不同形态皮疹还可同时存在,痂盖脱落后不留疤痕。

3.白细胞计数正常或稍低,淋巴细胞相对增高。

【鉴别诊断】

该病应与下列疾病相鉴别:

1.脓疱病

好发于鼻唇周围和四肢暴露部位。易形成脓疱及黄色厚痂,经搔抓而播散。不成批出现,无全身症状。

2.带状疱疹

疱疹呈成簇状排列,沿身体一侧的皮肤周围神经分布,不对称,有局部疼痛。

3.丘疹样荨麻疹

系婴幼儿皮肤过敏性疾病。皮疹为红色丘疹,顶端有小水疱,无红晕,分批出现,离心性分布,不累及头部和口腔。

4.疱疹性湿疹(Kaposi 水痘样皮疹)

湿疹兼患单纯疱疹感染。临床表现多急起、高热、虚脱及水痘样皮疹,常呈暴发性病程,病死率高,皮肤受累面积广,体液大量丢失,导致水电解质紊乱、休克或继发性感染而死亡。

5.苔藓样荨麻疹

多见于婴幼儿。皮疹尖端似疱疹,但较水痘小而坚实,多分布于四肢、躯干,分批出现红色丘疹、瘙痒。多有过敏史及昆虫叮咬或肠蛔虫感染史。

6.手、足、口病

多见于 4 岁以下小儿。四肢远端如手掌、足底或指、趾间出现水疱疹,很少形成溃疡,不结痂。病原体为柯萨奇 A16、A10、A17 型肠道病毒等。

【治疗】

1.轻者只要加强护理即可,剪短指甲,防止抓破后引起继发感染。对重症患者,皮疹多者,可肌肉注射维生素 B_{12} 100 μg,连用 3~5 d。

2.对体弱或有继发感染者,可酌情选用抗生素,对破溃的疱疹可涂 1%龙胆紫溶液。

3.可用银翘散进行中医治疗。

【预防】

预防重点是管理传染源,即隔离患者至全部症疹消失为止。其污染物、用具可用煮沸或暴晒法消毒。接触水痘的易感者应留检 3 周,可接种水痘减毒活疫苗,接触水痘后 3 d 内接种仍然有效。

四、风疹

风疹是感染风疹病毒引起的急性呼吸道传染病,临床以低热、全身性皮疹、耳后及枕部淋巴结肿大为特点,全身症状轻,病程短。孕妇在妊娠早期感染风疹病毒,可引起胎儿感染,造成胎儿发育迟缓和畸形,甚至引起胎儿死亡或先天性风疹综合征。

【病原及流行病学特征】

风疹病毒属于披膜病毒科风疹病毒属,只有一个血清型。人类是风疹病毒的自然宿主。风疹患者、隐性感染者及先天性风疹患者为本病的传染源,以出疹前后传染性最强。风疹通过呼吸道、尿液、鼻咽分泌物排出病毒。经空气飞沫传播为主要方式,也可通过接触被风疹患者大小便污染的物品而感染;孕妇感染风疹病毒后可通过胎盘传给胎儿。1~5 岁儿童多发,但在学校、军营等易感人群较集中、环境拥挤的场所,也可出现其他年龄段流行。病后有较持久的免疫力。一年四季均可发病,冬春季节发病较多,人群感染率高。自广泛使用风疹疫苗后,流行已少见,但在未能使用风疹疫苗的多数发展中国家,风疹流行仍时有发生。

【临床表现】

潜伏期 12~19 d, 风疹传染性不如麻疹,症状比麻疹轻。

1.典型的风疹

主要表现为发热、出疹、淋巴结肿大和结膜炎,病程短。

本病的特点为小的淡红色斑丘疹,先面部而后颈部,再躯干后四肢,通常 24 h 全身疹子出齐,2~5 d 退疹,不留色素。出疹严重者热度一般为 38 ℃左右,也有 39 ℃以上的风疹流行报告,退疹后退热,有耳后、枕部、颈下和颈部淋巴结肿大。

2.先天性风疹综合征(congenital rubella syndrome, CRS)

母亲在怀孕早期特别是头 3 个月感染风疹,病毒可通过胎盘感染胎儿,造成流产、死产和新生儿单个或多个器官畸形。以先天性白内障、心脏畸形和耳聋等为典型特征,此外还有肝脾肿大,血小板减少、紫癜、心肌炎和青光眼等统称为 CRS。CRS 患儿体重轻,行为及运动能力低下,有些畸形出生时已很明显,但耳聋、智力低下、运动失常等在 1 岁或几岁之后才被发现。

【诊断】

典型患者根据流行病学资料、低热、较轻的上呼吸道炎症、出疹迅速、皮疹色淡、消退快,结合浅表淋巴结肿大等可作出诊断。流行期间无皮疹型风疹及隐性感染者占多数,确诊依赖于病毒分离或血清免疫学检查。

【治疗】

现在还没有特效的药物治疗风疹,临床上主要是对症治疗,如发热期间卧床休息,给予消化、高维生素饮食,适当应用解热镇痛剂等。

【预防】

1.预防措施

(1)健康教育:风疹显性和隐性感染对怀孕早期的胎儿都有危害,重点预防孕妇特别是怀孕头 3 个月内感染。重点查育龄前妇女 IgG 抗体,阴性者给予风疹疫苗预防接种,接种 3 个月(或半年)后 IgG 抗体阳转者再怀孕。无疫苗接种史的孕妇应避免接触风疹患者,如发现孕妇接触风疹患者应尽快检查 IgG 抗体,确定是否易感,如未出疹,4 周后复查 IgG 是否转阳,如 IgG 阴性则在潜伏期后查 IgM 抗体,以明确诊断。

(2)免疫接种:选用减毒风疹活疫苗,疫苗免疫的效果从强度与持久性都不如自然感染,有效免疫持续时间 5~8 年,疫苗需冷藏运输和储存。免疫抑制者和孕妇为疫苗禁忌证。

2.病人的管理

风疹患者应隔离至出疹后 5 d。

3.流行期措施

针对传染源、传播途径和易感人群三个环节。重点措施是应急接种，重点人群为学龄儿童、青春期少女、医务人员和入伍新兵。针对传播途径主要是保持公共场所的空气流通，并进行空气消毒。

五、细菌性痢疾

细菌性痢疾简称菌痢，是志贺菌属(痢疾杆菌)引起的肠道传染病。临床表现以结肠黏膜充血、水肿、出血等渗出性炎症和溃疡为主要病变，以发热、腹痛、腹泻、里急后重及脓血便为主要表现，中毒型病势凶险。本病在我国农村地区仍然常见。

【流行病学特征】

细菌性痢疾传染源包括患者和带菌者。患者中以急性、非急性典型菌痢与慢性隐匿性菌痢为重要传染源。痢疾杆菌随患者或带菌者的粪便排出，通过污染的手、食品、水源或生活接触直接传播，或苍蝇、蟑螂等间接方式传播，最终均经口入消化道使易感者受感染。人群对痢疾杆菌普遍易感。学龄前儿童患病多，与不良卫生习惯有关；成人患者同机体抵抗力降低、接触感染机会多有关；加之患同型菌痢后无巩固免疫力，不同菌群间以及不同血清型痢疾杆菌之间无交叉免疫，故造成重复感染或再感染而反复多次发病。

【临床表现】

志贺菌属主要引起细菌性痢疾，按临床表现可分为以下两型。

1.急性细菌性痢疾

又分典型、非典型及中毒型三种。

典型的急性细菌性痢疾的主要特征是起病急，伴发热、腹痛、腹泻、里急后重、脓血便，并有中度全身中毒症状。腹泻 1 d 10 余次或更多，但量不多。重症患者伴有惊厥、头痛、全身肌肉酸痛，也可引起脱水和电解质紊乱。

非典型的急性细菌性痢疾以婴儿多见。多无全身中毒症状，不发热或低热。腹痛较轻，腹泻 1 d 3~5 次。粪便呈水样或稀糊状，含少量黏液，但无脓血。左下腹可有压痛。食欲减退，并有恶心、呕吐。

中毒型菌痢起病急、发展快，体温可达 40 ℃以上。小儿患者早期出现烦躁、惶恐、谵妄和惊厥等。少数患儿可表现为抑郁，如嗜睡、精神委靡、昏迷或半昏迷等，数小时内可发生休克或呼吸衰竭。小儿主要表现为高热、惊厥。发病初期肠道症状不明显。成人患者主要表现为脓血便频繁，循环系统症状明显。

2.慢性细菌性痢疾

可为急性细菌性痢疾治疗不彻底，或迁延未愈，或开始症状较轻而逐渐发展起来，且病情迁延达 2 个月以上者。

细菌性痢疾的带菌者有三种类型，即恢复期带菌者、慢性带菌者和健康带菌者，后者是菌痢的主要传染源，特别是炊事员和保育员中的带菌者，危险性更大。

【诊断标准】

细菌性痢疾的诊断原则为依据流行病学史、症状体征及实验室检查进行综合诊断，确诊则需依赖于病原学检查。

1.流行病学史

病人有不洁饮食或与菌痢病人接触史。

2.症状体征

(1)急性非典型菌痢：症状轻，可仅有腹泻、稀便。

(2)急性典型菌痢：急性起病，腹泻(排除其他原因)、腹痛、里急后重，可伴发热、脓血便或黏液便、左下腹部压痛。

(3)急性中毒型菌痢：发病急，高热，呈严重毒血症症状，小儿发病初期可无明显腹痛、腹泻症状，常需经灌肠或肛拭做粪检，才发现是菌痢。根据主要临床表现有以下类型：①休克型(周围循环衰竭型)，有感染性休克症状，如面色苍白、四肢厥冷、脉细速、血压下降、皮肤发花、发绀等。②脑型(呼吸衰竭型)，有脑水肿表现，如烦躁不安、惊厥、嗜睡或昏迷、瞳孔改变，甚至出现脑疝、呼吸衰竭。③混合型，同时出现脑型、休克型的症状，是最凶险的一型。

(4)慢性菌痢：急性菌痢者病程超过 2 个月以上为慢性菌痢。

3.实验室检查

(1)粪便常规检查：在 400 倍镜下每个视野中的白细胞或脓细胞≥15，可见红细胞。

(2)病原学检查：粪便培养志贺菌属阳性为确诊依据。

4.病例分类

(1)疑似病例：腹泻，有脓血便、或黏液便、或水样便、或稀便，伴有里急后重，难以确定其他原因的腹泻者。

(2)临床诊断病例：具有以上临床症状，并排除其他原因引起的腹泻。

(3)确诊病例：病原学检查呈阳性者为确诊病例。

【治疗】

1.一般对症治疗

进易消化食物，注意水电解质平衡，可给口服补液盐(ORS)，必要时 ORS 和静脉输液同时应用。

2.病原治疗

细菌性痢疾可以是自限性的，一般情况下可以不使用抗生素。对症状比较严重的患者，抗生素治疗可缩短病程、减轻病情和缩短排菌期。但是，治疗痢疾Ⅰ型志贺菌感染时，应该慎用抗生素（许多抗生素可以刺激 O157:H7 大肠杆菌释放志贺毒素，诱发溶血性尿毒综合征）。由于临床分离菌株常为多重耐药性，使用抗生素应该根据当地的药敏谱来确定。

3.休克型菌痢处理

抗感染,抗休克。

4.脑型菌痢处理

抗感染,防治脑水肿和呼吸衰竭。

【预防】

1.预防原则

应以切断传播途径为主,同时加强对传染源管理的综合性防治措施。对重点人群、集体单位应特别注意预防暴发或流行。

2.预防措施

(1)深入开展卫生健康教育和爱国卫生运动。细菌性痢疾通过粪—口途径,通过食物、水以及粪便污染的食品、玩具、用具而传播。注意水源卫生和饮食卫生。教育群众喝开水,不喝生水;在疫区用消毒过的水洗瓜果、蔬菜和碗筷及漱口;饭前便后要洗手;食品做熟后再吃,慎食凉拌菜;剩饭菜要加热后吃;生熟分开;防止苍蝇叮爬食物;在疫区不要参加婚丧娶嫁等大型聚餐活动。应加强包括改善水源、饮食、环境卫生,消灭苍蝇、蟑螂及其滋生地在内的综合性防治措施,即做好"三管一灭"(管水、管粪、管饮食、消灭苍蝇),切实落实食品卫生管理措施,把好病从口入关。对重点行业人群应每年进行卫生知识或强化食品卫生知识的培训,坚持持证上岗,严格执行《食品卫生法》。

3.病人、接触者及其直接接触环境的管理

(1)传染源管理

急性、慢性病人及带菌者为细菌性痢疾的传染源,急性病人应隔离治疗。由于志贺菌的感染剂量极低,对炊管人员、饮食品制售人员、水源管理人员、托幼机构保教人员、医院里的儿童和护理员等重点行业中的粪便培养阳性者应立即调离原工作岗位,及时访视管理,并给予全程治疗,直至症状消失后,2次便检培养阴性方可解除隔离。在没有粪便培养条件的情况下,应于症状消失后1周方可解除隔离。

对暴发疫情中的密切接触者应进行观察,在小范围内可投服抗生素进行预防。

(2)切断传播途径

对污染的水源和食品要及时消毒。患者用厕所和被粪便污染的物品时应做到随时消毒,防止交叉感染。特别注意食品卫生的宣传教育工作。

对慢性痢疾患者和带菌者应定期进行访视管理,并根据药敏试验选择最敏感的药物给予彻底治疗,粪便培养连续3次(隔周1次)为阴性者,方可解除访视管理。

4.流行期措施

医疗防疫单位要做到早诊断、早报告,做好病人的隔离和消毒工作;医疗机构要提供及时有效的治疗。接到疫情报告后,卫生防疫部门应立即赶赴现场进行调查核实,尽快查明暴发原因,采取果断措施切断传播途径,防止疫情蔓延。

六、流行性感冒

流行性感冒(influenza,简称流感)是流感病毒引起的急性呼吸道感染,是一种传染性强、传播速度快的疾病。其主要通过空气中的飞沫、人与人之间的接触或与被污染物品的接触传播。典型的临床症状是急起高热、全身疼痛、显著乏力和轻度呼吸道症状。一般秋冬季节是其高发期,所引起的并发症和死亡现象非常严重。

【流行病学特征】

1.传染源

流感患者及隐性感染者为主要传染源。发病后 5 d 内均有传染性,病初 2~3 d 传染性最强。动物如禽类、猪等为重要储存宿主和中间宿主。

2.传播途径

以空气、飞沫传播为主,通过被病毒污染的食具、茶具和玩具也可间接传播。

3.易感人群

普遍易感,病后有一定的免疫力。三型流感之间、甲型流感不同亚型之间无交叉免疫,可反复发病。

4.流行特征

(1)流行特点:突然发生,迅速蔓延,2~3 周内达高峰,发病率高,流行期短,为 6~8 周,常沿交通线传播。

(2)一般规律:先城市后农村,先集体单位后分散居民。甲型流感常引起暴发流行,甚至是世界大流行,2~3 年发生小流行一次,根据世界上已发生的 4 次大流行情况分析,一般 10~15 年发生一次大流行。乙型流感呈暴发或小流行,丙型以散发为主。

(3)流行季节:四季均可发生,以冬春季为主。南方在夏秋季也可见到流感流行。

【临床表现】

1.典型症状

流感起病急,潜伏期为数小时至 4 d,一般为 1~2 d;高热,体温可达 39~40 ℃,伴畏寒,一般持续 2~3 d;全身中毒症状重,如乏力、头痛、头晕、全身酸痛;持续时间长,体温正常后乏力等症状可持续 1~2 周;呼吸道卡他症状轻微,常有咽痛,少数有鼻塞、流涕等;少数有恶心、呕吐、食欲不振、腹泻、腹痛等;有少数患者以消化道症状为主要表现。老人、婴幼儿、有心肺疾病者或接受免疫抑制剂治疗者患流感后可发展为肺炎。

2.临床分型

(1)单纯型流感:急性起病,体温 39~40 ℃,伴畏寒、乏力、头痛、肌肉关节酸痛等,全身症状明显,呼吸道卡他症状轻微,可有流涕、鼻塞、干咳等。检查体征时可见急性病容,咽部充血红肿,无分泌物,肺部可闻及干性罗音。

(2)肺炎型流感:较少见,多发生于老人、小孩、原有心肺疾患的人群。原因:原发病毒性肺炎,继发细菌性肺炎,混合细菌病毒性肺炎。表现:高热持续不退,剧烈咳嗽、咳血痰、呼吸急促、发绀,肺部可闻及湿罗音。胸片提示两肺有散在的絮状阴影。痰培养时无致病细菌生长,可分离出流感病毒。可因呼吸循环衰竭而死亡,病死率高。

(3)中毒性流感:以中枢神经系统及心血管系统损害为特征,表现为高热不退,血压下降,谵妄、惊厥、脑膜刺激征等脑炎、脑膜炎症状。

(4)胃肠炎型流感:少见,以腹泻、腹痛、呕吐为主要临床表现。

【诊断与鉴别诊断】

1.诊断

流感流行及大流行期间可根据临床症状进行诊断,但流感早期散发病例要结合流行病学史、临床表现、实验室检查综合诊断。

2.鉴别诊断

(1)普通感冒:多种病毒引起,多为散发,起病较慢,上呼吸道症状明显,全身症状较轻。感冒俗称伤风,又称急性鼻炎或上呼吸道卡他,是以鼻咽部卡他症状为主要表现。成人多为鼻病毒引起,次为副流感病毒、呼吸道合胞病毒、埃可病毒、柯萨奇病毒等。起病较急,初期有咽干、咽痒或烧灼感,发病同时或数小时后,可有喷嚏、鼻塞、流清水样鼻涕,2~3 d 后变稠。可伴咽痛,有时由于耳咽管炎使听力减退,也可出现流泪、味觉迟钝、呼吸不畅、声嘶、轻度咳嗽等。一般无发热及全身症状,或仅有低热、不适、轻度畏寒和头痛。检查可见鼻黏膜充血、水肿,有分泌物,咽部轻度充血。如无并发症,一般 5~7 d 痊愈。

(2)其他:如肺炎、支原体肺炎、急性细菌性扁桃体炎,还有其他病毒性呼吸道感染等。

【治疗】

1.一般对症治疗

卧床休息,多饮水,给予流质饮食,适宜营养,补充维生素,进食后以温开水或温盐水漱口,保持口鼻清洁,全身症状明显时予抗感染治疗。

2.早期应用抗病毒治疗

可减少病毒的排毒量,抑制病毒复制,减轻临床症状,并防止病毒向下呼吸道蔓延而导致肺炎等并发症。

3.中药治疗

中药对流感治疗可能有效,尤其是在缓解症状方面。

4.抗生素治疗

继发细菌感染时,应根据细菌培养结果及药物敏感试验及早使用抗生素。

【预防】

1.早发现,早报告,早隔离,早治疗

发现有呼吸系统症状,应隔离 1 周或至主要症状消失 ,切断传播途径。流行期间,避免集会或集体娱乐活动,老幼病残易感者少去公共场所,注意通风,必要时对公共场所进行消毒。医护人员戴口罩、洗手、防交叉感染。患者用具及分泌物要彻底消毒。

2.疫苗预防

(1)灭活疫苗:效果较好,接种对象为老人、儿童、严重慢性病患者、免疫力低下及可能密切接触患者的人员;接种时间为每年 10~11 月中旬,每年接种 1 次,2 周可产生有效抗体。下列情况禁用:对鸡蛋过敏者;急性传染病患者,精神病患者,妊娠早期,6 个月以下的婴儿。

(2)减毒活疫苗:采用喷鼻法接种。

七、甲型 H1N1 流感

【流行病学特征】

甲型 H1N1 流感简称甲流。病人为主要传染源,主要通过飞沫经呼吸道传播,人群普遍易感。

下列人群出现流感样症状后,较易发展为重症病例,应当给予高度重视,尽早进行甲型 H1N1 流感病毒核酸检测及其他必要检查。

1.妊娠期妇女。

2.伴有以下疾病或状况者:慢性呼吸系统疾病、心血管系统疾病(高血压除外)、肾病、肝病、血液系统疾病、神经系统及神经肌肉疾病、代谢及内分泌系统疾病、免疫功能抑制 (包括应用免疫抑制剂或 HIV 感染等致免疫功能低下)、19 岁以下长期服用阿司匹林者。

3.肥胖者(体重指数≥40 危险度高,体重指数在 30~39 可能是高危因素)。

4.年龄<5 岁的儿童(年龄<2 岁更易发生严重并发症)。

5.年龄≥65 岁的老年人。

【临床表现】

潜伏期一般为 1~7 d,多为 1~3 d。

通常表现为流感样症状,包括发热、咽痛、流涕、鼻塞、咳嗽、咳痰、头痛、全身酸痛、乏力。部分病例出现呕吐和(或)腹泻。少数病例仅有轻微的上呼吸道症状,无发热。体征主要包括咽部充血和扁桃体肿大。

可发生肺炎等并发症。少数病例病情进展迅速,可出现呼吸衰竭、多脏器功能不全或衰竭。

可引起原有基础疾病的加重,呈现相应的临床表现。

病情严重者可以导致死亡。

【诊断】

诊断主要结合流行病学史、临床表现和病原学检查,早发现、早诊断是防控与有效治疗的关键。

1.疑似病例

符合下列情况之一即可诊断为疑似病例：

(1)发病前7 d内与传染期甲型H1N1流感确诊病例有密切接触，并出现流感样临床表现。

密切接触是指在未采取有效防护的情况下，诊治、照看传染期甲型H1N1流感患者，与患者共同生活，接触过患者的呼吸道分泌物、体液等。

(2)发病前7 d内曾到过甲型H1N1流感流行(出现病毒的持续传播和基于社区水平的流行和暴发)的地区，出现流感样临床表现。

(3)出现流感样临床表现，甲型流感病毒检测阳性，尚未进一步检测病毒亚型。

对上述3种情况，在条件允许的情况下，可安排甲型H1N1流感病原学检查。

2.临床诊断病例

仅限于以下情况作出临床诊断：同一起甲型H1N1流感暴发疫情中，未经实验室确诊的流感样症状病例，在排除其他致流感样症状疾病时，可诊断为临床诊断病例。

甲型H1N1流感暴发是指一个地区或单位在短时间内出现异常增多的流感样病例，经实验室检测确认为甲型H1N1流感疫情。

在条件允许的情况下，临床诊断病例可安排病原学检查。

3.确诊病例

出现流感样临床表现，同时有以下一种或几种实验室检测结果，可确诊：

(1)甲型H1N1流感病毒核酸检测阳性(可采用real-time RT-PCR和RT-PCR方法)；

(2)分离到甲型H1N1流感病毒；

(3)双份血清甲型H1N1流感病毒的特异性抗体水平呈4倍或4倍以上升高。

【重症与危重病例】

1.出现以下情况之一者为重症病例：

(1)持续高热>3 d；

(2)剧烈咳嗽，咳脓痰、血痰，或胸痛；

(3)呼吸频率快，呼吸困难，口唇发绀；

(4)神志改变，如反应迟钝、嗜睡、躁动、惊厥等；

(5)严重呕吐、腹泻，出现脱水表现；

(6)影像学检查有肺炎征象；

(7)肌酸激酶(CK)、肌酸激酶同工酶(CK-MB)等心肌酶水平迅速增高；

(8)原有基础疾病明显加重。

2.出现以下情况之一者为危重病例：

(1)呼吸衰竭；

(2)感染中毒性休克；

(3)多脏器功能不全；

(4)出现其他需进行监护治疗的严重临床情况。

【临床分类处理原则】

1.疑似病例

在通风条件良好的房间单独隔离。住院病例须做甲型H1N1流感病原学检查。

2.临床诊断病例

在通风条件良好的房间单独隔离。住院病例须做甲型H1N1流感病原学检查。

3.确诊病例

在通风条件良好的房间进行隔离。住院病例可多人同室。

根据患者病情及当地医疗资源状况,按照重症优先的原则安排住院治疗。

(1)优先收治重症与危重病例入院。对危重病例,根据当地医疗设施条件,及时转入具备防控条件的重症医学科(ICU)治疗。

(2)不具备重症与危重病例救治条件的医疗机构,在保证医疗安全的前提下,要及时将病例转运到具备条件的医院;病情不适宜转诊时,当地卫生行政部门或者上级卫生行政部门要组织专家就地进行积极救治。

(3)高危人群感染甲型H1N1流感后较易成为重症病例,宜安排住院诊治。如实施居家隔离治疗,应密切监测病情,一旦出现病情恶化须及时安排住院诊治。

(4)轻症病例可安排居家隔离观察与治疗。

【治疗】

1.一般治疗

休息,多饮水,密切观察病情变化;对高热病例可给予退热治疗。

2.抗病毒治疗

研究显示,此种甲型H1N1流感病毒目前对神经氨酸酶抑制剂奥司他韦(oseltamivir)、扎那米韦(zanamivir)敏感,对金刚烷胺和金刚乙胺有耐药性。

对于临床症状较轻且无并发症、病情趋于自限的甲型H1N1流感病例,无需积极应用神经氨酸酶抑制剂。

对于发病时病情严重、发病后病情呈动态恶化的病例,感染甲型H1N1流感的高危人群应及时给予神经氨酸酶抑制剂进行抗病毒治疗。开始给药时间应尽可能在发病48 h以内(以36 h内为最佳)。对于较易成为重症病例的高危人群,一旦出现流感样症状,不一定等待病毒核酸检测结果,即可开始抗病毒治疗。孕妇在出现流感样症状之后,宜尽早给予神经氨酸酶抑制剂治疗。

3.其他治疗

(1)如出现低氧血症或呼吸衰竭,应及时给予相应的治疗措施,包括氧疗或机械通气等。

(2)并发休克时给予相应抗休克治疗。

(3)出现其他脏器功能损害时,给予相应支持治疗。

(4)并发细菌和(或)真菌感染时,给予相应抗细菌和(或)抗真菌药物治疗。

(5)对于重症和危重病例,也可以考虑使用甲型 H1N1 流感近期康复者恢复期的血浆或疫苗接种者免疫血浆进行治疗。对发病 1 周内的重症和危重病例,在保证医疗安全的前提下,宜早期使用。推荐用法:一般成人 100~200 mL,儿童 50 mL(或者根据血浆特异性抗体滴度调整用量),静脉输入。必要时可重复使用。使用过程中,注意过敏反应。

4.中医辨证治疗

(1)轻症辨证治疗方案

①风热犯卫

主症:发病初期,发热或未发热,咽红不适,轻咳少痰,无汗。

舌脉:舌质红,苔薄或薄腻,脉浮数。

治法:疏风清热。

基本方药:银花 15 g　连翘 15 g　桑叶 10 g　杭菊花 10 g　桔梗 10 g　牛蒡子 15 g　竹叶 6 g　芦根 30 g　薄荷(后下)3 g　生甘草 3 g

煎服法:水煎服,每剂水煎 400 mL,每次口服 200 mL,1 日 2 次;必要时可日服 2 剂,每 6 h 口服 1 次,每次 200 mL。

加减:苔厚腻加广藿香、佩兰;咳嗽重加杏仁、枇杷叶;腹泻加川黄连、广木香;咽痛重加锦灯笼。

常用中成药:疏风清热类中成药如疏风解毒胶囊、香菊胶囊、银翘解毒类、桑菊感冒类、双黄连类口服制剂,藿香正气、葛根芩连类制剂等。

②热毒袭肺

主症:高热,咳嗽,痰黏,咳痰不爽,口渴喜饮,咽痛,目赤。

舌脉:舌质红,苔黄或腻,脉滑数。

治法:清肺解毒。

基本方药:炙麻黄 3 g　杏仁 10 g　生甘草 10 g　生石膏(先煎)30 g　知母 10 g　浙贝母 10 g　桔梗 15 g　黄芩 15 g　柴胡 15 g

煎服法:水煎服,每剂水煎 400 mL,每次口服 200 mL,1 日 2 次;必要时可日服 2 剂,每 6 小时口服 1 次,每次 200 mL。

加减:便秘加生大黄;持续高热加青蒿、丹皮。

常用中成药:清肺解毒类中成药如连花清瘟胶囊、银黄类制剂、连花清热类制剂等。

(2)重症与危重症辨证治疗方案

①热毒壅肺

主症:高热,咳嗽咳痰、痰黄,喘促气短;或心悸,躁扰不安,口唇紫暗。

舌脉:舌质红,苔黄腻或灰腻,脉滑数。

治法:清热泻肺,解毒散淤。

基本方药:炙麻黄 5 g　生石膏(先煎)30 g　杏仁 10 g　知母 10 g　鱼腥草 15 g

葶苈子 10 g　金荞麦 10 g　黄芩 10 g　浙贝母 10 g　生大黄 10 g　丹皮 10 g　青蒿 15 g

煎服法：水煎服，每剂水煎 400 mL，每次口服 200 mL，每日 2 次；必要时可日服 2 剂，每 6 h 口服 1 次，每次 200 mL。

加减：持续高热，神昏谵语加安宫牛黄丸；抽搐加羚羊角、僵蚕、广地龙等；腹胀便结加枳实、元明粉。

常用中成药：喜炎平、痰热清、清开灵注射液。

②气营两燔

主症：高热，口渴，烦躁不安，甚者神昏谵语，咳嗽或咯血，胸闷憋气，气短。

舌脉：舌质红绛，苔黄，脉细数。

治法：清气凉营。

基本方药：水牛角 30 g　生地 15 g　赤芍 10 g　银花 15 g　丹参 12 g　连翘 15 g　麦冬 10 g　竹叶 6 g　瓜蒌 30 g　生石膏(先煎)30 g　栀子 12 g

煎服法：水煎服，每剂水煎 400 mL，每次口服 200 mL，每日 2 次；必要时可日服 2 剂，每 6 h 口服 1 次，每次 200 mL。

加减：便秘加生大黄；高热肢体抽搐加羚羊角粉。

常用中成药：安宫牛黄丸、血必净、醒脑静注射液等。

【预防】

1.个人卫生

(1)勤洗手：尤其是在咳嗽或打喷嚏后要洗手。正确的洗手方法包括以下 5 个步骤：

①湿，在水龙头下把手淋湿，包括手腕、手掌和手指均要充分淋湿。

②搓，双手擦肥皂或洗手液，搓洗双手的手心、手背、手指、指尖、指甲及手腕，最少洗 20 s。

③冲，用清水将双手彻底冲洗干净。

④捧，捧水将水龙头冲洗干净，或用擦手纸包着水龙头关闭。

⑤擦，用擦手纸或干净毛巾将双手擦干。

整个洗手的过程至少持续 30 s 才能达到有效的清洁。

(2)注意日常礼节：咳嗽或打喷嚏时用纸巾、毛巾等遮住口鼻；咳嗽或打喷嚏后要洗手，并尽量避免触摸眼睛、鼻或口。

(3)倡导公众保持健康行为：如充足睡眠、合理营养、锻炼身体等。

(4)保持家庭和工作场所环境清洁和良好通风状态。

2.健康教育

各地应利用电视、广播、网络、报纸、宣传折页、张贴画、手机短信等方式，加强对甲型 H1N1 流感防控知识及防控措施的宣传，提高公众的防治意识。健康教育和宣传的要点包括以下几点。

(1)分类就诊措施:宣传轻症流感样病例避免不必要就医和重症患者及时就医的分类就诊措施,以及就诊时戴口罩等个人防护措施。

(2)普通健康人群行为

①维持健康行为,保证充足的睡眠,保持好的精神心理状态,饮用足够的液体和食用有营养的食物等。

②尽量避免接触流感样病例,必须接触时做好个人防护措施(如戴口罩)。

③注意个人卫生,经常使用肥皂和清水洗手,尤其在咳嗽或打喷嚏后要洗手。酒精类洗手液同样有效。

④尽量避免外出,尤其是前往人群密集的场所。疾病流行地区的居民必须外出时尽可能戴口罩,且应尽可能缩短在人群聚集场所停留的时间。

⑤咳嗽或打喷嚏时用纸巾、毛巾等遮住口鼻。

⑥尽量避免触摸眼睛、鼻或口。

⑦保持家庭和工作场所的良好通风状态。

⑧如出现流感样症状,尽量减少外出或与其他人接触。同时,告知家人与其接触时戴口罩,并尽快电话咨询当地疾病预防控制机构和医生,包括是否需要就诊、在何处就诊、如何就诊等。

⑨接种甲型 H1N1 流感疫苗。

八、人感染高致病性禽流感

人感染高致病性禽流感是由禽甲型流感病毒某些亚型中的一些毒株如 H5N1、H7N7 等引起的人类急性呼吸道传染病。近年来,H5N1 型禽流感病毒在全球蔓延,不断引起人类发病,并且推测这一病毒可能通过基因重组或突变演变为能引起人类流感大流行的病毒,因此成为全球关注的焦点。《传染病防治法》将其列为乙类传染病,但实行甲类管理,即一旦发生疫情,采取甲类传染病的预防控制措施。

【流行病学特征】

1.传染源

传染源主要为患禽流感或携带禽流感病毒的鸡、鸭、鹅等家禽,特别是鸡;野禽在禽流感的自然传播中扮演了重要角色。

2.传播途径

主要经呼吸道传播,也可通过密切接触感染的禽类及其分泌物、排泄物、受病毒污染的物品和水,以及实验室直接接触病毒毒株而被感染。目前尚无人与人之间传播的确凿证据,但出现了一些聚集性发生的病例。

3.人群易感性

由于种属屏障的原因,人类对禽流感病毒多不易感。但对禽流感病毒普遍缺乏抗体,无特异性抵抗力。任何年龄均具有被感染的可能性,但一般来说 12 岁以下儿童发病率较高,病情较重。与不明原因病死家禽或感染、疑似感染禽流感家禽密切接触人员为高危人群。

4.流行季节

多发生于冬春季,通常伴随着禽尤其是家禽中禽流感暴发,呈零星分布。

5.流行强度

禽流感是禽类的常见病和多发病,常可发生大面积、跨区域流行。一般情况下,禽流感较难传染给人,但近几年禽流感特别是H5N1亚型禽流感传染给人的情况屡有发生,感染的人数有增加的趋势,值得关注。人群的发病史与人和动物接触的密切程度、流行的病毒亚型及其变异情况相关。

【临床特征】

1.潜伏期

根据对H5N1亚型感染病例的调查结果,潜伏期一般为1~7 d,通常为2~4 d。

2.临床症状

不同亚型的禽流感病毒感染人类后可引起不同的临床症状。感染H9N2亚型的患者通常仅有轻微的上呼吸道感染症状,部分患者甚至没有任何症状;感染H7N7亚型的患者主要表现为结膜炎;重症患者一般均为H5N1亚型病毒感染者。患者呈急性起病,早期表现类似普通型流感。主要为发热,体温大多持续在39 ℃以上,可伴有流涕、鼻塞、咳嗽、咽痛、头痛、肌肉酸痛和全身不适。部分患者可有恶心、腹痛、腹泻、稀水样便等消化道症状。少数重症患者可出现头痛、谵语、躁动等神经精神异常。

重症患者可出现高热不退,病情发展迅速,几乎所有患者都有临床表现明显的肺炎,可出现急性肺损伤、急性呼吸窘迫综合征(ARDS)、肺出血、胸腔积液、全血细胞减少、多脏器功能衰竭、休克及瑞氏(Reye)综合征等多种并发症。可继发细菌感染,发生败血症。

3.体征

重症患者可有肺部实变体征等。

【诊断标准】

1.病例的分类及诊断标准

人感染高致病性禽流感病例可分为医学观察病例、疑似病例、临床诊断病例和确诊病例。

(1)医学观察病例:有流行病学接触史,1周内出现流感样临床表现者。对于被诊断为医学观察病例者,医疗机构应当及时向当地疾病预防控制机构报告,并对其进行7 d的医学观察。

(2)疑似病例:有流行病学接触史和临床表现,呼吸道分泌物或相关组织标本的甲型流感病毒M1或NP抗原检测呈阳性或编码它们的核酸检测呈阳性者。

(3)临床诊断病例:被诊断为疑似病例,但无法进一步取得临床检验标本或实验室检查证据而与其有共同接触史的人被诊断为确诊病例,并能够排除其他诊断者。

(4)确诊病例:有流行病学接触史和临床表现,从患者呼吸道分泌物标本或相关组织标本中能分离出特定病毒,或采用其他方法,即禽流感病毒亚型特异抗原或核酸检查呈阳性,或发病初期和恢复期双份血清禽流感病毒亚型毒株抗体滴度升高4倍及以上。流行病学史不详的情况下,根据临床表现、辅助检查和实验室检查结果,特别是从患者呼吸道分泌物或相关组织标本中能分离出特定病毒,或采用其他方法,禽流感病毒亚型特异抗原或核酸检查呈阳性,或发病初期和恢复期双份血清禽流感病毒亚型毒株抗体滴度升高4倍及以上,可以诊断为确诊病例。

2.鉴别诊断

人感染高致病性禽流感在临床上应与流感、普通感冒、细菌性肺炎、传染性非典型肺炎、巨细胞病毒性肺炎、肺炎衣原体肺炎、肺炎支原体肺炎、军团菌肺炎、肺炎型流行性出血热等疾病进行鉴别诊断,其鉴别诊断依据主要依靠病原学检查。

【治疗】

1.隔离治疗

对疑似病例、临床诊断病例和确诊病例应进行隔离治疗,隔离期限参照病人出院标准。

2.对症治疗

可应用解热药、缓解鼻黏膜充血药、止咳祛痰药等。儿童忌用阿司匹林或含阿司匹林以及其他水杨酸制剂的药物,避免引起儿童瑞氏综合征。

3.抗病毒治疗

应在发热48 h内使用抗流感病毒药物。

(1)神经氨酸酶抑制剂:奥司他韦(oseltamivir,达菲)为新型抗流感病毒药物,实验室研究表明其对禽流感病毒H5N1和H9N2有抑制作用。

(2)离子通道M2阻滞剂:金刚烷胺(amantadine)和金刚乙胺(rimantadine)可抑制禽流感病毒株的复制,早期应用可能有助于阻止病情发展,减轻病情,改善预后。

4.中医治疗

强调辨证施治,在中成药应用上要注意辨证使用口服中成药或注射剂,可与中药汤剂配合使用。

5.加强支持治疗和预防并发症

注意休息、多饮水、增加营养,给易于消化的饮食。密切观察,监测并预防并发症。抗菌药物应在明确继发细菌感染时或有充分证据表明是继发细菌感染时使用。

6.重症患者的治疗

重症患者应当送入ICU病房进行救治。严重呼吸衰竭的患者应按照ARDS的治疗原则进行机械通气治疗,应加强呼吸道的管理和患者的护理。

7.出院标准

(1)13岁(含13岁)以上人员,原则上同时具备下列条件,并持续7 d以上:体温正常;临床症状消失;胸部X射线影像检查显示病灶明显吸收。

(2)12岁(含12岁)以下儿童,应同时具备上述条件,并持续7 d以上。如自发病至出院不足 21 d 的，应住院满 21 d 后方可出院。

【预防】

防治人高致病性禽流感关键要做到“四早”，即对疾病要早发现、早报告、早隔离、早治疗。

1.早发现

当自己或周围人出现发热、咳嗽、呼吸急促、全身疼痛等症状时，应立即去医院就医。

2.早报告

医疗机构发现不明原因肺炎病例或怀疑人感染高致病性禽流感病例，应及时报告当地疾病预防控制机构。

3.早隔离

对人感染高致病性禽流感病例和疑似病例要及时隔离，对密切接触者应进行医学观察，以防止疫情扩散。密切接触者医学观察的期限为最后一次暴露后 7 d。

4.早治疗

确诊为人感染高致病性禽流感的患者，应积极开展救治，特别是对同时患有其他慢性疾病的人更要及早治疗。

九、手足口病

手足口病(hand-foot-mouth disease, HFMD)是由多种人肠道病毒引起的一种儿童常见传染病，是我国法定报告管理的丙类传染病。大多数患者症状轻微，以发热和手、足、口腔等部位出现皮疹或疱疹为主要症状。少数患者可出现无菌性脑膜炎、脑炎、急性弛缓性麻痹、神经源性肺水肿和心肌炎等，个别重症患儿病情进展快，可导致死亡。

【病原学和流行病学特征】

引起手足口病的病毒属于小 RNA 病毒科肠道病毒属，包括柯萨奇病毒 A 组(Coxasckievirus A, CVA)的 2、4、5、7、9、10、16 型等，B 组(Coxasckievirus B, CVB)的 1、2、3、4、5 型等，肠道病毒 71 型 (human enterovirus 71, EV71)，埃可病毒(Echovirus, ECHO)等。其中以 EV71 及 CVA16 型较为常见。

1.传染源

人是人肠道病毒的唯一宿主，患者和隐性感染者均为本病的传染源，隐性感染者难以鉴别和发现。发病前数天，感染者咽部与粪便就可检出病毒，通常以发病后 1 周内传染性最强。

2.传播途径

肠道病毒可经胃肠道(粪—口途径)传播，也可经呼吸道(飞沫、咳嗽、打喷嚏等)传播，亦可因接触患者口鼻分泌物、皮肤或黏膜疱疹液及被污染的手及物品等造成传播。尚不能明确是否可经水或食物传播。

3.易感性

人对人肠道病毒普遍易感。不同年龄组均可感染发病,以 5 岁及以下儿童为主,尤以 3 岁及以下儿童发病率最高。显性感染和隐性感染后均可获得特异性免疫力,产生的中和抗体可在体内存留较长时间,对同血清型病毒产生比较牢固的免疫力,但不同血清型间鲜有交叉免疫。

4.流行特征

该病流行无明显的地区性,全年均可发生,一般 5~7 月为发病高峰。托幼机构等易感人群集中单位可发生暴发。肠道病毒传染性强,隐性感染比例大,传播途径复杂,传播速度快,控制难度大,容易出现暴发和短时间内较大范围的流行。

【临床表现】

潜伏期:多为 2~10 d,平均 3~5 d。

1.普通病例表现

急性起病,发热,口腔黏膜出现散在疱疹,手、足和臀部出现斑丘疹、疱疹,疱疹周围可有炎性红晕,疱内液体较少。可伴有咳嗽、流涕、食欲不振等症状。部分病例仅表现为皮疹或疱疹性咽峡炎。多在 1 周内痊愈,预后良好。部分病例皮疹表现不典型,如部位单一或仅表现为斑丘疹。

2.重症病例表现

少数病例(尤其是小于 3 岁者)病情进展迅速,在发病 1~5 d 时出现脑膜炎、脑炎(以脑干脑炎最为凶险)、脑脊髓炎、肺水肿、循环障碍等,极少数病例病情危重,可致死亡,存活病例可留有后遗症。

(1)神经系统表现:精神差、嗜睡、易惊、头痛、呕吐、谵妄甚至昏迷;肢体抖动,肌阵挛、眼球震颤、共济失调、眼球运动障碍;无力或急性弛缓性麻痹;惊厥。检查体征时可见脑膜刺激征,腱反射减弱或消失,巴氏征等病理征阳性。

(2)呼吸系统表现:呼吸浅促、呼吸困难或节律改变,口唇发绀,咳嗽,咳白色、粉红色或血性泡沫样痰液,肺部可闻及湿罗音或痰鸣音。

(3)循环系统表现:面色苍灰,皮肤花纹,四肢发凉,指(趾)发绀;出冷汗;毛细血管再充盈时间延长;心率增快或减慢,脉搏浅速或减弱甚至消失;血压升高或下降。

【诊断标准】

1.临床诊断病例

(1)在流行季节发病,常见于学龄前儿童,婴幼儿多见。

(2)发热伴手、足、口、臀部皮疹,部分病例可无发热。极少数重症病例皮疹不典型,临床诊断困难,需结合病原学或血清学检查作出诊断。无皮疹病例,临床不宜诊断为手足口病。

2.确诊病例

临床诊断病例具有下列之一者即可确诊:

(1)肠道病毒(CVA16 、EV71 等)特异性核酸检测阳性;

(2)分离出肠道病毒,并鉴定为CoxA16、EV71或其他可引起手足口病的肠道病毒;

(3)急性期与恢复期血清CVA16、EV71或其他可引起手足口病的肠道病毒中和抗体有4倍以上的升高。

3.临床分类

(1)普通病例:手、足、口、臀部皮疹,伴或不伴发热。

(2)重症病例

①重型可出现神经系统受累表现。如精神差,嗜睡,易惊,谵妄,头痛,呕吐,肢体抖动,肌阵挛,眼球震颤,共济失调,眼球运动障碍,无力或急性弛缓性麻痹,惊厥。检查体征时可见脑膜刺激征,腱反射减弱或消失。

②出现下列情况之一者即为危重型:频繁抽搐、昏迷、脑疝;呼吸困难、发绀、血性泡沫痰、肺部罗音等;休克等循环功能不全表现。

【鉴别诊断】

手足口病普通病例需要与丘疹性荨麻疹、水痘、不典型麻疹、幼儿急疹、带状疱疹以及风疹等鉴别。可根据流行病学特点、皮疹形态、部位、出疹时间、有无淋巴结肿大以及伴随症状等进行鉴别,以皮疹形态及部位最为重要。最终可依据病原学和血清学检测进行鉴别。

【重症病例早期识别】

具有以下特征,尤其3岁以下的患者,有可能在短期内发展为危重病例,应密切观察病情变化,进行必要的辅助检查,有针对性地做好救治工作。

1.持续高热不退。

2.精神差、呕吐、易惊、肢体抖动、无力。

3.呼吸、心率增快。

4.出冷汗、末梢循环不良。

5.高血压。

6.外周血白细胞计数明显增高。

7.高血糖。

【处置流程】

门诊医师在接诊中要仔细询问病史,着重询问周边有无类似病例以及接触史、治疗经过;体检时注意皮疹、生命体征、神经系统及肺部体征。

1.临床诊断病例和确诊病例按照《传染病防治法》中丙类传染病要求进行报告。

2.普通病例可门诊治疗,并告知患者及家属在病情变化时随诊。3岁以下患儿,持续发热、精神差、呕吐,病程在5 d以内应密切观察病情变化,尤其是心、肺、脑等重要脏器功能,根据病情给予针对性的治疗。

3.重症病例应住院治疗,危重病例及时收入ICU救治。

【治疗】

1.普通病例

(1)一般治疗:注意隔离,避免交叉感染。适当休息,饮食清淡,做好口腔和皮肤护理。

(2)对症治疗:发热等症状采用中西医结合治疗。

(3)恢复期治疗:促进各脏器功能恢复,功能康复治疗,中西医结合治疗。

2.中医治疗

(1)普通病例:肺脾湿热。

主症:发热,手、足和臀部出现斑丘疹、疱疹,口腔黏膜出现散在疱疹,咽红,流涎,神情倦怠,舌淡红或红,苔腻,脉细数,指纹红紫。

治法:清热解毒,化湿透邪。

基本方药:甘露消毒丹加减连翘、金银花、黄芩、青蒿、牛蒡子、藿香、佩兰、通草、生薏米、滑石(包煎)、生甘草、白茅根。

用法用量:根据患儿的年龄、体重等酌定药物用量。水煎 100~150 mL,分 3~4 次口服。

加减:便秘加大黄;咽喉肿痛加元参、板蓝根。

中成药:蓝芩口服液、小儿豉翘清热颗粒、金莲清热泡腾片、抗病毒口服液等。

(2)普通病例:湿热郁蒸。

主症:高热,疹色不泽,口腔溃疡,精神委靡,舌红或绛,少津,苔黄腻,脉细数,指纹紫暗。

治法:清气凉营、解毒化湿。

基本方药:清瘟败毒饮加减连翘、栀子、黄芩、黄连、生石膏、知母、丹皮、赤芍、生薏米、川萆薢、水牛角。

用法用量:根据患儿的年龄、体重等酌定药物用量。日一剂,水煎 100~150 mL,分 3~4 次口服,或结肠滴注。

中成药:紫雪丹或新雪丹等;热毒宁注射液、喜炎平注射液、丹参注射液等。

(3)重型病例:毒热动风。

主症:高热不退,易惊,呕吐,肌肉瞤动,或见肢体痿软,甚则昏矇,舌暗红或红绛,苔黄腻或黄燥,脉细数,指纹紫滞。

治法:解毒清热、熄风定惊。

基本方药:羚羊钩藤汤加减羚羊角粉(冲服)、钩藤、天麻、生石膏、黄连、生栀子、大黄、菊花、生薏米、全蝎、白僵蚕、生牡蛎。

用法用量:根据患儿的年龄、体重等酌定药物用量。日一剂,水煎 100~150 mL,分 3~4 次口服,或结肠滴注。

中成药:安宫牛黄丸、紫雪丹或新雪丹等;热毒宁注射液、痰热清注射液、喜炎平注射液等。

(4)危重型病例:心阳式微、肺气欲脱。

主症:壮热不退,神昏喘促,手足厥冷,面色苍白晦暗,口唇发绀,可见粉红色或血性泡沫液(痰),舌质紫暗,脉细数或沉迟,或脉微欲绝,指纹紫暗。

治法:回阳救逆。

基本方药:参附汤加味人参、炮附子、山萸肉。

用法用量:根据患儿的年龄、体重等酌定药物用量。日一剂,浓煎鼻饲或结肠滴注。

中成药:参麦注射液、参附注射液等。

(5)恢复期:气阴不足、余邪未尽。

主症:低热,乏力,或伴肢体痿软,纳差,舌淡红,苔薄腻,脉细数。

治法:益气养阴,化湿通络。

基本方药:生脉散加味人参、五味子、麦冬、玉竹、青蒿、木瓜、威灵仙、当归、丝瓜络、炙甘草。

用法用量:根据患儿的年龄、体重等酌定药物用量。日一剂,水煎,分 3~4 次口服。

针灸按摩:手足口病合并弛缓型瘫痪者,进入恢复期应尽早开展针灸、按摩等康复治疗。

(6)外治法

口咽部疱疹:可选用青黛散、双料喉风散、冰硼散等,每日 2~3 次。

【预防控制措施】

为降低人群手足口病的发病率,减少聚集性病例,避免医院感染,各地要做好以散居儿童为主的重点人群和以托幼机构、医疗机构为主的重点场所的预防控制工作。

1.散居儿童的预防控制措施

(1)饭前便后、外出回家后要用肥皂或洗手液等给儿童洗手,看护人接触儿童前、替幼童更换尿布、处理粪便后均要洗手;

(2)婴幼儿的尿布要及时清洗、曝晒或消毒,注意保持家庭环境卫生,居室要经常通风,勤晒衣被;

(3)婴幼儿使用的奶瓶、奶嘴及儿童使用的餐具在使用前后应充分清洗、消毒,不要让儿童喝生水、吃生冷食物;

(4)本病流行期间不宜带儿童到人群聚集、空气流通差的公共场所,避免接触患病儿童;

(5)儿童出现发热、出疹等相关症状时要及时到医疗机构就诊;

(6)居家治疗的患儿避免与其他儿童接触,以减少交叉感染;父母要及时对患儿的衣物进行晾晒或消毒,对患儿粪便要及时进行消毒处理。

2.托幼机构预防控制措施

(1)每日进行晨检,发现可疑患儿时,要采取立即送诊、居家观察等措施;对患儿所用的物品要立即进行消毒处理。

(2)出现重症或死亡病例,或1周内同一班级出现2例及以上病例,建议病例所在班级停课10 d;1周内累计出现10例及以上或3个班级分别出现2例及以上病例时,经风险评估后,可建议托幼机构停课10 d。

(3)教育、指导儿童养成正确洗手等良好的卫生习惯;老师要保持良好的个人卫生状况。

(4)教室和宿舍等场所要保持良好通风;定期对玩具、儿童个人卫生用具(水杯、毛巾等)、餐具等物品进行清洗消毒。

(5)定期对活动室、寝室、教室、门把手、楼梯扶手、桌面等物体表面进行擦拭消毒。

(6)托幼机构应每日对厕所进行清扫、消毒,工作人员应戴手套,工作结束后应立即洗手。

(7)托幼机构应配合卫生部门采取手足口病防控措施。

3.医疗机构的预防控制措施

(1)各级医疗机构应加强预检分诊,专辟诊室(台)接诊发热、出疹的病例。增加候诊及就诊等区域的清洁消毒频次,室内清扫时应采用湿式清洁方式。

(2)医务人员在诊疗、护理每一位病例后,均应认真洗手或对双手消毒,或更换使用一次性手套。

(3)诊疗、护理手足口病病例过程中所使用的非一次性仪器、体温计及其他物品等要及时消毒。

(4)对住院患儿使用过的病床及桌椅等设施和物品必须消毒后才能继续使用。

(5)患儿的呼吸道分泌物和粪便及其污染的物品要进行消毒处理。

【手足口病疫源地消毒指南】

1.消毒原则

(1)消毒范围和对象:以病原体可能污染的范围为依据确定消毒范围和对象,一般不必对室外环境开展大面积消毒,防止过度消毒现象的发生。

(2)消毒持续时间:以手足口病流行情况和病原体监测结果为依据确定消毒的持续时间。

(3)消毒方法的选择:应选择中效或高效消毒剂如含氯(溴)消毒剂、碘附、过氧乙酸、过氧化氢、次氯酸、戊二醛和甲醛等进行消毒,并尽量避免破坏消毒对象的使用价值和造成环境的污染。

(4)注意与其他传染病控制措施配合:搞好饮用水、污水、食品的消毒及卫生管理,搞好环境卫生及粪便无害化管理。必要时灭蝇、灭蚤、灭蟑螂后再消毒处理。加强易感人群的保护。

2.消毒措施

(1)随时消毒:随时消毒是指对患儿污染的物品和场所及时进行的消毒处理。患儿居家治疗的,不可在传染期前往托幼机构或学校,也不可与其他儿童接触,患病期间应做好病家的随时消毒。医疗机构应设立手足口病专门病区,患儿住院期间,做好随时消毒。随时消毒特别要注意下列物品和场所:分泌物或排泄物(粪便、疱疹液等)及其污染的场所和物品、生活用具、手、衣服、被褥、生活污水、污物。

医护人员和陪护应做好卫生防护,诊疗、护理工作结束后应洗手并消毒。

儿科门诊、儿科病房、发热门诊、感染性疾病科等诊疗患儿场所可采取通风(包括自然通风和机械通风),也可采用循环风式空气消毒机进行空气消毒,无人条件下还可用紫外线对空气消毒,不必常规采用喷洒消毒剂的方法对室内空气进行消毒。

(2)终末消毒:终末消毒是指传染源(包括患儿和隐性感染者)离开有关场所后进行的彻底的消毒处理,应确保终末消毒后的场所及其中的各种物品不再有病原体的存在。终末消毒特别要注意病家、托幼机构、小学和病房。

①病家消毒:当患儿住院、康复或死亡后,应及时做好病家的终末消毒。病家终末消毒的对象包括住室地面,墙壁,桌、椅等家具台面,门把手,患儿的奶嘴、奶瓶、餐饮具、衣服、被褥等生活用品,学习用品,玩具,厕所,垃圾,污水等。

②托幼机构和小学:发生疫情的托幼机构和小学停课后应及时做好终末消毒,包括校区内室内外地面,墙壁(墙壁可只消毒至 2 m 高),门把手,楼梯及其扶手,场所内的各种物品表面,特别要注意患儿的衣服、被褥、学习用品、玩具、奶瓶和餐饮具,厕所,污水,垃圾等。

③医疗机构:医疗机构儿科门诊、发热门诊、手足口病门诊等每日工作结束后,以及手足口病患者病房在患者康复、死亡或离开后,均应做好终末消毒工作,包括地面,墙壁,桌、椅、床头柜、床架等物体表面,患者衣服、被褥、洗脸盆、便盆等生活用品,厕所等。

(3)预防性消毒

①家庭:在手足口病流行期间,无患病儿童的家庭,应注意家庭成员个人卫生和环境卫生。个人卫生应注意勤洗手、洗澡,勤换洗衣物,勤晾晒被褥。每天开窗通风 2~3 次,每次不少于 30 min。家庭地面和桌、椅、床、柜、门把手等各种物体表面应做好卫生清洁。婴儿奶嘴、奶瓶煮沸消毒 20 min 后使用,儿童玩具定期清洗。搞好厨房、卫生间卫生。特别是有小孩的家庭,家庭成员回家后应及时洗手、更衣,有客来访后,对相关物品进行清洁处理,必要时进行消毒。

②托幼机构和小学:在手足口病流行期间,没有发生手足口病疫情的托幼机构和小学应做好预防性消毒工作。做好环境卫生及粪便无害化处理。保育员、教师要保持手部清洁,并教育指导儿童养成正确洗手的习惯。幼儿活动室、教室和宿舍等要保持良好通风。活动室、教室、宿舍等地面每天湿式拖扫,每周末用含有效氯 500 mg/L 的消毒液拖地一次。门把手、桌、椅等各种物体表面每天用清水擦拭,每周末用含有

效氯 500 mg/L 的消毒液擦拭消毒一次。玩具保持清洁。搞好餐饮具的消毒和食品卫生。

③医疗机构：在手足口病流行期间，医疗机构应按照《消毒技术规范》(2002 版)的要求做好常规消毒工作。儿科门诊、发热门诊、儿科病房等还要注意做到如下消毒工作。

诊疗用品：体温表做到“一人一用一消毒”，可使用 500 mg/L 含氯消毒剂浸泡 15 min，清水冲洗干净后备用。应使用一次性压舌板；非一次性压舌板采用高压蒸汽灭菌，“一人一用一消毒”。诊疗、护理患者过程中所使用的非一次性的仪器、医疗物品(如听诊器、血压计等)可用含有效氯 500 mg/L 的消毒剂擦拭，可以浸泡消毒的医疗器械等物品使用 500 mg/L 含氯消毒剂浸泡消毒 15 min，需要灭菌的器械要做好清洗、灭菌工作。

手消毒：医护、陪护人员在接触患者后均应严格洗手，手的消毒用 0.5%碘附溶液或 0.05%过氧乙酸消毒液涂擦或浸泡，作用 2~3 min。特别需要注意常规的免洗手消毒液对肠道病毒无效。

环境表面消毒：地面、墙壁、桌、椅、工作台面每天用含有效氯 500 mg/L 的消毒液或 0.5%过氧乙酸溶液喷洒或擦拭消毒，作用 15 min。

3.常见污染对象的消毒方法

(1)室内空气：应注意开窗通风，保持室内空气流通。每日通风 2~3 次，每次不少于 30 min。病家、托幼机构和小学以自然通风为主，无法自然通风的可采用空调等机械通风措施。医疗机构应加强通风，可采取通风(包括自然通风和机械通风)，也可采用循环风式空气消毒机进行空气进行消毒，无人条件下还可用紫外线对空气进行消毒，不必采用喷洒消毒剂的方法对室内空气进行消毒。

(2)地面、墙壁：对被污染的地面、墙壁用含有效氯(溴)1000 mg/L 消毒剂喷洒消毒，作用 15 min。泥土墙吸液量为 150~300 mL/m^2，水泥墙、木板墙、石灰墙为 100 mL/m^2，对上述各种墙壁喷洒的消毒剂溶液不宜超过其吸液量。地面消毒先由外向内喷雾一次，喷药量为 200~300 mL/m^2，待室内消毒完毕后，再由内向外重复喷雾一次。以上消毒处理，作用时间应不少于 15 min。

(3)物体表面：对门把手、楼梯扶手、床围栏、桌椅台面、水龙头等物体表面用含有效氯(溴)500 mg/L 消毒液擦拭或喷洒消毒，作用 15 min，必要时用清水擦拭干净以免腐蚀损坏。

(4)污染物：患者的排泄物、呕吐物等最好用固定容器盛放，稀薄的排泄物、呕吐物，每 1000 mL 可加漂白粉 50 g 或含有效氯 20000 mg/L 消毒剂溶液 2000 mL，搅匀放置 2 h。成形粪便不能用干漂白粉消毒，可用 20% 漂白粉乳剂(含有效氯 5%)，或含有效氯 50000 mg/L 的消毒剂 2 份加于 1 份粪便中，混匀后，作用 2 h。

盛排泄物或呕吐物的容器可用含有效氯(溴)5000 mg/L 消毒剂浸泡 15 min，浸泡时，消毒液要漫过容器。

被排泄物、呕吐物等污染的地面，用漂白粉或生石灰覆盖，作用60 min后清理。

(5)衣物、被褥等织物：患儿的衣服、被褥需要单独清洗，用70 ℃以上的热水浸泡30 min，患儿所用毛巾、擦手巾、尿布等每次清洗后煮沸5 min。

(6)奶瓶和餐饮具：患儿的奶瓶、奶嘴应充分清洗并煮沸消毒20 min后使用。餐饮具每天煮沸消毒20 min或用二星级消毒碗柜消毒，也可用含有效氯250 mg/L的消毒液浸泡30 min后再用清水冲洗干净。

(7)玩具、学习用品：患儿接触过的玩具、学习用品用含有效氯500 mg/L的消毒液擦拭或浸泡，作用15 min后用清水擦拭、冲洗干净。

(8)手：手的消毒用0.5%碘附溶液作用2~3 min后，用清水冲洗干净。看护人在给患儿换尿片、处理粪便，或直接接触患儿分泌物、皮肤疱疹前后要按正确方法洗手，或进行手消毒。特别需要注意常规的免洗手消毒液对肠道病毒无效。

(9)厕所、卫生间：患儿使用后的便盆、便池、坐便器先投入50 g漂白粉，作用60 min后再冲水。坐便器表面用含有效氯500 mg/L的消毒液喷雾、擦拭消毒，作用15 min。厕所、卫生间使用的拖把采用1000 mg/L含氯消毒液浸泡15 min后再用清水清洗，厕所、卫生间的拖把应专用。

(10)垃圾：垃圾喷洒含有效氯10000 mg/L消毒剂，作用60 min后收集并进行无害化处理。

(11)污水：污水按每升加4 g漂白粉或2片消毒泡腾片搅匀，作用60 min。

4.注意事项

(1)使用获得卫生部许可批件的消毒产品，凡获批准的消毒产品在其使用说明书和标签上均有批准文号。

(2)使用消毒剂前详读说明书。一般消毒剂具有毒性、腐蚀性、刺激性。消毒剂应在有效期内使用，仅用于手、皮肤、物体及外环境的消毒处理，切忌内服。消毒剂应避光保存，放置在儿童不易触及的地方。

(3)疫源地消毒应在当地疾病预防控制机构的指导下，由有关单位及时进行消毒，或由当地疾病预防控制机构负责对其进行消毒处理。在医院中对传染病病人的终末消毒由医院安排专人进行。非专业消毒人员开展疫源地消毒前应接受培训。采取正确的消毒方法并做好个人防护，必要时应戴防护眼镜、口罩和手套等。

十、流行性腮腺炎

流行性腮腺炎简称流腮，亦称痄腮，春季常见，是儿童和青少年中常见的呼吸道传染病，亦可见于成人。它是由腮腺炎病毒侵犯腮腺引起的急性呼吸道传染病，并可侵犯各种腺组织或神经系统及肝、肾、心脏、关节等器官。病人是传染源，飞沫的吸入是主要传播途径，接触病人后2~3周发病。腮腺炎主要表现为一侧或两侧耳垂下肿大，肿大的腮腺常呈半球形，以耳垂为中心，边缘不清，表面发热有触痛，张口或咀嚼时局部感到疼痛。

【病原及流行病学特征】

流行性腮腺炎是由腮腺炎病毒感染所致，早期病人和隐性感染者为本病传染源。本病毒在唾液中通过飞沫传播(唾液及污染的衣服亦可传染)其传染力较麻疹、水痘弱。孕妇感染本病可通过胎盘传染胎儿,而导致胎儿畸形或死亡,流产的发生率也增加。人群普遍易感,其易感性随年龄的增加而下降。青春期后发病的男性多于女性。病后可有持久免疫力。

【临床表现】

患者受感染后,大多无前驱症状,部分患者可有倦怠、畏寒、食欲不振、低热、头痛等症状,其后则出现一侧腮腺肿大或两侧腮腺同时肿大,2~3 d 内达高峰,面部一侧或双侧因肿大而变形,局部疼痛、过敏,开口及咀嚼时疼痛明显,含食酸性食物胀痛加剧,常可波及邻近的颌下腺、舌下腺及颈部淋巴结。腮腺肿大可持续 5 d 左右,以后逐日减退,全部病程为 7~12 d。白细胞计数有时可稍减少,淋巴细胞相对增多。青春期男性患者有时并发睾丸炎,发生率平均为 20%。睾丸炎常发生在腮腺炎起病后的 4~5 d,肿大的腮腺消退时,开始为睾丸疼痛,随之肿胀伴触痛。有些患者症状较轻,但大多数病人有严重的全身反应,包括高热、寒战、头痛、背痛等,急性期症状可持续 3~4 d, 10 d 左右消退。病变大多侵犯一侧睾丸，双侧睾丸炎发生率为 16%~30%。有 1/3~1/2 的病人在发病 1 周或数月后继发不同程度的睾丸萎缩,腮腺炎病毒引发的睾丸炎可发生一定程度的不育,其发生率约为 1/10。青春期女性患者仅 5%可并发卵巢炎,症状多较轻,可出现下腹部按痛,下腰部酸痛,月经不调等,卵巢炎的发生,不影响受孕。腮腺炎并发脑炎的神经症状常在腮腺炎高峰时出现,开始常为脑膜炎,有发热、头痛、呕吐、颈项强直、Kernig 征阳性等症状。如侵及脑实质,可出现嗜睡,甚至昏迷等症状。腮腺炎病毒引发的脑炎约占病毒性脑炎的 10%左右。腮腺炎病毒引发的脑炎症状一般较轻,预后良好,多在 2 周内恢复正常,无后遗症。

【并发症】

流行性腮腺炎实际上是全身性感染病毒，经常累及中枢神经系统或其他腺体、器官而产生相应的症状。甚至某些并发症不仅常见而且可不伴有腮腺肿大而单独出现。

1.无菌性脑膜炎、脑膜脑炎、脑炎

为常见的并发症,尤多见于儿童患者,男孩多于女孩。脑膜脑炎症状可早在腮腺肿前 6 d 或肿后 2 周内出现，一般多在肿后 1 周内出现。症状与其他病毒性脑炎相仿,如头痛、呕吐等,急性脑水肿表现较明显。脑电图可有改变但不似其他病毒性脑炎明显,以脑膜受累为主。预后多良好,个别脑炎病例也可导致死亡。

2.睾丸炎及卵巢炎

(1)睾丸炎:发病率占男性成人患者的 14%~35%,有报道 9 岁患儿并发此症。一般 13~14 岁以后发病率明显增高。常发生在腮腺肿大 1 周左右,开始消退时突发高热、寒战,睾丸胀痛伴剧烈触痛,症状轻重不一,一般 10 d 左右消退,阴囊皮肤水肿显著,鞘膜腔内可有黄色积液。病变大多侵犯一侧,1/3~1/2 的病例发生不同程度的睾丸萎缩,由于病变常为单侧,即使双侧也仅部分曲精管受累,故很少引致不育症。附睾炎常并发。

(2)卵巢炎:约占成人女性患者的 5%~7%,症状较轻,不影响受孕,偶可引起提前闭经。卵巢炎症状有下腰部酸痛,下腹部轻按痛,月经周期失调严重者可扪及肿大的卵巢伴压痛。迄今尚未见因此导致不育的报道。

3.胰腺炎

约见于 5%的成人患者,儿童中少见。常发生于腮腺肿胀后 3~4 d 或 1 周。以中上腹剧痛和触痛为主要症状,伴呕吐、发热、腹胀、腹泻或便秘等,有时可扪及肿大的胰腺。胰腺炎症状多在 1 周内消失。血中淀粉酶不宜作为诊断依据,血清脂肪酶值超过 1.5 U/dL(正常为 0.2~0.7 U/dL)提示最近发生过胰腺炎。脂肪酶通常在发病后 72 h 内升高,故早期诊断价值不大。近年来随着儿童患者病情越来越重,胰腺炎的并发症也随之增高。

4.其他

肾炎、心肌炎、乳腺炎、前列腺炎、甲状腺炎、胸腺炎、关节炎等均可在腮腺炎发病前后发生。

【诊断】

主要依靠流行病学史(发病前 2~3 周有与腮腺炎患者接触史或当地有本病流行)、腮腺和(或)邻近腺体肿大,或伴有睾丸炎、卵巢炎、脑炎等临床症状(详见临床表现部分)作出临床诊断,但确诊或对非典型或亚临床型感染的诊断,必须通过血清学和病原学检查。

近年来,大多采用 ELISA 法检测患者急性期血清中有无抗腮腺炎病毒特异性的 IgM 抗体,以期做到早期快速诊断。

以 EL1SA 法检测患者的双份血清(间隔 24 周),抗腮腺炎病毒特异性 IgG 抗体有 4 倍或 4 倍以上增高者,判断为阳性。

在发病早期采取患者唾液或尿液、脑脊液、血液标本,及时接种鸡胚或人胚肾等敏感细胞,进行病毒分离试验。病毒分离阳性标本常用红细胞吸附抑制试验或血凝抑制试验鉴定其是否为腮腺炎病毒。

临床诊断结合急性期血清中特异性 IgM 抗体阳性(前提 1 个月内未接种过腮腺炎减毒活疫苗),或双份血清特异性 IgG 抗体效价有 4 倍或 4 倍以上增高,或腮腺炎病毒分离阳性,即可确诊。

【鉴别诊断】

1.化脓性腮腺炎

常为一侧性局部红肿,压痛明显,晚期有波动感,挤压时有脓液自腮腺管流出,血象中白细胞总数和中性粒细胞明显增高。

2.颈部及耳前淋巴结炎

肿大,不以耳垂为中心,局限于颈部或耳前区,为核状体,较坚硬,边缘清楚,压痛明显,表浅者活动可发现与颈部或耳前区淋巴结相关的组织有炎症,如咽峡炎、耳部疮疖等,白细胞总数及中性粒细胞增高。

3.症状性腮腺肿大

在糖尿病营养不良、慢性肝病中,或应用某些药物如碘化物羟保泰松、异丙肾上腺素等可引起腮腺肿大,为对称性无肿痛感,触之较软,组织检查主要为脂肪变性。

4.其他病毒所引起的腮腺炎

已知13型副流感病毒、甲型流感病毒、A型柯萨奇病毒、单纯疱疹病毒、淋巴脉络膜丛脑膜炎病毒、巨细胞病毒均可引起腮腺肿大和中枢神经系统症状,需进行病原学检查。

【治疗】

1.一般护理

隔离患者使之卧床休息直至腮腺肿胀完全消退。注意口腔清洁,饮食以流质或软食为宜,避免酸性食物,保证液体摄入量。

2.抗病毒治疗

发病早期可用利巴韦林,每日1 g,儿童15 mg/kg静脉滴注,疗程5~7 d。

3.对症治疗及并发症治疗

可用散风解表、清热解毒的中药,如板蓝根、大青叶等煎服,或用蒲公英、水仙花根等捣烂外敷,以减轻局部疼痛,必要时可用解热镇痛药。

【预防】

首先是传染源的管理,早期发现患者,早期进行隔离,隔离期一般认为应从起病到腮肿完全消退为止,3周左右。由于腮腺炎病毒对外界的各种物理因素抵抗力较低,故不需终末消毒,但被患者污染的餐具仍需煮沸消毒。合理使用口罩,也可作为切断传染途径的有效办法。对一般接触者可不检疫,但对集体儿童、学校、部队的接触者应检疫3周。因此,预防的重点是应用疫苗对易感者进行主动免疫,目前国内外用减毒活疫苗,90%以上可产生保护性抗体。通常将减毒活腮腺炎疫苗与麻疹、风疹疫苗同时联合使用,效果很好。由于疫苗可能有致畸作用,故孕妇禁用。

十一、肺结核病

肺结核是由结核杆菌引起的慢性呼吸道传染病,病理特点是结核结节和干酪样坏死,易形成空洞。临床上多呈慢性过程,少数可急性发病。常有低热、乏力等全身症状和咳嗽、咯血等呼吸系统表现。

【病因病理】

1.原发性肺结核的发病原因

当人体抵抗力降低时,经呼吸道或消化道初次侵入人体的结核菌,常在肺部或肠壁形成原发灶，90%~95%发生在肺部，吸入的结核菌经上呼吸道、气管、支气管而到达肺泡，在肺部的任何部位都可以形成渗出性炎性病灶，称为原发性病灶。

2.血行播散性肺结核的发病原因

当机体抵抗力降低时，大量结核菌一次或在极短时间内多次侵入血循环而引起。此时，由于机体变态反应增高，可致血管通透性增强，结核菌可通过血管壁侵入肺间质，进而侵及肺实质形成粟粒大小的结节。

3.继发性肺结核的发病原因

继发性肺结核是指原发感染过程中肺内遗留下的潜在性病灶重新复燃或结核杆菌再次感染所引起的肺结核，多见于成人，所以又称成人肺结核。

结核菌侵入人体后引起炎症反应，可使病变过程十分复杂，但其基本病变主要有渗出、变质和增生三种性质。

【临床表现】

典型肺结核起病缓慢，病程经过较长，有低热、乏力、食欲不振、咳嗽和少量咯血。但多数病人病灶轻微，常无明显症状，经X射线健康检查时被发现，有些病人出现咯血症状才被发现，但在病程中常可追溯到轻微的毒性症状。

1.全身症状

发热为最常见的全身中毒症状，多为长期低热，每于午后或傍晚开始，次晨可降至正常，可伴有倦怠、乏力、盗汗、纳差和体重减轻等。当肺部病灶急剧进展播散或合并感染时，可有高热，呈稽留热或弛张热。妇女于月经前体温升高，月经后也不能恢复正常，可伴有月经失调或闭经、易激怒、心悸、面颊潮红等轻度毒性症状和植物神经功能紊乱的症状。

2.呼吸系统表现

(1)咳嗽、咳痰：一般有干咳或只有少量黏液，有空洞形成时痰量增多。伴继发感染时，痰呈黏液性或脓性。合并支气管内膜结核时可有刺激性干咳，可伴有局限性哮鸣音。

(2)咯血：约1/3病人有不同程度的咯血。由肺结核灶炎症引起毛细血管扩张，通透性增强导致痰中带血；小血管损伤或空洞的血管瘤破裂可引起中等量以上的咯血；纤维化和硬结钙化病灶机械损伤血管或继发性支气管扩张均可引起大咯血。咯血后低热可能是由于小支气管内残留血块吸收或阻塞支气管引起感染的缘故。若发热持续不退，多提示肺结核灶播散。大咯血时可发生失血性休克。若血块阻塞大气道，可引起窒息，尤其是老年人、全身衰竭、咳嗽反射减弱或伴有慢性呼吸道疾病者，因血块排出无力而更易出现窒息。此时病人烦躁、神色紧张、挣扎坐起、胸闷气急、发绀，应立即进行抢救。

(3)胸痛：部位不定的隐痛常是神经反射作用引起。当炎症波及壁层胸膜时，相应胸壁常有固定性针刺样痛，一般并不剧烈，随呼吸和咳嗽而加重，患侧卧位可减轻症状。膈膜受刺激，疼痛可放射至肩部或上腹部。

(4)呼吸困难：重度毒血症状和高热可引起呼吸频率加快；慢性重症肺结核(肺组织被广泛破坏、胸膜增厚和并发肺气肿)时，呼吸功能减慢，出现呼吸困难，严重者可并发肺心病和心肺功能不全。

3.变异反应性表现

临床表现类似风湿热，故有人称之为结核性风湿症。多见于青少年女性，常有多发性关节痛，以四肢大关节较常受累；皮肤损害表现为结节性红斑及环形红斑，前者多见，好发于四肢，尤其是四肢伸侧面及踝关节附近，此起彼伏，间歇性出现；常伴有长期低热，水杨酸制剂治疗无效。

【检查与诊断】

1.检查

(1)痰涂片检查：将病人的痰制成涂片在镜下检测患者的阴、阳性。

(2)X 射线检查：肺部 X 射线检查不但可早期发现肺结核，而且对病灶的部位、范围、性质、发展情况和效果可作出诊断。

(3)结核菌素试验：阳性表示结核感染，但并不一定患病。做皮试呈阳性者，常提示体内有活动性结核灶。阴性除了提示没有结核菌感染外，还见于以下情况：

①结核菌感染后需 4~8 周变态反应才能充分建立，在变态反应发生前，结核菌素试验可为阴性。

②应用糖皮质激素等免疫抑制剂者，营养不良以及麻疹、百日咳病人，结核菌素反应可暂时消失。

③严重结核病和各种危重病人对结核菌素无反应，或仅为弱阳性。

④其他如淋巴免疫系统缺陷(如淋巴瘤、白血病、结节病等)病人和老年人的结核菌素反应也可为阴性。

2.诊断

(1)基本程序

①可疑症状患者的筛选：大约 86%活动性肺结核患者和 95%痰涂片阳性肺结核患者有可疑症状。主要可疑症状包括咳嗽持续 2 周以上、咯血、午后低热、乏力、盗汗、月经不调或闭经，有肺结核接触史或肺外结核。上述情况应考虑到肺结核病的可能性，要进行痰抗酸杆菌和胸部 X 射线检查。

②是否患肺结核：凡 X 射线检查肺部发现有异常阴影者，必须通过系统检查，确定病变性质是结核性或其他性质。如一时难以确定，可经 2 周短期观察后复查，大部分炎症病变会有所变化，肺结核则变化不大。

③有无活动性：如果诊断为肺结核，应进一步明确有无活动性，因为结核活动性病变必须给予治疗。活动性病变在胸片上通常表现为边缘模糊不清的斑片状阴影，可有中心溶解和空洞，或出现播散病灶。胸片表现为钙化、硬结或纤维化，痰检查不排菌，无任何症状，为无活动性肺结核。

④是否排菌：确定活动性后还要明确是否排菌，是确定传染源的唯一方法。

(2)诊断标准(全国结核病防治工作会议制定,1978 年 6 月于柳州)

①乏力、体重减轻、发热、盗汗。

②咳痰,X 射线胸片示肺部浸润性改变。

③结核菌素试验阳性。

④痰液涂片抗酸染色阳性。

⑤痰培养结核杆菌阳性。

【分类】

Ⅰ型:原发性肺结核(包括原发综合征及胸内淋巴结核)。

Ⅱ型:血行播散性肺结核。

Ⅲ型:继发性肺结核(包括浸润型肺结核、慢性纤维空洞型肺结核、干酪型肺炎、结核球)。

Ⅳ型:结核性胸膜炎。

Ⅴ型:其他肺外结核。

【治疗原则】

肺结核的治疗原则为早期、规律、足量、联合、全程用药。临床治疗上有初、复治和排菌、不排菌的区别。一个合理正规的治疗方案必然有 2 种或 2 种以上的杀菌药,合理的剂量,科学的用药方法,足够的疗程,还要规律、早期用药,才能治愈。缺少哪一个环节都能导致治疗失败。

化学药物的治疗:异烟肼(H)0.3 g/d,利福平(R)0.45~0.60 g/d,吡嗪酰胺(Z)1.5 g/d,链霉素(S)0.75~1.0 g/d,乙胺丁醇(E)0.75 g/d 等。应用较多的联合治疗方案是 ZS(E)HR/4HR,意思是开始治疗的前 2 个月,采用异烟肼、利福平、吡嗪酰胺、链霉素(或乙胺丁醇)4 种强有力药物联合治疗,医学上称之为强化期。后 4 个月继续应用异烟肼、利福平,每日 1 次,医学上称之为巩固期。

对少数病变严重者,巩固期可以适当延长。丁胺卡那霉素、氧氟沙星(奥复星)、左旋氧氟沙星(可乐必妥)等药物具有中等强度的抗结核作用,对常用药物已耐药的病人,可考虑选用。

十二、流行性出血性结膜炎

流行性出血性结膜炎又称红眼症,是由细菌、病毒引起的眼部感染性疾病。

传染源是结膜炎患者。通过接触结膜炎患者的眼睛、上呼吸道的分泌物或被污染的其他物品,包括与患者共用毛巾,均可能感染病原体。

人群普遍易感。细菌性结膜炎的潜伏期为 1~3 d,病毒性结膜炎的潜伏期为 1~12 d。

【临床表现】

单眼或双眼出现白色或黄色的分泌物,并有畏光、易流泪、疼痛,眼皮红肿症状。

【治疗】

主要是对症治疗，局部应用抗 RNA 病毒或广谱抗病毒药物如干扰素、利巴韦林等可有效，如并发细菌感染可合用抗生素滴眼液滴眼。

【预防】

患者应隔离至症状消失为止。用过的毛巾、手帕要进行煮沸消毒，接触过患者的手要用肥皂和流水洗干净。眼科器械要消毒，防止医源性传播。流行期间应避免去公共浴室和游泳池。

第六章　学校常见病

第一节　近视眼

近视眼也称短视眼，是指眼球在调节放松状态下，平行光线（一般认为来自5 m以外）经眼球屈光系统后聚焦在视网膜之前，呈分散而又模糊的光圈，这种屈光状态称为近视眼。绝大多数近视发生在儿童和青少年时期，这一时期是身体生长发育期，若营养跟不上或是孩子食欲不好、挑食、厌食，都会导致孩子出现营养不足，从而促成近视的产生。维生素A缺乏，会使眼眶内压力增大，进而导致眼球外凸，前后距拉长，形成近视。含维生素A的主要食物有猪肝、鸡肝、牛奶、胡萝卜、南瓜、菠菜、辣椒等。

硬质食品过少也是引起青少年近视的一个原因。在日常生活中饮食精细，也会影响视力，因为视力是相当于透镜的水晶体，根据脉络膜组织活动进行调节的，故咀嚼运动可成为眼的保健操。这种食物主要有水果，豆类。

【病因病理】

1.内因

(1)遗传因素：近视眼有一定的遗传倾向，对高度近视更是如此。有遗传因素者，患病年龄较早，多在6.00D以上。但也有高度近视眼者，无家族史。通常高度近视眼属常染色体隐性遗传，一般近视眼属多因子遗传病。

(2)发育因素：婴儿因眼球较小，故均系远视，但随着年龄的增长，眼轴也逐渐加长，直至青春期发育正常。如发育过度，则形成近视，此种近视称为单纯性近视，多在学龄期开始。

2.外因

造成儿童近视的外部因素很多。常见的有用眼过度，不让眼睛休息；戴其他人的眼镜（比自己的度数深的）；用眼距离过近；照明光线过强或过弱；在行车上或走路时看书；躺着看书；睡眠不足；课桌不符合要求；写字姿势不正确；偏食、挑食导致出现营养不足；每天长时间看电视、电脑等。

【临床表现】

1.视力降低

最突出的症状是远视力降低，但近视力可正常。

2.视力疲劳

特别在低度者常见,但不如远视眼的明显,是由于调节不协调所致。

3.眼位斜视

只靠一眼视物,另一只眼偏向外侧,成为暂时性交替性斜视。

4.眼球突出

高度近视眼的眼球,常表现为眼球较突出,前房较深,瞳孔大而反射较迟钝。

5.眼底退行性改变

低度近视眼眼底变化不明显,高度近视眼,因眼轴的过度伸长,可引起眼底的退行性改变。

6.黄斑形成

黄斑部可形成不规则的、单独或融合的白色萎缩斑,有时可见出血。

7.巩膜后葡萄肿

眼球后部的伸张,若局限于一小部分时,从切片中可以看到一个尖锐的突起,称为巩膜后葡萄肿。

【并发症及后遗症】

近视眼得不到有效纠正,会出现玻璃体液化、晶体混浊、视网膜裂孔、青光眼、暗适应时间延长、白内障、黄斑出血和黄斑变性、斜视、弱视、后巩膜葡萄肿。

【治疗】

真性近视治疗分手术疗法和非手术疗法。

1.非手术治疗

非手术治疗近视眼的最佳方案是配、戴合适的眼镜(凹透镜)。青少年在配镜时一定要散瞳验光,又称为客观验光。

2.手术治疗(准分子激光)

适应证:年龄满 18 岁以上,近视屈光度 2.50D 或以上,戴镜矫正视力正常,有摘掉眼镜的需求,角膜无活动性病变或圆锥角膜,无糖尿病史或胶原性疾病。

【预防】

我国青少年学生近视率逐年增加,小学生近视率在 40%左右,初中生近视率在 65%左右,高中生近视率在 80%左右,直接影响到他们的学习、工作和前途。控制和降低青少年学生的近视率,应采取如下预防措施:

1.教室要有良好的照明条件,桌椅高低、教室大小要适宜,黑板的距离要适中,不能近于 2 m,远不能超过 6 m,学习时眼与书本的距离保持在 30~35 cm,黑板不要反光,所用印刷品字迹要清楚,对比要鲜明,学生座位前、后、左、右要定期调换。

2.防止用眼过度,近距离工作一次不要超过 50 min 为宜,每小时应休息 10 min,极目远眺松弛调节,可以预防近视。

3.不要在阳光直射下或暗处看书,不要躺着、趴着或走动、乘车时看书。

4.建立眼保健操制度,定期检查视力,对视力低下的同学应及时采取有效措施。

5.上课做作业时感到眼疲劳时,应闭目半分钟,但不要揉眼睛,这样对预防近视有一定的帮助。

6.不要偏食挑食,不要吃过多糖。注意个人用眼卫生,保持眼睛周围清洁。

7.注意饮食营养,多吃一些含维生素A的食物,如羊肝、猪肝、鸡蛋、牛奶、胡萝卜、蔬菜等。提倡户外活动性休息,经常进行远眺,每日3~4次,每次要5~10 min。

预防近视八项注意:

读书姿势要端正,读必坐来写必正;

照明条件要得当,过明过暗伤眼睛;

学习过程要注意,二十分钟要远视;

锻炼身体要重视,羽毛网球防近视;

饮食营养要均衡,偏食挑食易生病;

眼保健操要坚持,消除疲劳护眼睛;

常看电视要节制,每周不益超三次;

迷恋网络要严禁,把握未来益身心。

第二节 龋齿

龋齿是牙齿硬组织的一种慢性疾病,指机体在内外环境因素的影响下,细菌作用的参与下,牙体硬组织无机盐脱钙、电解质分解造成牙体组织破坏、缺损的一种疾病。

【流行特点】

1.流行病学评价指标及流行特点

龋患率是指某一时间点上患龋齿的人数占全部受检人数的百分率,是反映龋齿流行情况的主要指标。

$$龋患率=\frac{龋、失、补牙人数}{受检人数}\times100\%$$

龋均是指平均每一受检者的龋牙数,是反映该人群患病严重程度的指标。

$$龋均=\frac{龋、失、补牙只数}{受检人数}\times100\%$$

患者龋均是指平均每一患者的龋牙数,是反应患者病情的重要指标。

$$患者龋均=\frac{龋、失、补牙只数}{患龋人数}\times100\%$$

龋、失、补牙只数是反映儿童龋齿治疗情况的指标,用DMFT构成表示。

$$DMPT构成=\frac{龋(失或补)牙只数}{龋、失、补牙只数}\times100\%$$

牙别患龋率是反映某个牙齿患龋情况的指标。

$$牙别患龋率=\frac{某牙齿患龋齿只数}{调查某牙齿的总只数}\times 100\%$$

幼儿园的龋齿患病率儿童高于小学生，小学生的高于中学生，城市学生的高于农村学生，大城市的高于中小城市。按照世界卫生组织的标准衡量，我国的龋病发生率属较低水平，但少年儿童龋患率处于上升趋势。同时大部分龋齿未得到治疗或处理。

2.好发牙及好发部位

乳龋(乳牙龋齿)、恒龋(恒牙龋齿)的好发部位有相同之处，即都以咬合面为主。第1、2乳磨牙、恒磨牙的咬合面分别占好发部位的60%~70%。

【病因病理】

细菌、食物、宿主和时间为主要发病原因。

1.细菌

细菌是龋齿发生必不可缺的因素，常见的致病菌有变形链球菌、放线菌、乳酸杆菌等。牙菌斑是由黏附在牙面上的细菌和糖类食物残屑形成的斑垢，是这些细菌生存和致病的环境。细菌和牙菌斑相辅相成，共同致龋。细菌在牙菌斑深处产酸，酸逐渐腐蚀牙齿，从而使牙齿脱钙、软化，造成组织缺损形成龋洞。

2.食物

以蔗糖为主的碳水化合物食物是主要的致龋食物。碳水化合物不但因酵解产酸而影响菌斑pH值，还可以通过细胞外和细胞内多糖的合成而直接参与菌斑形成，并对菌斑延续和pH的保持有重要作用。儿童爱吃的带有黏性的甜食易黏附在牙面，或滞留在牙齿窝沟内发酵，诱发龋病。睡前吃甜食更易于致龋。

3.宿主

宿主抗龋力降低时容易患龋，影响宿主抗龋力的因素有以下几点：牙齿的形态、结构、排列和组成；唾液流量越多，流速越快，越有助于抑制龋病发生；膳食中缺乏蛋白质、维生素和矿物质(氟)，抗龋能力降低；内分泌功能改变等。

4.时间

对于龋病的发生，时间有着特殊意义。龋病从菌斑的形成到具备致龋能力，从早期损害发展为龋洞，需要一个缓慢的发生、发展的过程，平均需要18个月的时间。

【临床表现】

龋齿是指牙釉质出现褐色或黑褐色斑点或斑块，表面粗糙，形成龋洞，牙齿疼痛，牙龈出血、肿痛，遇冷热酸甜时过敏。可分为浅龋（牙釉质龋)、中龋(牙本质浅龋)、深龋(牙本质深龋)、残冠、残根。

【治疗】

1.药物治疗

药物治疗是在磨除龋坏的基础上，应用药物抑制龋病发展的方法，适用于恒牙尚未成洞的浅龋，乳前牙的浅、中龋洞。常用药物包括氨硝酸银和氟化钠等，也可采用银汞合金充填术等。

龋齿还可采用中医治疗方法。

若齿龈红肿热痛或有寒热,口有秽臭,或齿孔出脓,苔黄腻,脉弦细数者,为风热实火,治以清泄阳明实热。方用:生石膏 30 g、竹叶 6 g、生山栀 9 g、银花 16 g、连翘 15 g、赤芍 10 g、胡黄连 9 g、黄芩 9 g,水煎服。若齿龈不肿,其痛日轻夜重,微寒不热,口无秽臭,齿根龋齿易于动摇,舌红少苔,脉弦细数者,为阴虚火旺,治宜滋阴降火。方用:生地 25 g、玄参 10 g、麦冬 12 g、丹皮 9 g、知母 9 g、黄柏 6 g、川牛膝 9 g、石斛 10 g、肉桂 3 g,水煎服。

2.手术治疗

(1)充填术:适用于已形成实质性缺损的牙齿。在清除龋坏和失去支持的薄弱牙体组织基础上,视病情选择适合的医用材料将龋洞永久性充填,恢复牙齿固有的形态和功能。

(2)嵌体或人造冠修复术:适用于后牙咬合面较大的窝洞或牙有折裂可能者,以及邻合面洞充填无法修复与邻牙的邻接关系者等。

【预防】

要教育儿童、青少年认清口腔保健的重要性,了解龋齿对健康的严重危害,培养良好的卫生习惯。学校、老师要做好宣传,父母要督促孩子从小注意口腔清洁,养成早晚刷牙、饭后或吃糖果后漱口、睡前不吃零食的习惯,特别要强调晚间睡前刷牙。同时要定期进行口腔检查,合理营养并进行体育锻炼。使用氟化物防龋,可采用内服和外用两种方法。在低氟区氟化水源是采取的大面积防龋措施;局部使用氟化物防龋方法甚多,如使用含氟漱口液,用含氟牙膏刷牙,牙面涂氟。

第三节 肠道寄生虫病

肠道寄生虫病是寄生虫在人体肠道内寄生而引起的疾病。肠道寄生虫的种类多,在人体内寄生过程复杂,发育期不一定都在肠道,因此,引起的病变也就并不限于肠道。肠道寄生虫的危害性很大,易导致患者消瘦和程度不等的胃肠道症状,如腹痛、呕吐、消化不良等。不同的肠道寄生虫形成的肠道病变也不同。农村及卫生条件较差的地区,肠道寄生虫的感染率较高。

大多数肠道寄生虫感染与当地的卫生条件、生活习惯、健康意识、经济水平和家庭聚集性等因素有关。由于不良的饮食习惯,如生吃未经消毒的瓜果、蔬菜,喝冷水,或饭前便后不洗手等均可使虫卵通过食物、水源、餐具进入肠道。虫卵或幼虫进入人体后逐渐发育为成虫,然后排卵,成为传染源。寄生在人体肠道的成虫经粪便排出虫卵,污染水源或土壤,或施肥时直接或间接地污染蔬菜、瓜果、餐具等。家畜管理不严也可成为肠道寄生虫病的传染源。在部分农村地区,由于没有自来水,人群均在同一河流中淘米、洗菜、洗马桶等,增加了肠道寄生虫病的感染率。自然界的气温、雨量以及人们的生产和生活习惯是流行病学上的重要因素。

一、蛔虫病

【发病机理】

蛔虫卵在泥土中存活较长时间,孩子爬玩时,手沾上虫卵,通过吮手或进食,就可能将虫卵吃入腹中,使其感染上蛔虫。此外,生吃的瓜果、蔬菜没洗净,沾有虫卵,也会让儿童患病。感染蛔虫后,蛔虫寄生于小肠内,消耗营养,并妨碍消化吸收功能,造成小儿营养不良、贫血、腹痛等。蛔虫喜钻孔和扭结成团,并能产生一种致肠痉挛的物质,并引起肠内感染,由此可引起蛔虫性肠梗阻、肠穿孔、胆道蛔虫症等并发症。

【诊断】

自患者粪便中检查出虫卵,即可确诊。对粪便中查不到虫卵,而临床表现疑似蛔虫病者,可用驱虫治疗性诊断,根据患者排出的虫体形态进行鉴别。

【防治】

对蛔虫病的防治,应采取综合性措施,包括查治病人和带虫者、处理粪便、管好水源和预防感染几个方面。加强宣传教育,普及卫生知识在蛔虫病的预防中起着关键作用,注意饮食卫生和个人卫生,通过饭前便后洗手,不生食未洗净的蔬菜及瓜果,不饮生水,防止食入蛔虫卵,减少感染机会。使用无害化人粪做肥料,防止粪便污染环境是切断蛔虫传播途径的重要措施。同时对病人和带虫者进行驱虫治疗,是控制传染源的重要措施。驱虫治疗既可降低感染率,减少传染源,又可改善儿童的健康状况。驱虫治疗时间宜在感染高峰之后的秋冬季节进行,学龄儿童可采用集体服药的方式。由于存在再感染的可能,所以最好每隔 3~4 个月驱虫一次。对有并发症的患者,应及时送医院诊治,不要自行用药,以免延误病情。

常用的驱虫药物有丙硫咪唑、甲苯咪唑、左旋咪唑和枸橼酸哌嗪(商品名为驱蛔灵)等,驱虫效果较好,副作用少。

二、蛲虫病

【发病机理】

人是蛲虫唯一宿主,蛲虫感染者是蛲虫病的唯一传染源。传染方式有自身感染和异体感染两种。自身感染系雌虫于夜间爬行肛门,在周围皮肤上产卵,引起奇痒,儿童用手指搔痒而沾染虫卵,在进食或吮吸时吞入虫卵,虫卵在胃及十二指肠开始孵化成幼虫,最后在小肠下段及大肠内发育为成虫。若虫卵在肛门口孵化,幼虫可爬进肛门,侵入大肠,引起逆行感染,这两种自身感染方式均可使感染加重,迁延不愈。异体感染是通过被虫卵污染的食物、玩具经口感染,也可经口鼻吸入飞扬的虫卵再咽下而感染,这是造成集体和家庭间传播的主要方式。

【诊断】

如肛门周围或会阴部经常奇痒,患儿夜间烦躁不安,应注意有蛲虫病的可能。若能查到虫体、虫卵即可确诊。

【治疗】

由于蛲虫病患者是本病的传染源,蛲虫病又极易自身感染、接触感染、吸入感染等。因此蛲虫病易广泛流行,因此蛲虫病在分布上具有儿童集体聚集性和家庭聚集性的特点,治疗上应同时集体服药治疗,以达到根治的目的。

1.口服药物

甲苯咪唑(安乐士)是近年来临床广泛应用的广谱驱虫药之一,口服后5%~10%的剂量被肠道吸收,绝大部分从粪便中排出,单剂1片(100 mg),在2周或4周后分别重服1次。

复方甲苯咪唑(速效肠虫净)除含有甲苯咪唑100 mg外,还含有左旋咪唑25 mg。成人2片顿服,1周后虫卵阴转率达98.5%。

肠虫清片,主要成分是阿苯达唑,该药除可杀死成虫及幼虫外,还能使虫卵不能孵化,服药方法:2岁以上儿童及成人顿服2片(400 mg);1~2岁者服1片;1岁以下者及孕妇不宜服用。

2.中药

使君子,去外皮,炒熟。日剂量每岁1 g(一粒半),每日3次分服,共服3 d。服后不能饮水,以免发生呃逆。若与百部等量服用则效果更佳。

3.局部用药

用2%白陈汞软膏,或10%氧化锌油膏涂抹肛门,既可止痒,又可减少自身重复感染。用0.2%龙胆紫和3%百部药膏挤入肛门内少许,连续应用数天。六神丸塞肛治疗:中药六神丸,7岁以下者5粒,8岁以上者10粒,每日1次,共5 d,治愈可达97.10%。灌肠法:食醋加水3倍,每晚直肠灌注50~60 mL,连续3~5 d。中药灌肠:生百部30 g,乌梅15 g,加水300 mL,煎至100 mL,用50~100 mL灌肠,每晚1次,5~10次为一疗程。

三、钩虫病

【发病机理】

钩虫病也是儿童较常见的肠道寄生虫病之一。由于钩虫的丝状蚴常在泥土或水田中,当人光着脚或赤身坐在地上时,其丝状蚴会钻进皮肤引起感染。钩虫病好发于5~7岁的儿童。

感染丝状蚴后,皮肤可有痒疹及匍行丘疹、小疱疹,儿童因痒感挠抓,易引起感染。丝状蚴移行至肺可引起钩虫性肺炎,移行至肝、眼等处也会引起相应部位的损伤。钩虫的成虫寄生于小肠,可破坏肠黏膜,损伤血管,导致失血性贫血。患儿还会出现食欲不佳、消化不良等情况。

传播方式有直接传播、土源性传播、生物源性传播等。临床大多数钩虫病是直接传播的。

【诊断】

1.皮肤损害

丝状蚴侵入人体时,局部皮肤产生小红丘疹,在1~2 d内变成疱疹,于数日内消失。常见于趾间、足背踝部或指间、手腕等处。

2.全身症状

感染轻者,仅有上腹部不适及消化不良症状。重者有口唇、结膜苍白、头晕、耳鸣、眼花、心悸等贫血症状。久病可有营养不良性浮肿、消瘦等。体检可有心脏扩大、心尖区收缩期杂音及下肢凹陷性水肿。

3.化验

血红细胞计数减少,嗜酸性粒细胞轻度增多,血红蛋白降低;粪涂片或漂浮法可找到钩虫卵;粪潜血试验可呈阳性。

【治疗】

1.贫血严重者,在驱虫治疗前先纠正贫血。可给硫酸亚铁口服,一次0.3~0.6 g,每日3次,饭后服。

2.驱虫治疗

(1)甲苯咪唑:口服,成人剂量为1次100~200 mg,每日2次(分早晚空腹或半空腹服用),连服3~4 d。儿童剂量和疗程酌减。丙硫咪唑(400 mg顿服)、氟苯咪哩(100 mg/d,连续3 d)疗效优于甲苯咪唑。

(2)噻嘧啶:又称抗虫灵、驱虫灵。口服,成人常用量为1次1.2~1.5 g,每日1次,临睡前温开水送服,连服2~3 d。

(3)左旋咪唑:口服,成人1次100 mg,每晚顿服,连服3 d。儿童剂量酌减或遵医嘱。

四、其他肠道寄生虫病

鞭虫为人体肠道内另一种寄生虫。轻度感染多无明显症状,感染严重时,患者可有下腹阵痛和压痛、慢性腹泻、大便带鲜血或隐血。严重感染的患儿可出现脱肛、贫血、营养不良和体重减轻。

阿米巴痢疾为人体肠道常见原虫病。受感染的人,多数为无症状的病原体携带者,少数可有典型的临床症状,表现为腹绞痛、脓血黏液便,1 d可达数十次。可伴有腹胀、消瘦、贫血等。阿米巴痢疾尚可并发肠出血、肠穿孔及肝、肺、脑、泌尿生殖道和邻近皮肤等的脓肿。

贾第虫病为人体肠道常见原虫病。受感染的人,多数为无症状的病原体携带者。急性期典型症状是暴发性水泻,有恶臭,多伴有腹胀、臭屁、嗳气、恶心、厌食、呕吐、疲劳及中上腹绞痛等。若不及时治疗,多发展为慢性,表现为间歇性稀便,黄色泡沫状,亦有恶臭,反复发作,病程可长达数年。儿童患者可因腹泻而导致贫血及营养不良。当虫体寄生在胆道系统时,可引起胆囊炎或胆管炎。

猪肉绦虫病和囊虫病的患者一般无明显症状，少数有腹部隐痛、消化不良、腹泻、体重减轻等。粪便中有白色片状物(节片)是最常见的就医原因。当人误食猪肉绦虫的虫卵后,虫卵在人体内发育成幼虫(囊虫),就会患囊虫病。囊虫主要寄生在皮下、肌肉、眼和脑等组织内。囊虫病对人的危害比绦虫大得多。囊虫侵入皮下或肌肉形成结节,可自觉肌肉酸痛无力、发胀;寄生于脑部,可引起癫痫发作、头痛、头晕、记忆力减退、肢麻、听力障碍、精神障碍等;寄生于眼部,可引起视力下降甚至失明。

五、肠道寄生虫病的预防

1.不喝冷水,不吃生食和不洁瓜果。

2.饭前便后洗手,勤剪指甲。

3.彻底煮熟食物,尤其是烧烤或进食火锅时。

4.教育小儿改掉吃手指、咬指甲的习惯。

5.最好给儿童穿死档内裤睡觉,以防止其抓挠肛门。

6.定期清洗玩具,或用0.05%的碘液擦洗玩具。

7.加强水源管理,避免水源污染。

8.不随地大小便。

9.托幼机构、学校应定期检查粪便,及早发现寄生虫病儿,以利彻底驱虫。

第四节　运动性腹痛

运动性腹痛是指与运动训练因素有关,而无其他原因引起的腹痛。属一时性的功能紊乱,随着运动停止,症状可以逐渐缓解。

【发病原因】

1.准备活动不充分

开始运动时运动量过大,内脏器官的功能还没有提高到应有的运动水平就加大运动强度,特别是心肌力量较差时搏动无力,影响静脉血液回流,下腔静脉压力上升,肝静脉回流受阻,从而引起肝脾淤血肿胀,增加了肝脾被膜张力,以致产生牵扯性疼痛。

2.运动前饮食过饱

喝了大量的水或碳酸性饮料,吃了有刺激性、难消化的食物或者空腹运动,都可使胃肠受机械牵引引起胃肠道痉挛而产生腹部疼痛。

3.腹直肌痉挛

多发生在夏季进行较为剧烈的运动时,由于出汗造成大量水、盐丢失,水电解质代谢紊乱,可引起腹直肌痉挛性疼痛。

4.呼吸节律紊乱

运动量过大,破坏了均匀的有节奏的呼吸,使吸氧量下降、体内缺氧,导致呼吸肌疲劳。膈肌疲劳后减弱了对肝脏的按摩作用,导致肝脏淤血肿胀,引起腹痛。

5.生理性

女同学在月经期间可引起腹部疼痛。

6.活动时碰撞

体育活动中发生碰撞的部位在腹部时可引起腹痛。

【临床症状】

1.胃肠痉挛

多因饮食不当、暴饮暴食,或因进食产气食物和不易消化食物(豆类、薯类、牛肉等)而发病。此种原因引起的疼痛多在上腹部,疼痛的性质多为钝痛、胀痛,严重者可产生绞痛。

运动训练安排不当(如空腹训练、胃酸分泌过多或吸入冷空气等),也能引起胃部痉挛。

2.肝脾区疼痛

运动训练初期,如果在准备活动不充足的情况下,开始大运动量的活动,内脏器官活动与运动器官不相适应,下腔静脉回流受阻,门静脉压力增高,血液大量淤积于腹腔、肝脏和脾脏,发生肝脾淤血性肿胀,肝脾被膜牵扯,从而产生疼痛或胀痛。

3.腹直肌痉挛

在夏季,由于运动量过大,导致大量排汗,水、钠丢失过多,水电解质代谢紊乱,引发腹直肌痉挛。

4.腹部慢性疾病

运动者原有慢性阑尾炎、溃疡病、慢性盆腔炎或肠道寄生虫病等,参加激烈活动时,由于受到振动和牵扯即可产生运动中疼痛,这种腹痛部位与原有病痛部位相一致。

5.原因不明的右上腹痛

在运动训练中,有些学生可出现肝区痛,大多数安静时不痛,运动时痛,其疼痛程度与运动量大小及运动强度成正比,减慢速度、减小运动强度或做深呼吸、按压腹部等,疼痛可减轻。

【治疗】

运动性腹痛的治疗原则是针对病因进行对症处理。

对于没有原发性疾病的,逐渐减轻运动量,用手按压腹部,疼痛即可缓解,不需特殊治疗。有原发性疾病者,减轻运动量,腹痛仍没有明显缓解,不应服用止痛药,应尽快送医院进行诊治。对于运动导致的胃肠痉挛性疼痛,可手指按压内关、足三里、大肠俞、阳陵泉、承山等穴,亦可用阿托品 0.5 mg 即刻注射。大量水、钠丢失造成的腹直肌痉挛性疼痛，在做局部按摩和背伸动作，拉长腹部肌肉的同时，补充水、盐。

【预防】

1.体育活动前不可以饮食过饱，不能喝太多的水、碳酸类饮料和吃刺激性、难消化的食物，体育活动过程中不能吃零食、喝冷饮。

2.运动前要做充分的热身运动，运动过程中注意循序渐进，动作不要太猛，不要突然加速或变速，使身体能够较好地进入运动状态，并且注意呼吸节奏，强调呼吸和动作的协调性。

3.对于腹部有原发性疾病者，在治疗期间由教师指导减轻活动量。

4.女同学在月经期间的运动量应该减少，并注意保暖，不吃有刺激性的食物。

5.运动过程中注意保护自己，不过分拼抢以免引起身体上的碰撞。

第五节 急性肠炎

急性肠炎是因饮食不当，进食发酵分解或腐败污染的食物所致的肠道急性炎症，其致病菌多为沙门氏菌属。由于微生物对肠黏膜的侵袭和刺激使胃肠道的分泌、消化、吸收和运动等功能障碍，导致粪便稀薄，排便次数增加。临床上多与急性胃炎同时发病，又称为急性胃肠炎。

【病因病理】

与暴饮暴食，进食过多的高脂质、高蛋白食物，饮酒、饮冰凉饮料过多及受凉有关；或由进食腐败、污染的食物，如隔夜食物未加热消毒，臭鱼烂虾，不新鲜的螃蟹、海味，久存冰箱内的肉类食品，发酵变质的牛奶及奶制品等因素引起。急性肠炎于夏秋季多发，与天气炎热、食物易腐败有关。

【临床表现】

患者多在夏秋季突然发病，常有进食不洁食物史。多在食后短期内突然发病，有上腹部不适、疼痛、食欲减退、恶心、腹泻。严重者起病急，恶心、呕吐频繁，剧烈腹痛，频繁腹泻，多为水样便，可含有未消化食物、少量黏液，甚至血液等。伴有发热、头痛、全身不适及程度不同的中毒症状。严重者可有脱水、酸中毒，甚至休克。肠炎早期或轻病例可无任何体征，仅有上腹及脐周有压痛，无肌紧张及反跳痛，肠鸣音多亢进。全身症状轻微，严重病人有发热、失水、酸中毒、休克等症状，偶可表现为急性上消化道出血。

【实验室检查】

血液常规检查中白细胞可轻度增加，血沉略有增快。大便常规检查或培养结果多为正常，也可见到少量白细胞和红细胞。如是细菌感染可发现致病菌。

【鉴别诊断】

急性肠炎需和以下疾病相鉴别。

1.原发性小肠吸收不良综合征

本病典型症状为脂肪泻。大便色淡，量多，呈油脂状或泡沫状，常浮于水面，多有恶臭味。伴腹胀、腹痛，有乏力、体重下降、出血等营养不良表现，病程长，病情时轻时重，施行X射线钡餐检查有利诊断。

2.肠结核

起病缓慢，多位于右下腹部，可有阵发性绞痛，肠鸣音增强，常有大便习惯改变，干、稀交替。轻者仅有稀便，重者为黏液脓血便。可有恶心、呕吐、腹胀、食欲减退。体检仅有右下腹压痛。辅助检查表现为血沉增快，结肠菌试验阳性，大便培养可找到抗酸杆菌，纤维肠镜检查可以确认本病。

3.特发性溃疡性结肠炎

本病原因不明，是与免疫有关的疾病，多以溃疡为主，累及结膜黏膜，以青壮年多见。腹痛常在左下腹或全腹压痛明显，伴肠鸣音亢进。有食欲减退、体重下降及营养不良等症状。可行乙状结肠镜和活组织检查以利诊断。

4.胃肠神经官能症

此病是神经功能紊乱引起的胃肠功能障碍。起病较慢，临床表现以胃肠道症状为主，多为神经性嗳气、厌食、呕吐、精神性腹泻、结肠激惹症、脾曲综合征等。

【治疗】

进清淡饮食，注意休息，用具消毒，防止交叉感染。药物治疗原则，以控制肠道内外感染和保护胃肠黏膜为主。对于肠道内外感染引起的肠炎，尤其是黏液脓血便时可使用抗生素控制感染，不同的细菌感染选用不同的抗生素。成人可选用新霉素、庆大霉素、氟哌酸、氨苄青霉素，甚至头孢类抗生素；儿童在选用新霉素、庆大霉素、氟哌酸等抗生素时应慎重使用。胃肠黏膜保护剂可保护胃肠黏膜，凝固杀死肠道的细菌与病毒，起到止泻作用，常用的有思密达、必奇，微生态制剂如妈咪爱、常乐康、金双歧、整肠生等，主要是调节肠道菌群，抑制肠道有害细菌生长，以达到止泻作用。同时要及时纠正脱水和电解质紊乱，在出现腹泻初期，可用米汤加少许糖、盐或开水加糖进行口服以防脱水。对于已造成轻度、中度脱水的患者，没有呕吐及腹胀的病人可以只口服补液盐。补液盐要随配随用，保持新鲜。对于脱水的补液，一般按轻度脱水总量100~120 mL/kg、中度脱水120~150 mL/kg补给。如果是重度脱水或轻、中度脱水且患者一般情况很差时，考虑有水电解质紊乱及酸中毒，需要在医院进行静脉输液治疗。

也可用中医辨证法治疗急性肠炎。

1.肠胃湿热型

临床表现：起病急骤，恶心，呕吐吞酸，脘腹阵痛，泻下急迫，大便不爽，粪色黄褐腥臭，舌苔黄腻，脉滑数。

治法：清化湿热，调理肠胃。

方药：葛根芩连汤加减葛根、黄芩、黄连、金银花、荷叶、白扁豆、甘草、车前子。

如腹痛甚者,加白芍、木香理气缓中;呕吐剧者,可先服玉枢丹以辟浊止呕;夹食滞者,宜加神曲、麦芽、山楂等消食之品。

2.寒湿阻滞型

临床表现:呕吐清水,恶心,腹泻如水,腹痛肠鸣,恶寒发热,全身酸痛,苔薄白或腻,脉濡。

治法:祛邪化浊,散寒除湿。

方药:藿香,大腹皮、白芷、紫苏、茯苓、清半夏、白术、陈皮、川厚朴。

3.食滞胃肠型

临床表现:恶心厌食,得食愈甚,吐后反快,腹痛,泻下秽臭,急迫不爽,泻后痛减,苔厚腻,脉滑。

治法:和胃降逆,消食化滞。

方药:焦山楂、炒六神曲、茯苓、半夏、陈皮、连翘、莱菔子。

4.脾胃虚弱型

临床表现:禀赋不足,素体脾虚,饮食不慎,即易吐泻,大便溏薄,呕吐清水,时作时休,伴有面色不华,四肢乏力,舌淡,脉濡。

治法:健脾补气,和胃渗湿。

方药:人参、白术、山药、茯苓、扁豆、砂仁、薏米仁、炙甘草。

第六节 一氧化碳中毒

一氧化碳中毒是含碳物质燃烧不完全时的产物经呼吸道吸入引起的中毒。

【发病原因】

一氧化碳与血红蛋白的亲和力比氧与血红蛋白的亲和力高200~300倍,所以一氧化碳极易与血红蛋白结合,形成碳氧血红蛋白,使血红蛋白丧失携氧的能力和作用,造成组织窒息。一氧化碳中毒后对全身的组织细胞均有毒性作用,尤其对大脑皮质的影响最为严重。当人意识到已发生一氧化碳中毒时,往往已为时已晚。这是因为支配人体运动的大脑皮质最先受到麻痹损害,使人无法实现有目的的自主运动,所以,一氧化碳中毒者往往无法进行有效的自救。

【临床症状】

临床表现主要为缺氧。轻者有头痛、无力、眩晕,劳动时呼吸困难;重者口唇呈樱桃红色,可有恶心、呕吐、意识模糊、虚脱或昏迷;重症者呈深昏迷,伴有高热、四肢肌张力增强和阵发性或强直性痉挛,患者多有脑水肿、肺水肿、心肌损害、心律失常和呼吸抑制,可造成死亡。某些患者的胸部和四肢皮肤可出现水疱和红肿,主要是由于自主神经营养障碍所致。部分急性一氧化碳中毒患者于昏迷苏醒后,经2~30 d的假愈期,会再度昏迷,并出现痴呆木僵型精神病、震颤麻痹综合征、感觉运动障碍或周围神经病等精神神经后发症,又称急性一氧化碳中毒迟发脑病。长期接触低浓度一氧化碳,可有头痛、眩晕、记忆力减退、注意力不集中、心悸。

1.轻型

中毒时间短,表现为中毒的早期症状,头痛、眩晕、心悸、恶心、呕吐、四肢无力,甚至出现短暂的昏厥,一般神志尚清醒,吸入新鲜空气、脱离中毒环境后,症状迅速消失,一般不留后遗症。

2.中型

中毒时间稍长,在轻型症状的基础上,可出现虚脱或昏迷。皮肤和黏膜呈现煤气中毒特有的樱桃红色。如抢救及时,可迅速清醒,数天内完全恢复,一般无后遗症状。

3.重型

发现时间晚,吸入一氧化碳过多,或在短时间内吸入高浓度的一氧化碳,病人呈现深度昏迷,各种反射消失,大小便失禁,四肢厥冷,血压下降,呼吸急促,会很快死亡。一般昏迷时间越长,预后越严重,且留有痴呆、记忆力和理解力减退、肢体瘫痪等后遗症。

【现场急救】

当发现有人一氧化碳中毒后,救助者必须迅速按下列程序进行救助:

由于一氧化碳的比重比空气略轻,浮于上层,救助者进入和撤离现场时,如能匍匐行动会更安全。进入室内时严禁携带明火,尤其是开放煤气自杀的情况,室内煤气浓度过高,按响门铃、打开室内电灯产生的电火花均可引起爆炸。进入室内后,应迅速打开所有门窗,能发现煤气来源并能迅速排出的则应同时控制,如关闭煤气开关等,但绝不可为此耽误时间。要迅速将中毒者背出充满一氧化碳的房间,转移到通风保暖处平卧,解开衣领及腰带以利其呼吸。同时呼叫救护车,随时准备送往有高压氧舱的医院抢救。在等待运送车辆的过程中,对于昏迷不醒的患者可将其头部偏向一侧,以防呕吐物误吸入肺内导致窒息,同时可用针刺或指甲掐其人中穴。若患者仍无呼吸则需立即开始口对口人工呼吸。对昏迷较深的患者不应立足于就地抢救,而应尽快送往医院,但在送往医院的途中人工呼吸绝不可停止,以保证大脑的供氧,防止因缺氧造成的脑神经不可逆性坏死。

第七节　普通感冒

普通感冒俗称伤风,大多数原发病为病毒引起。通常以鼻咽部卡他症状如咳嗽、流涕、打喷嚏、鼻塞等上呼吸道症状为主,伴轻度畏寒、头痛。

【发病机理】

诱发因素有受凉、淋雨、过度疲劳等,老幼体弱或有慢性上呼吸道感染及内分泌、免疫功能低下者,致病病毒或细菌可在其上呼吸道迅速繁殖,引起本病。

由病毒引起的可见鼻及咽部黏膜充血水肿，上皮细胞破坏，少量白细胞浸润。

由细菌引起的多继发于病毒感染之后，少数曰细菌直接感染，其中以溶血性链球菌多见。

【临床表现】

从感染病毒到临床出现症状的时间称为潜伏期。潜伏期一般为1~3 d。多数起病急，早期症状有打喷嚏、鼻塞、流涕，1~2 d后，出现咽痛、咽部异物感，重者可出现吞咽困难、咳嗽、声音嘶哑。如无继发细菌感染，则痰少，为白色黏痰。并发眼球结膜炎时，出现眼痛、流泪、怕光。除上述症状外，还常伴发轻重程度不一的全身症状，如恶寒、发热、全身疲软无力、腰痛、肌痛、腹胀、纳差，甚至出现呕吐、腹泻。有些患者，口唇部还可出现单纯疱疹。上述症状多在5~10 d内自然消失。

【治疗】

1.非药物治疗

应卧床休息，保障足够睡眠，多饮水，进流质或半流质食物，以清淡、高蛋白饮食为主，并戒烟、戒酒；室内环境要保持一定的温度和湿度，注意通风，同时减少外出及体力活动。上述措施可明显缩短病程，防止病情迁延，利于早日康复。

2.药物治疗

(1)对症治疗

若有明显的呼吸道症状，如鼻塞、流涕、流泪，可用1%麻黄素滴鼻，每次2~4滴，每日3次，并可口服克感敏，每晚1次，或扑尔敏4 mg，每日3次。咽痛者可口含碘喉片，每次1~2片，每日3~4次，或含溶菌酶片，每次1~2片，每日4~6次。咳嗽频繁者，可服复方甘草合剂，每次10 mL，每日3次；咳必清每次25 mg，每日3次。若咳嗽痰多，痰液黏稠，则可加用必嗽平，每次16 mg，每日3次。若咳嗽剧烈，影响工作和休息时，可临时或短时口服磷酸可待因，每次30 mg。其他如速效感冒胶囊等也可部分缓解上述症状。

(2)抗病毒治疗

金刚烷胺：每次100 mg，每日2次；病毒灵：每次100~200 mg，每日3次。

3.中医药治疗

中医把因风邪侵袭人体后，出现鼻塞、流涕、喷嚏、头痛、恶寒、发热、全身不适等为主要临床症状表现的外感疾病，称为感冒。由于外感邪气不同，人体体质强弱有异，分为风寒感冒、风热感冒、气虚感冒、暑湿感冒。

(1)风寒感冒

临床表现：轻者鼻塞声重，喷嚏，时流清涕，咽痒，痰清稀、色白；重者恶寒重，发热轻，无汗，头痛，肢节疼痛，舌苔薄白，脉浮或浮紧。

治法：辛温解表，宣肺散寒。

方药：羌活、麻黄、桂枝、荆芥穗、防风、白芷、川芎、石菖蒲、葛根、薄荷、苦杏仁、当归、黄芩、桔梗。

(2)风热感冒

临床表现:发热,微恶风寒,汗出不畅,头痛,鼻塞涕浊,口干而渴,咽喉红肿疼痛,咳嗽,痰黄黏稠,舌苔黄,脉浮数。

治法:辛凉解表,清肺透邪。

方药:金银花、连翘、荆芥穗、薄荷、淡豆豉、牛蒡子、桔梗、淡竹叶、甘草。

(3)气虚感冒

临床表现:恶寒发热,头痛鼻塞,咳嗽痰白,倦怠无力,气短懒言,面色不华,舌质淡,苔薄白,脉浮无力。

治法:益气解表。

方药:紫苏叶、人参、葛根、前胡、半夏、茯苓、陈皮、甘草、桔梗、枳壳、木香。

(4)暑湿感冒

临床表现:恶寒发热,头胀头痛,胸膈满闷,心腹疼痛,恶心呕吐,肠鸣泄泻,舌苔白腻,脉濡缓。

治法:解表化湿,理气和中。

方药:藿香、紫苏、白芷、大腹皮、茯苓、白术、陈皮、半夏、厚朴、生姜、苦桔梗、甘草。

第八节　湿疹

湿疹是一种常见的由多种内外因素引起的表皮及真皮浅层的炎症性皮肤病变,与变态反应有一定关系。具有对称性、渗出性、瘙痒性、多形性和复发性等特点。可发生于任何年龄、任何部位、任何季节,但在冬季常发或有加剧渗出倾向,慢性病程易反复发作。

【发病原因】

1.遗传因素

某些类型的湿疹与遗传有密切的关系。

2.环境因素

环境因素是湿疹患病率增加的重要原因之一。环境包括群体环境与个体环境,群体环境致病因素是指室外大范围的空气、水、土壤、放射源、大面积有致敏花粉的植被、大面积的气传致敏菌源等。

3.感染因素

湿疹与微生物的感染有关。

4.饮食因素

植物类、动物类、矿物类食物,以及一些化学合成的食物如糖精、醋酸、枸橼酸、香精、合成染料等,经食用均可引起变态反应,从而导致湿疹的产生。

5.药物因素

药物因素是某些湿疹,尤其是湿疹型药疹的最主要的原因。

6.其他因素

湿疹的产生尚可由苦闷、疲劳、抑郁、忧虑、紧张、情绪激动、失眠等神经精神因素及日光、紫外线、寒冷、潮湿、干燥、摩擦等气候、物理因素所引起。

【临床症状】

在早期或急性阶段,患处有成片的红斑及密集或疏散的小丘疹,或为肉眼难见的水疱,严重时有大片渗液及糜烂;在亚急性状态,渗液减少并结痂,患处由鲜红变暗红,但无大片的糜烂;在慢性状态,渗液更少或完全干燥而结痂,往往和鳞屑混合而成鳞屑痂,患处颜色变暗或是发生色素沉着,有时色素减少,在皮纹尤其运动程度较大的部位容易发生裂口,长期摩擦搔抓能引起显著的苔藓样化。

湿疹常有多种形态,容易减轻、加重或复发,边界一般不太清楚。皮疹容易发生于两侧并或多或少的对称,根据急性或慢性程度而有红斑、丘疹、水疱、糜烂、鳞屑、痂、色素增加或减少、皲裂或苔藓样变等不同的表现,其中数种表现往往混杂在一起,有时先后发生。如有继发性感染,还可有脓疱等皮损。

1.渗出型湿疹

常见于肥胖型婴儿,初起于两颊,发生红斑、丘疹、丘疱疹,常因剧痒搔抓而显露有多量渗液的鲜红糜烂面。严重者可累及整个面部甚至全身。如有继发感染可见脓疱及局部淋巴结肿大、发热。

2.干燥型湿疹

多见于瘦弱的婴儿。好发于头皮、眉间等部位,表现为潮红、脱屑、丘疹,但无明显渗出。呈慢性时也可轻度浸润肥厚,有皲裂、抓痕或结血痂。常因阵发性剧烈瘙痒而引起婴儿哭闹和睡眠不安。

3.儿童湿疹

是一种儿童过敏性皮肤病。儿童皮肤发育尚不健全,最外层表皮的角质层很薄,毛细血管网丰富,内皮含水及氯化物比较丰富,故容易发生过敏湿疹反应。

4.乳房湿疹

多见于哺乳妇女,乳晕湿润、糜烂、结痂,时间稍久可增厚,发生皲裂,喂奶时疼痛,长期不愈,皮下有硬结者,应考虑并发湿疹样癌的可能。所以,对乳房湿疹应提高警惕,及时检查。

5.阴囊湿疹

急性者有肿胀、流水、结痂。慢性者则增厚、苔藓化,甚痒并易复发。常与局部多汗,外阴刺激、神经内分泌障碍、慢性前列腺炎等有关。

6.女阴湿疹

多见大小阴唇及附近皮肤红肿、糜烂及慢性增厚,甚痒。常与真菌性阴道炎、白带增多及内分泌紊乱有关。

7.肛门湿疹

肛门周围湿疹急性期红肿、糜烂,慢性期呈浸润、肥厚,甚至发生皲裂。奇痒且痛,特别是在便后更加明显。由于经常搔抓,皮肤可变厚或变薄,萎缩发亮。儿童肛门湿疹多与蛲虫有关,成人多与痔疮、多汗有关。

8.手部湿疹

发生于手掌部,易浸润增厚,过度角化形成皲裂。手指端湿疹常反复发生水疱、结痂、增厚、脱屑,累及甲床部可影响指甲发育,致使甲板粗糙,凹陷不平。接触水、肥皂、洗衣粉等常使湿疹加重。

9.腿部、脚部湿疹

好发胫前及踝部,常由于下肢静脉曲张或外伤引起。结痂、增厚、苔藓化,也可糜烂、流水,易继发感染或形成溃疡,顽固难治。

10.皲裂性湿疹

与过敏有关,由日常生活中接触清洁剂、肥皂、染料、油漆及日光等刺激物所致。在疾病过程中,精神创伤、内分泌失调等因素均可加重病情。

【治疗】

1.尽可能追寻病因,隔绝致敏源,避免再刺激。

2.注意皮肤卫生,勿用热水或肥皂清洗皮损,不滥用刺激性止痒药物。

3.禁食酒类、辛辣刺激性食品,避免鱼虾等易于致敏和不易消化的食物,注意观察饮食与发病的关系。

4.劳逸结合,避免过度疲劳和精神过度紧张。

5.物理及放射疗法如液氮冷冻治疗,浅层X射线或放射性核素敷贴疗法等,可用于病期较久和顽固的慢性局限性湿疹。

6.特效疗法如外用中药制剂,安全,无刺激。

第九节 疥疮

疥疮是一种常见的接触性皮肤病,是由疥螨寄生于人体皮肤表层内引起的慢性传染性疾病。本病传染性强,主要通过密切接触传染,也可经衣物间接传染,可在家庭或集体人群中迅速流行。

【病原学】

疥螨俗称疥虫,是一种皮内寄生虫,疥虫分雌雄两种,雌虫长约400 μm,肉眼刚可见到,人的疥疮主要由人疥螨引起。疥螨的致病因素有两种,一是疥虫在皮肤角质层凿隧道所引起的皮肤损害,二是疥虫分泌的毒素引起的皮肤瘙痒。

【流行病学】

疥疮流行病学一般认为30年为一周期,在一次流行的末尾至下次流行的起始间隔为15年。现代疥疮流行的原因尚不清楚,但密切接触,家居拥挤,卫生条件及集体生活居住条件差,车、船、旅馆的人群接触等均可传播。

【发病机理】

疥疮的皮肤损害可能有以下几种原因:疥疮瘙痒性红色丘疹系疥螨钻入皮肤直接引起;水疱或小脓疱的形成可能是疥螨或角层内的排泄物,作为一种致敏物使表皮和真皮细胞血管扩张渗出所致;隧道系疥虫挖掘所致;结节是机体对疥虫抗原发生的超敏反应。

【临床表现】

疥螨常侵犯皮肤薄嫩部位,好发于指(趾)缝、腕部屈侧、肘窝、腋窝、妇女乳房、脐周、腰部、下腹部、股内侧、外生殖器等部位,多对称发生。头面、掌跖部不易受累,但婴幼儿例外。经常洗手者,则手部无损害或仅有少数。

皮疹主要表现为丘疹、水疱、隧道及结节。丘疹约小米大小,淡红色或正常肤色,有炎性红晕,常疏散分布或密集成群,少有融合,有的可演变为丘疱疹。水疱一般由米粒至绿豆大,多见于手指缝间。隧道为灰白色或浅黑色线纹,长3~15 mm,弯曲微隆,末端常有丘疹和水疱;有的不易见到典型隧道,可能因清洗、搔抓或继发性病变而破坏。结节多发于阴囊、阴茎、大阴唇等部位,约豌豆大小,呈半球形,淡红色,风团样。患者自觉剧痒,夜间为甚。原因与疥虫夜间在温暖的被褥内活动较强和分泌物的毒素刺激皮肤有关。由于搔抓,患者皮肤会出现抓痕、结痂、湿疹样变或引起继发感染,发生脓疱疮、毛囊炎、疖、淋巴结炎甚至肾炎等。

【治疗】

外用10%硫黄软膏(婴幼儿用5%硫黄软膏)涂擦。治疗前先用热水和肥皂洗澡,然后擦药,自颈以下,先擦皮损部,后及全身,每日1~2次,连续3~4 d为一疗程。擦药期间,不洗澡,不更衣,以保持药效,彻底消灭皮肤和衣服上的疥螨。第一疗程结束后,换用清洁衣服。2周后还发现新发皮疹者,应再重复第二疗程。

25%苯甲酸苄酯乳剂的杀虫力强,又无刺激性,可每日擦药1~2次,共2~3 d,效果较好。

【预防】

注意个人清洁卫生,发现患者应立即隔离治疗,未治愈前应避免和别人接触,包括握手。患者穿过的衣服,被褥等应彻底消毒并在阳光下曝晒。

第十节 中暑

中暑是指人在高温和热辐射的长时间作用下,机体产热大于散热,或散热受阻,体内有过量的热蓄积,从而引起器官功能和组织的损害。

【病因病理】

在高温(一般指室温超过 35 ℃)环境中或夏季烈日曝晒下,从事一定时间的劳动,且无足够的防暑降温措施,或气温虽未达到高温,但由于湿度较高和通风不良,发生中暑。体弱、疲劳、肥胖、饮酒、饥饿、失水、失盐、穿着紧身或不透风的衣裤以及发热、甲状腺功能亢进、糖尿病、心血管病、广泛皮肤损害、先天性汗腺缺乏症和应用阿托品或其他抗胆碱能神经药物而影响汗腺分泌等,常为中暑的发病因素。

【临床表现】

1.先兆中暑

患者在高温环境中劳动一定时间后,出现头晕、头痛、口渴、多汗、全身疲乏、心悸、注意力不集中、动作不协调等症状,此时体温正常或略有升高。

2.轻症中暑

除有先兆中暑的症状外,出现面色潮红、大量出汗、脉搏快速等表现,体温升高至 38.5 ℃以上。

3.重症中暑

重症中暑症是中暑中情况最严重的一种,如不及时救治将会危及生命。分为四种类型:热痉挛、热衰竭、日射病和热射病。

(1)热痉挛症状特点:多发生于大量出汗及口渴,饮水多而盐类补充不足致血中氯化钠浓度急速明显降低时。这类中暑发生时肌肉会突然出现阵发性痉挛的疼痛。

(2)热衰竭症状特点:常发生于老年人及一时未能适应高温的人。主要症状为头晕、头痛、心慌、口渴、恶心、呕吐、皮肤湿冷、血压下降、晕厥或神志模糊。此时的体温正常或稍微偏高。

(3)日射病症状特点:是由于直接在烈日的曝晒下,强烈的日光穿透头部皮肤及颅骨引起脑细胞受损,进而造成脑组织的充血、水肿。由于受到伤害的主要是头部,所以,最开始出现的不适就是剧烈头痛、恶心呕吐、烦躁不安,继而可出现昏迷及抽搐。

(4)热射病症状特点:是在高温环境中从事体力劳动的时间较长,身体产热过多,而散热不足,从而导致的体温急剧升高。其发病早期有大量冷汗,继而无汗、呼吸浅快、脉搏细速、躁动不安、神志模糊、血压下降,逐渐向昏迷伴四肢抽搐发展,严重者可产生脑水肿、肺水肿、心力衰竭等。

【治疗】

一般患者经对症治疗后 30 min 到数小时内即可恢复。重症患者应迅速转移到阴凉通风处休息或静卧,口服凉盐水或清凉含盐饮料。有周围循环衰竭者应静脉补给生理盐水、葡萄糖溶液和氯化钾。热射病患者预后较差,死亡率在 5%~30%,故应立即采取以下急救措施。

1.物理降温

可将患者浸浴在 4 ℃水中,并按摩四肢皮肤,使皮肤血管扩张,加速血液循环,促进散热。

2.药物降温

氯丙嗪是协助物理降温的常用药物。成人剂量为25~50 mg加入500 mL补液中静脉滴注1~2 h。用药过程中要密切观察血压,血压下降时应减慢滴速或停药。

3.对症治疗

保持患者呼吸道通畅,并给予吸氧,纠正水、电解质紊乱和酸中毒。在补液时滴注速度不宜过快,以避免加重心脏负担,促发心力衰竭。

预防中暑应从根本上改善劳动和居住条件,隔离热源,降低室内温度,调整作息时间,供给含盐0.3%的清凉饮料。

第十一节 冻疮

冻疮是冬天的常见病,是由于寒冷引起的局限性炎性损害。发病多见于儿童、妇女及老年人。冻疮一旦发生,在寒冷季节里常较难快速治愈,待天气转暖后才会逐渐愈合。

【病因病理】

寒冷是本病发病的最主要原因。冻疮好发生在肢体的末梢和暴露的部位,如手、足、鼻尖、耳廓和面颊部。

入冬以后,气温突然降低,末梢血管内血流变缓,当温度低于10 ℃时,上述部位的皮下小动脉遇冷收缩,静脉回流不畅,从而发生冻疮。也有部分患者是因为血管先天性变异或血管狭窄导致血流不畅而诱发冻疮。此外,自主神经紊乱、肢端血运不良、鞋袜过紧、手足多汗、缺乏运动、营养不良、贫血及一些慢性疾病常为本病诱因。该病在冬季潮湿多风地区发生率比干燥地区的高。

【临床表现】

冻伤初期,仅是出现局部的红肿现象,逐渐形成暗红色的斑块,同时可伴随一定程度的肿胀、疼痛、瘙痒感,在遇热时症状尤为明显。如果未及时治疗,可出现水疱、大疱,后者破溃后形成糜烂、溃疡,愈后留有色素沉着或萎缩性瘢痕。

【治疗】

海普林可用于早期冻疮、皲裂、溃疡、湿疹及浅表性静脉炎和软组织损伤。

辣椒风湿膏祛风散寒,舒筋活络,消肿止痛,可用于关节疼痛,腰背酸痛,扭伤淤肿及慢性关节炎和未溃破的冻疮。

第十二节　痛经

痛经是指女性在经期及其前后，出现的小腹或腰部疼痛，甚至痛及腰骶的一种临床常见病。痛经每随月经周期而发，严重者可伴恶心呕吐、冷汗淋漓、手足厥冷，甚至昏厥。临床上将其分为原发性和继发性两种，原发性痛经生殖器官无明显病变，故又称功能性痛经，多见于青春期、未婚及已婚未育者，继发性痛经多因生殖器官有器质性病变所致。

【病因】

1.子宫颈管狭窄造成月经外流受阻，引起痛经。

2.子宫发育不良，容易伴随血液供应异常，造成子宫缺血、缺氧而引起痛经。

3.子宫位置极度后屈或前屈，影响经血通畅而致痛经。

4.精神、神经因素，遗传因素等亦可引起。

5.经期腹痛与孕酮升高有关。

6.子宫的过度收缩或不正常收缩。经期子宫收缩持续时间较长，且往往不易完全放松，故容易发生子宫过度收缩或不正常收缩所致的痛经。

7.妇科病如子宫内膜异位症、盆腔炎、子宫腺肌症、子宫肌瘤等。子宫内放置节育器也易引起痛经。

8.少女初潮，心理压力大、经血运行不畅、爱吃生冷食品等造成痛经。

9.经期剧烈运动，受风寒、湿冷侵袭等，均易引发痛经。

【临床表现】

痛经是妇科的常见病和多发病，未婚女性及月经初来少女多见。表现为女性在经期或行经前后，周期性发生下腹部胀痛、冷痛、灼痛、刺痛、隐痛、坠痛、绞痛、痉挛性疼痛或撕裂性疼痛，疼痛一般历时 0.5~2 h。疼痛一般在下腹部，也可放射至腰骶部或股内前侧。多数病人伴有全身症状，如乳房胀痛、肛门坠胀、胸闷烦躁、悲伤易怒、心惊失眠、头痛头晕、恶心呕吐、胃痛腹泻、倦怠乏力、面色苍白、四肢冰凉、冷汗淋漓、虚脱昏厥等症状。在剧烈腹痛发作后，多转为中度阵发性疼痛。经后逐渐消失，偶有需卧床休息 2~3 d 者。

1.一般治疗

包括进行适当的体育锻炼，调节心情，注意生活规律，劳逸结合，适当休息。同时重视月经期的生理卫生，避免剧烈运动、过度劳累和防止受寒。

2.前列腺素合成抑制剂

芬必得类药物能抑制前列腺素合成，使子宫张力和收缩性下降，达到治疗痛经的目的。

3.钙通道阻滞剂

该类药物干扰 Ca^{2+}透过细胞膜，并阻止 Ca^{2+}由细胞内库存中释出而使平滑肌舒张。

4.维生素 B_6

利用维生素 B_6 促进 Mg^{2+}透过细胞膜，治疗原发性痛经。

【预防】

1.学习掌握经期卫生知识

月经的来临，是女子进入青春期的标志，女性应多学习一些有关的生理卫生知识，解除对月经产生的误解，消除或改善不良的心理变化。

2.生活起居有规律

女性生活与起居、劳作方面要合理安排，不宜过食生冷食物，不宜久居寒湿之地，不宜过劳或过逸等，尤其是月经期更需要避免寒冷刺激、淋雨涉水、剧烈运动和过度精神刺激等。

3.积极做好五期的卫生保健

五期卫生保健是指妇女月经期、妊娠期、生产期、哺乳期、更年期的卫生保健。

4.加强锻炼，提高健康水平

经常锻炼身体，能增强体质，减少和防止痛经的发生。

5.积极进行妇科病的诊治

积极正确地检查和治疗妇科病，是预防痛经的一项重要措施。

第十三节　体位性低血压

体位性低血压又叫直立性虚脱，是因体位的改变，如从平卧位突然转为直立，或长时间站立而发生的脑供血不足，从而引起的低血压。正常人收缩压在 90~140 mmHg 之间，舒张压在 60~90 mmHg 之间。若站立后收缩压较平卧位时下降 20 mmHg 或舒张压下降 10 mmHg，即为体位性低血压。

【发病原因、临床症状及分类】

由于突然的体位变化引起血压的迅速下降。体位性低血压分为突发性和继发性两种。突发性多因植物神经功能紊乱，引起直立性小动脉收缩功能失调所致。主要表现是直立时血压偏低，还可伴有站立不稳、视力模糊、头晕目眩、软弱无力、大小便失禁等症状，严重时会发生晕厥。继发性多见于脊髓疾病、急性传染病或严重感染（如大叶性肺炎）、内分泌紊乱、慢性营养不良或使用降压药、镇静药之后。

【治疗】

一旦发生体位性低血压，应反复测量不同体位的血压，以便明确诊断，对症治疗，避免因晕厥给病人带来不良影响。

体位性低血压除病因治疗外,还应注意以下几点:

1.合理饮食,补足营养,避免饮食过饱或饥饿,忌饮酒。

2.坚持适当的体育锻炼,保证充足的睡眠时间,避免劳累和长时间站立。

3.症状明显者,可穿弹力长袜,用紧身腰带。对少数慢性体位性低血压患者,也可给药物治疗,如中药补中益气丸、生脉饮,并可试用肾上腺皮质激素。

【预防】

预防体位性低血压,首先是控制血糖达标,避免低血糖的发生。其次是合理饮食,避免饮食过饱或饥饿,进餐后不宜立即起立和从事体力活动。不饮烈酒。同时应根据身体耐力制订锻炼计划,坚持运动,增强体质。多饮水可增加血容量而提高血压。活动后出汗较多时,注意盐和水的补充。还要保证充足的睡眠时间,避免劳累和长时间站立。在起立或起床时动作应缓慢,做些轻微的四肢准备活动,有助于促进静脉血向心脏回流。站立时做交叉双腿的动作也有助于增高血压。

第十四节 神经衰弱

神经衰弱属于心理疾病的一种,是一类精神容易兴奋和脑力容易疲乏,并伴有情绪烦恼和心理、生理症状的神经性障碍疾病。神经衰弱的特征常表现为易兴奋和易疲劳,并且多数患者会出现严重的睡眠障碍和记忆力减退。

该病多发于青壮年,16~40岁为多发,两性无差别,以脑力劳动者及青少年学生多见。神经衰弱患者病情常反复波动,可迁延几年或数十年,预后一般良好。

【发病原因】

超负荷的体力或脑力劳动引起大脑皮层兴奋和抑制功能紊乱,而产生神经衰弱综合征。

【临床表现】

患者自觉精神困倦,躯体易疲劳,对日常工作感到吃力。记忆力差,阅读书籍不能很好记忆,勉强记忆则引起头痛。一般情况下头晕,工作紧张时可昏倒。有时困倦思眠,但不易入睡。心悸气短,活动时较为明显。食欲不振,大便稀少。妇女多有经期错后、量少、色淡等现象,或一月行经两次,经量较多,经期上述症状会加重。男子常伴有性欲减退。患者一般形体瘦弱,面色萎黄,唇舌色淡,脉缓弱。

1.衰弱症状

衰弱症状是本病的基本症状。患者经常感到精力不足,委靡不振,不能用脑,或脑力迟钝,肢体无力,困倦思睡;特别是工作稍久,即感注意力不能集中,思考困难,工作效率显著减退,即使充分休息也不足以减轻其疲劳感。做事、说话常常出错,记不起刚经历过的事。

2.兴奋症状

患者在阅读书报或收看电视等活动时精神容易兴奋，不由自主地回忆和联想增多；对指向性思维感到吃力，而对非指向性思维却很活跃，控制不住，在入睡前尤其明显，对声光敏感。

3.情绪症状

主要表现为容易烦恼和容易激惹。烦恼的内容往往涉及现实生活中的各种矛盾，感到困难重重，无法解决；自制力减弱，遇事容易激动；或烦躁易怒，对家人发脾气，事后又感到后悔；或易于伤感、落泪。

4.紧张性疼痛

常由紧张情绪引起，以紧张性头痛最常见。患者感到头重、头胀、头部紧压感，或颈项僵硬，或腰酸背痛，或四肢肌肉疼痛。

5.睡眠障碍

最常见的是入睡困难、辗转难眠，以致心情烦躁，更难入睡。患者常多梦、易惊醒，或感到睡眠很浅。一些患者感到睡醒后疲乏不解，仍然困倦，或感到白天思睡，上床睡觉又觉脑子兴奋，难以成眠，表现为典型的睡眠节律紊乱。

【治疗】

1.一般治疗

神经衰弱是一种常见病，防治神经衰弱最主要是要对该病有正确的认识，坚定战胜疾病的信心。首先要建立规律的生活制度，安排好自己的工作、学习和休息。学会科学用脑，防止大脑过度疲劳。并根据个人的体力、爱好，每天坚持适当的体育锻炼。

2.药物治疗

药物治疗需在医务人员的正确指导下进行。

(1)抗焦虑药物：常用苯二氮卓类，可选用地西泮(安定)2.5~5.0 mg，氯氮卓(利眠宁)10~20 mg，艾司唑仑(舒乐安定)1~2 mg，羟嗪(安泰乐)25~50 mg，阿普唑仑0.4~0.8 mg，劳拉西泮(氯羟安定)1~2 mg 等，3 次/d，连服 1~2 周。可帮助患者改善焦虑、紧张和睡眠障碍。

(2)镇静催眠药物：睡眠障碍明显者，可选用三唑仑 0.25~0.5 mg，硝西泮 5~10 mg，艾司唑仑 1~2 mg，氯硝西泮 2~4 mg，每晚睡前服，连服 1~2 周。为了避免产生药物依赖，这类药物不宜使用时间太长，或几种药物交替或间断使用。

(3)β 受体阻滞剂：交感神经功能亢进，如紧张、心悸、震颤、多汗等症状明显者，可试用普萘洛尔(心得安)10~20 mg，3 次/d，可有一定效果。

(4)三环类药物：焦虑和抑郁情绪混合存在，且有早醒者，可选用多塞平(多虑平)或阿米替林，25~50 mg，睡前服，1 次/d，以缓解焦虑和抑郁情绪，延长睡眠时间。

第十五节　损伤

损伤是指外界致伤性刺激作用于人体，使人体组织或器官遭到解剖结构上的破坏和生理功能上的紊乱后，随之而发生的机体一系列的全身与局部反应。

【发病原因】

导致损伤的原因很多，常见的有机械性损伤（如挫伤、撕裂伤、切割伤、刺伤、断裂伤、扭伤及骨折等）、物理性损伤（如烧伤、放射能及冲击波损伤）、化学性损伤（如强酸、强碱及毒气等）、生物性损伤（如动物及昆虫的咬蜇或细菌及毒素的作用等）、精神性损伤（如突然的惊吓和恐惧等）。在日常生活及工作中，以机械性损伤较为多见。

损伤的性质与程度，常取决于致伤物的种类、致伤力作用的强度、受伤的部位和受伤时的姿势、衣着的厚薄以及受伤后机体对损伤的反应等。

【分类】

根据损伤后皮肤或黏膜是否形成伤口，分为闭合性损伤与开放性损伤两类。

1.闭合性损伤

指组织或器官虽然遭到一定程度的破坏，但皮肤黏膜表面无伤口。

(1)挫伤：机体受到钝性暴力使皮下组织受到损伤，如皮下淤血、肿胀或血肿。

(2)扭伤：由于暴力使关节超过生理耐受范围的过度伸屈，使关节囊、韧带或肌腱产生不同程度的撕裂。多见于指、腕、踝及膝关节和腰部。

(3)冲击伤：爆炸引起的冲击波而引起的损伤。

(4)挤压伤：常发生在肌肉丰富的部位，在长时间的挤压后，所造成的损伤极为严重，多发生于房屋倒塌，强烈地震及工程塌方时等。

(5)创伤性窒息：是由于胸部突然受到外力挤压，循环血液受阻而逆流引起的上半身淤血、毛细血管破裂。

2.开放性损伤

因锐器或火器造成皮肤或黏膜破损，深部组织与外界相通，并发化脓性细菌或厌氧细菌的感染。

(1)擦伤：外力沿着身体表面近乎平行的方向擦过所致的损伤。

(2)刺伤：由细长的锐器所致的细小伤口，但往往可造成深部组织的损伤，并容易发生化脓性感染或破伤风。

(3)切伤：由锐利的刀刃或玻璃片等造成，损伤部位的边缘整齐，周围组织损伤较小，但出血较多，可造成周围神经、血管和肌腱的破损和断裂。

(4)裂伤：钝器击打后使组织裂开，创缘多不规则，周围组织破坏较重，容易发生坏死或感染。

(5)撕脱伤：发辫或衣袖突然被卷入高速旋转的机器或皮带，使大片头皮或手、足的皮肤、肌腱从深层组织撕脱下来。

(6)火器伤

【临床表现】

损伤后由于机体产生一系列的生理反应和病理改变，可出现一系列的症状和体征。轻度损伤一般症状不显著或仅有局部表现。

1.局部表现

(1)疼痛：受伤的局部组织肿胀可压迫或刺激周围神经末梢，造成不同程度的疼痛。损伤愈严重，疼痛愈剧烈。

(2)肿胀或淤斑：由于局部炎症充血使血管扩张，血流量增加，组织液渗出。

(3)功能活动受限：因伤口及疼痛引起的保护性反应，常使活动受限。损伤合并骨折或关节受损时，对功能活动的影响最大。

(4)组织损伤：组织损伤后，皮肤、黏膜或深层组织受到破坏，出现大小不等、形状各异的伤口。

2.全身表现

轻度损伤的全身反应不明显，重者可引起内分泌和代谢等方面的变化。

(1)损伤性休克：严重损伤时可出现损伤性休克，其表现为面色苍白，四肢发冷，脉搏快而无力，血压下降等。

(2)肾功能变化：肌肉较丰富的部位受到严重的挤压伤之后，可出现尿少或无尿、酸中毒、高钾血症、尿毒症或急性肾功能不全的症状。

(3)其他表现：损伤后经常出现发热、脱水、胃纳不佳、腹胀、呼吸增快、乏力等全身表现。

【治疗】

对损伤的治疗，必须从整体出发，把抢救病人的生命放在首位。方法上要注意轻重缓急，并迅速送往就近的医院进行救治。

第十六节　踝关节扭伤

在外力作用下，踝关节骤然向一侧活动而超过其正常活动度时，引起关节周围软组织发生撕裂伤，称为踝关节扭伤。踝关节扭伤轻者仅有部分韧带纤维撕裂，重者可使韧带完全断裂或韧带及关节囊附着处的骨质撕脱，甚至发生关节脱位。

【病因及临床表现】

1.外侧韧带损伤

外踝较内踝长、外侧韧带薄弱，足内翻活动度较大，但由于足部强力内翻，外侧韧带部分撕裂较多见。临床表现为踝外侧疼痛、肿胀、走路跛行，有时可见皮下淤血，外侧韧带部位有压痛，进行足内翻时，外侧韧带部位疼痛加剧。

外侧韧带完全断裂较少见，局部症状更明显。外踝有小片骨质连同韧带撕脱，叫撕脱骨折。

2.内侧韧带损伤

由足部强力外翻引起，发生较少。其临床表现与外侧韧带损伤相似，但位置和方向相反。表现为内侧韧带部位疼痛、肿胀、压痛、足外翻时，引起内侧韧带部位疼痛，也可有撕脱骨折。

【治疗】

外侧韧带损伤较轻、踝关节稳定性正常时，早期可抬高患肢，冷敷以缓解疼痛和减少出血、肿胀。2~3 d 后可用理疗、封闭、外用消肿止痛化淤药物，适当休息，并注意保护踝部，穿平底软靴。如损伤重，有骨片撕脱者，需进行石膏固定。

第十七节 肱骨外上髁炎

肱骨外上髁炎俗称网球肘。因网球运动员易患此病而得名，患者常常在用力抓握或提举物体时感到患部疼痛或疼痛加剧。

【病因】

手腕伸直的肌腱在抓握东西(如网球拍)时收缩、紧张，过多使用这些肌肉会造成肌肉近端的肌腱变性、退化和撕裂，引起症状。

网球肘病因包括：击网球时技术不正确，网球拍大小不合适或网拍线张力不合适、技术不正确等；手臂某些活动过多，如网球、羽毛球抽球，棒球投球；其他工作如涮油漆、厨师切菜、屠夫砍肉等。

【临床症状】

本病多数发病缓慢，网球肘的症状初期，只是感到肘关节外侧酸困和轻微疼痛，患者自觉肘关节外上方活动疼痛，疼痛有时可向上或向下放射，感觉酸胀不适，不愿活动。手不能用力握物，握锹、提壶、拧毛巾等动作可使疼痛加重。一般在肱骨外上髁处有局限性压痛点，有时压痛可向下放散，甚至在伸肌腱上也有轻度压痛及活动痛。局部无红肿，肘关节伸屈不受影响，但前臂旋转活动时可疼痛。严重者手指伸直、伸腕或执筷动作时即可引起疼痛。有少数患者在阴雨天时自觉疼痛加重。

【治疗】

应根据具体情况，制定个性化的治疗方案，治疗的目的为减轻或消除症状，避免复发。90%以上的网球肘可以通过非手术治疗取得满意疗效。

【预防】

1.保持肌肉强壮，可以吸收身体突发动作的能量。

2.运动前先热身，然后牵拉前臂肌肉。

3.从事需要前臂活动的运动项目时,要学会正确的技术动作。

4.增强自我保护意识。

第七章　健康教育和健康促进

学校健康教育是指通过有组织、有计划、有系统的健康教育活动，促进广大学生接受卫生知识，建立卫生信念，培养有利于健康的卫生行为和生活方式，从而提高生活和学习质量，促进学生身心健康成长。学校健康教育是全民教育的基础，是国家关于健康教育要从小抓起的具体措施，是国家培养和造就德、智、体全面发展新一代的重要举措。儿童、青少年正处于生长发育时期，是主要受教育者。开展适宜、适时的健康教育，既增进了青少年的卫生科学知识，使其掌握了健康的价值和意义，又培养了自我保健和预防疾病的意识，降低了常见病的患病率及各种危险因素。

第一节　学校健康教育的内容

按照教育部下发的《中小学健康教育指导纲要》提出的目标和基本内容，学校健康教育的内容、深度要适合不同年段学生的需要，通过学生喜欢的方式，安排适合学生的教学环境，鼓励、支持学生通过学科教学和班会、团会、校会、专题讲座等多种形式开展健康教育，学校健康教育可分为五个内容：健康行为与生活方式；疾病预防；心理健康；生长发育与青春期保健；安全应急与避险。

根据儿童、青少年生长发育的不同阶段，依照小学低年级(1~2 年级)、小学中年级(3~4 年级)、小学高年级(5~6 年级)、初中阶段(7~9 年级)、高中阶段，把五个领域的内容合理分配到五级水平中。五个不同水平互相衔接，完成中小学校健康教育的总体目标。

一、小学阶段

小学阶段是健康教育的关键时期，这一时期的儿童求知欲高、可塑性强，对于健康教育的内容易于接受。童年期健康教育的重点是个人卫生习惯与健康、合理营养与平衡膳食、环境卫生、体育锻炼、预防常见病、安全与意外伤害、心理卫生和预防性侵犯等。

(一)小学低年级的学校健康教育

1.目标

初步掌握正确的个人卫生知识，了解个人卫生习惯对健康的影响及保护眼睛和牙齿的知识；知道偏食、挑食对健康的影响，养成良好的饮水、饮食习惯；学会自我保护和加入同伴群体的技能，能够与人友好相处；了解道路交通和玩耍中的安全常识，掌握一些简单的紧急求助方法；了解环境卫生对个人健康的影响，初步树立维护环境卫生意识。

2.基本内容

教育学生不要随地吐痰，不乱丢果皮纸屑等垃圾；咳嗽、打喷嚏时要遮掩口鼻；培养勤洗澡、勤换衣、勤洗头、勤剪指甲（包含头虱的预防）；不共用毛巾和牙刷等洗漱用品（包含沙眼的预防）；不随地大小便，饭前便后要洗手；正确的坐、立、行姿势，预防脊柱弯曲；正确的读写姿势及做眼保健操；每天早晚要刷牙，正确的刷牙方法与饭后漱口，预防龋齿（认识龋齿的成因、注意口腔卫生、定期检查）；适量饮水有益健康，提倡喝白开水；吃好早餐，一日三餐有规律，预防偏食、挑食对健康的影响；经常喝牛奶、食用豆类及豆制品有益生长发育和健康；经常开窗通风有益健康；自觉维护厕所卫生，知道蚊子、苍蝇、老鼠、蟑螂等会传播疾病；接种疫苗可以预防一些传染病；日常生活中的礼貌用语，与同学友好相处技能等知识；懂得生命孕育、成长的基本知识，知道“我从哪里来”；安全应急与避险等知识；生长发育与青春期保健知识；行人应遵守的基本交通规则、乘车安全知识；不玩危险游戏，注意游戏安全；燃放鞭炮要注意安全；不玩火，使用电源要注意安全；使用文具、玩具要注意卫生安全；远离野生动物，不与宠物打闹；家养犬要注射疫苗；发生紧急情况，会拨打求助电话（医疗求助电话：120，火警电话：119，匪警电话：110）。

（二）小学中年级学校健康教育

1.目标

进一步了解保护眼睛、预防近视眼的知识，学会合理用眼；了解食品卫生基本知识，初步树立食品卫生意识；了解体育锻炼对健康的作用，初步学会合理安排课外作息时间；了解烟草对健康的危害，肠道寄生虫病、常见呼吸道传染病和营养不良等疾病的基本知识及预防方法；了解容易导致意外伤害的危险因素，熟悉对常见的意外伤害的预防与简单处理方法；了解日常生活中的安全常识，掌握简单的避险与逃生技能；初步了解生命的意义和价值，树立保护生命的意识。

2.基本内容

健康行为与生活方式：读书写字、看电视、用电脑的卫生要求；预防近视（认识近视的成因，学会合理用眼，注意用眼卫生，定期检查）及眼外伤；不吃不洁、腐败变质、超过保质期的食品；生吃蔬菜水果要洗净；增加人体所需的主要营养元素；体育锻炼有利于促进生长发育和预防疾病；睡眠卫生要求；生活垃圾应该分类放置；烟草中含有多种有害于健康的物质，避免被动吸烟；了解蛔虫、蛲虫等肠道寄生虫病对健康的危害与预防；营养不良、肥胖对健康的危害与预防；认识传染病及常见呼吸道传染病（流感、水痘、腮腺炎、麻疹、流脑等）；冻疮的预防；学生应接种的疫苗。

生长发育与青春期保健:人的生命周期包括诞生、发育、成熟、衰老、死亡;初步了解儿童青少年身体主要器官的功能,学会保护自己。

安全应急与避险:游泳和滑冰的安全知识;不乱服药物,不乱用化妆品;火灾发生时的逃生与求助;地震发生时的逃生与求助;动物咬伤或抓伤后应立即冲洗伤口,及时就医并注射狂犬疫苗;鼻出血的简单处理;简便止血方法(指压法、加压包扎法)。

(三)小学高年级学校健康教育

1.目标

了解健康的含义与健康的生活方式,初步形成健康意识;了解营养对促进少年儿童生长发育的意义,树立正确的营养观;了解食品卫生知识,养成良好的饮食卫生习惯;了解烟草对健康的危害,树立吸烟有害健康的意识;了解毒品危害的简单知识,远离毒品危害;掌握常见肠道传染病、虫媒传染病基本知识和预防方法,树立卫生防病意识;了解常见地方病如碘缺乏病、血吸虫病对健康的危害,掌握预防方法;了解青春期生理发育基本知识,初步掌握相关的卫生保健知识;了解日常生活中的安全常识,学会体育锻炼中的自我监护,提高自我保护的能力。

2.基本内容

健康行为与生活方式:健康不仅仅是没有疾病或不虚弱,而是身体、心理、社会适应的完好状态;健康的生活方式(主要包括合理膳食、适量运动、戒烟限酒、心理平衡)有利于健康; 远离毒品;了解贫血、常见肠道传染病(细菌性痢疾、伤寒与副伤寒、甲型肝炎等)、疟疾、流行性出血性结膜炎(红眼病)的预防;碘缺乏病对人体健康的危害,食用碘盐可以预防碘缺乏病。心理健康,保持自信,自己的事情自己做。

生长发育与青春期保健:青春期的生长发育特点;男女少年在青春发育期的差异(男性、女性第二性征的具体表现);女生月经初潮及意义(月经形成以及周期计算);男生首次遗精及意义;变声期的保健知识;青春期的个人卫生知识。体温、脉搏测量方法及其测量的意义。

安全应急与避险:骑自行车的安全常识;常见的危险标志(如高压、易燃、易爆、剧毒、放射性和生物安全),远离危险物;煤气中毒的发生原因和预防;触电、雷击的预防;中暑的预防和处理;轻微烫烧伤和割、刺、擦、挫伤等的自我处理;提高网络安全防范意识。

二、中学阶段

初、高中的青少年大多已进入青春期,教育的重点内容是:进一步了解人体解剖生理知识、青春期生长发育的知识和性知识;合理营养与平衡膳食;常见病与性病的预防;合理作息制度提高学习效率;体育锻炼、心理卫生、拒绝吸烟、不酗酒、远离毒品等知识和技能。

（一）初中阶段的健康教育

1.目标

了解生活方式与健康的关系，建立文明、健康的生活方式；进一步了解平衡膳食、合理营养的意义，养成科学、营养的饮食习惯；了解充足睡眠对少年儿童生长发育的重要意义；了解预防食物中毒的基本知识；进一步了解常见传染病预防知识，增强卫生防病能力；了解艾滋病的基本知识和预防方法，熟悉毒品预防的基本知识，增强抵御毒品的能力；了解青春期心理变化的特点，学会保持愉快情绪和增进心理健康；进一步了解青春期发育的基本知识，掌握青春期卫生保健知识和青春期常见生理问题的预防和处理方法；了解什么是性侵害，掌握预防方法和技能；掌握简单的用药安全常识；学会自救互救的基本技能，提高应对突发事件的能力；了解网络使用的利弊，合理利用网络。

2.基本内容

健康行为与生活方式：慢性非传染性疾病（恶性肿瘤、冠心病、糖尿病、脑卒中）的发生与不健康的生活方式有关；膳食平衡有利于促进健康；青春期充足的营养素、睡眠有利于生长发育和健康；食物中毒的常见原因（细菌性、化学性、有毒动植物等）；拒绝吸烟、拒绝饮酒的技巧；毒品对个人、家庭和社会的危害和拒绝毒品的方法；对乙型脑炎、疥疮、肺结核病、肝炎的预防（包括甲型肝炎、乙（丙）型肝炎等）；不歧视乙肝病人及感染者；了解艾滋病防治知识；不良心理健康情绪对健康的影响；调控情绪的基本方法；建立自我认同，客观认识和对待自己；根据自己的学习能力和状况确定合理的学习目标；异性交往的原则。

生长发育与青春期保健：热爱生活，珍爱生命；青春期心理发育的特点和变化规律，正确对待青春期心理变化；痤疮发生的原因、预防方法；月经期间的卫生保健常识，痛经的症状及处理；选择和佩戴适宜胸罩的知识。

安全应急与避险：有病应及时就医；服药要遵从医嘱，不乱服药物；不擅自服用、不滥用镇静催眠等成瘾性药物；不擅自服用止痛药物；保健品不能代替药品；毒物中毒的应急处理；溺水的应急处理；骨折简易应急处理知识（固定、搬运）；识别容易发生性侵害的危险因素，保护自己不受性侵害；预防网络成瘾。

（二）高中阶段的健康教育

1.目标

了解常见食物的选购知识，进一步了解预防艾滋病的基本知识，正确对待艾滋病病毒感染者和患者；学会正确处理人际关系，培养有效的交流能力；掌握缓解压力等基本的心理调适技能；进一步了解青春期保健知识，认识婚前性行为对身心健康的危害，树立健康文明的性观念和性道德。

2.基本内容

教育学生了解食品选购基本知识，中国居民膳食指南的内容；艾滋病的预防知识和方法;艾滋病的流行趋势及给社会经济带来的危害;艾滋病毒感染者(HIV)与艾滋病病人的区别,艾滋病的窗口期和潜伏期;无偿献血的知识;不歧视艾滋病病毒感染者与患者;合理宣泄与倾诉的适宜途径;客观看待事物;人际交往中的原则和方法,主动、诚恳、公平、谦虚、宽厚地与人交往;缓解压力的基本方法;认识竞争的积极意义;正确应对失败和挫折;考试等特殊时期常见的心理问题与应对;热爱生活,珍爱生命;青春期常见的发育异常,发现不正常要及时就医;婚前性行为严重影响青少年身心健康,避免婚前性行为;网络交友的危险性。

第二节 学校健康教育的方法

一、直接教育方法

直接教育方法是健康教育最基本和最重要的途径之一,可针对受教育者的具体健康问题和特点,进行有针对性的知识、技能传授和强化教育,这是促使受教育者改变信念、态度的有效传播方式。主要有课堂讲授、角色扮演、健康咨询、案例分析、讲座、小组讨论、个别劝导、同伴教育等方式。

(一)课堂讲授

又称快速反应,是教师让学员就某个问题快速做出相关的回答,教师把答案记录在黑板、纸张或投影胶片上。

1.优点

适合青少年活泼、好胜、思维敏捷的特点,有利于创造参与气氛,激发兴趣,集思广益,提高学习效率,短时间内收集信息。

2.实施步骤

(1)教师提出问题。

(2)鼓励学生畅所欲言,针对问题说出尽可能多的答案。

(3)记录学生答案关键词。

(4)整理、归类,提出进一步讨论或思考的问题。

3.问题举例

如日常生活中感染艾滋病的高危险行为有哪些?肺结核对人类的危害?等等。

(二)小组讨论

让学员围绕一个或几个问题,以小组形式进行讨论。可穿插于课堂授课中,也可单独进行,目的是激发各种观点,自由交流,分享信息与经验。

实施步骤

(1)确定讨论主题,进行分组,确定小组主持人和记录员,相关人员由学生担任;

(2)规定讨论时间,积极引导,保持良好的讨论气氛,鼓励人人对该主题坦诚发表意见,或倾听别人观点;

(3)以小组为单位,向全班汇报。

(三)角色扮演

按事先准备好的方案设置场景,邀请1~3名学员分别扮演其中某个角色。通过扮演该角色,再现生活情景,使自己和同学们受到感悟和启发。重视参与者的发挥和表达真实感受,以利调动学生兴趣,从而促进其态度、信念及价值观的转变,同时培养彼此间的交流及合作精神。

(四)同伴教育

首先从群体中挑出一些有影响力和号召力的学生进行培训,使其掌握一定的知识和技能,鼓励他们向周围同学传播这些知识和技能,达到共同受教育的目的。即先对个体进行培训,通过他们与自己年龄相仿,知识背景和兴趣爱好相近的人分享信息、观念或者行为技能,最终实现健康教育的目标。

同伴教育的特点是尊重、平等,形式活泼,参与性强。其核心是交流。在彼此讨论之后得出解决问题的办法或者改变态度。同伴教育既可以采取群体游戏讨论的方式,也可以是一对一的聊天谈心。

同伴教育的形式:从某一群体中选择一部分人加以培养,然后回到目标人群中进行教育,目标人群自由讨论信息和观念,两人或多人间交流信息、观念和技能。教育形式的选择取决于项目的目的,即它是要传授知识、提高技能还是改变行为,同时也呈现出与受教育人群的生活、文化背景相适应的特点。

(五)案例分析

选用真实素材做案例,鼓励学生根据现有知识、技能及经验,共同思考,充分发挥意见。案例应具有代表性,能激发学生兴趣,同时要保护个人隐私。

二、间接传播方法

随着科学技术的进步,各种媒介技术的发展,间接传播方法在健康教育工作中应用得越来越广泛 。间接传播方法有三种,分别为:大众媒介,视听手段,网络系统学习。

第三节 学校健康教育的评价

学校健康教育评价的目的是从采取的行动中吸取知识和经验,以便改进今后的行动,对正在计划中的行动更加完善,使计划更加成功。

一、学校健康教育评价方法

评价是衡量学校健康教育规划的科学性、必要性和可行性的最重要的手段。主要方法有:问卷法、观察法、自我评估(自我报告)、个别交谈、家长访谈、小组讨论等。

二、评价的目的与作用

(一) 目的

1.反馈信息。

2.评价规划达到预期目的的程度。

3.检查学生在知识、态度、卫生技术方面的发展情况,以及规划对行为习惯的影响程度。

4.评价开展健康教育规划的各种资源支持的适宜性。

5.完善规划。

(二)作用

1.保证规划设计和执行的质量。

2.科学地说明规划的价值。

3.提高理论和实践水平。

4.汇报成果,争取支持。

三、评价的种类

(一)需求评价

在开展健康教育前,了解学生的需求、愿望和建议等,为制定教育目标、步骤和方法提供科学依据,方法有查阅文献、问卷调查、座谈等。

(二)过程评价

通过观察、分析,掌握学校健康教育计划的动向、存在的问题,说明计划完成的质量、进度及执行情况。

(三)影响评价

通常采用随机、对照的方法对计划中被教育对象的支持、态度和行为进行研究。

1.影响学生健康行为的倾向因素、促成因素及其因素的改变程度。

2.有益健康行为是否增加,危害健康行为是否减少等。

(四)结果评价

评价目标人群的健康状况和生活质量的改变情况。

效果:目标人群的疾病发生情况、死亡情况等指标的观察。

效益:远期社会和经济效益。

第四节 学校要适时开展健康教育促进工作

健康促进是指个人与其家庭、社区和国家一起采取措施,鼓励健康的行为,增强人们改进和处理自身健康问题的能力。学校健康促进是学生维护和提高自身健康能力的过程。美国健康教育学家格林指出:"健康促进指一切能促使行为和生活条件向有益于健康改革的教育与环境支持的综合体。"其中环境是指社会的、政治的、经济的和自然的环境,而支持指的是政策、立法、财政、组织、社会开发等系统。学校健康促进的基本内涵包含了学生个人行为改变、政府行为(社会环境)改变两个方面,重视发挥个人在学校的健康潜能。世界卫生组织健康促进的新准则是:合理膳食、戒烟限酒、心理平衡、体育锻炼。因此在学校开展健康教育促进工作,有利于提高和促进学生的卫生科学知识水平,改善学生对待个人和公共卫生的态度,培养学生的自我保健意识和能力,降低常见病的患病率及各种危险因素,有利于预防各种心理卫生保健,促进心理发展,养成良好的生活习惯。健康促进的重要目的之一就是要养成良好的生活习惯,建立健康的生活方式,为终身的健康奠定良好基础。

第五节 应急避险知识

灾难的发生总是让人猝不及防,当危险来临时,要知道"如何做",以便达到保护自己、救护他人的目的。

一、家庭应急避险知识

就家庭应急避险来讲:同学们要和家长通过家庭会议制定家庭应急预案,具体内容包括:家庭成员避险集合处,如何拨打"110"报警电话和"120"急救电话等。准备家庭应急箱:水,储备家庭可以使用3天的水量;食品,选择轻便易携带的食物(如饼干、面包、方便面等),缓解痛苦或压力的食品,(如方糖、加糖的谷类、速溶咖啡、茶叶);应急工具,简易灭火器、应急逃生绳、简易防烟面具(当遭遇火警或遇到其他有害气体侵害时,取出面具戴在头上);其他工具,如锤子、哨子、无线电收音机、电池、手电筒、针线、纸笔、地图、多用刀、防水火柴、蜡烛、铁杯、纸巾、录音机、毛巾、手套、指南针、太阳镜;卫生物品,如个人卫生用品、塑料袋、塑料桶、香皂、洗衣粉;衣物,至少备有两套换洗衣物;还应备轻便结实耐磨的鞋子和舒适的袜子,以及毯子、睡袋和雨衣;医药包,应该在家中或车里常备一个医药包,医药包常用物品包括医用材料

(药用棉花、药用火酒、四方形消毒纱布、绷带、胶布、剪刀、体温计、棉棒、安全别针);外用药(碘酒、眼药水、烫伤药膏、跌打膏药、消炎止痛药膏、创可贴);内服药(止泻药、退烧片、止痛片、抗生素、胃药);其他物品(消毒药水)。可根据家庭成员的身体状况准备常用药品。注意:将家庭应急箱放在方便易取之处,并告知所有家庭成员。

二、公共场所应急避险知识

在公共场所遇到危险时,不要惊慌失措,要保持冷静,服从现场指挥人员的指挥。在影剧院、礼堂的人可迅速躲在排椅下,因为影剧院、礼堂多采用大跨度薄壳结构屋顶,重量轻,震时不易塌,塌下来重量也不大,因此躲在排椅下是比较安全的。在百货商店,如在楼上,可以向下层转移,但必须避免人流涌到楼梯造成拥挤。一般情况下,可就地躲在墙角、立柱或大型商品旁边。正在电梯上的人应掌握时机迅速离开电梯。

具体地说,进入场地前先找到安全出口所在,一旦发生危险后,可以有目标地脱险。当身不由己地陷入混乱的人群中,要远离店铺或柜台的玻璃,如果具备条件,可以抓住身边一件牢固的物品。遇到突发情况时,在组织者的疏导下有序撤离,做到互相谦让。应及时联系外援,寻求帮助。例如,拨打“110”、“120”等。

三、可能导致踩踏发生的因素

首先,前面有人摔倒,而后面的人没有止步造成的踩踏。其次,人群在受到惊吓和恐慌后,所表现出惊慌失措的局面,大家在逃生中互相拥挤,甚至踩踏,造成人员伤亡。

如果在行进中,发现慌乱的人群朝自己的方向涌过来,应快速躲避到一旁,或者蹲在附近的墙角下,等人群过去后,至少再过 5 min 离开。如果身不由己地被人群拥着前进,要用一只手紧握另一手腕,双肘撑开,平放于胸前,要微微向前弯腰,形成一定的空间,保证呼吸顺畅,以免拥挤时造成窒息晕倒。同时护好双脚,以免脚趾被踩伤。如果自己被人推倒在地上,这时一定不要惊慌,应设法让身体靠近墙根或其他支撑物,把身子蜷缩成球状,双手紧扣置于颈后,虽然手臂、背部和双腿会受伤,却保护了身体的重要部位和器官。万一被挤倒,应迅速收腿抱头蜷缩成球状,最大限度地保护身体。

四、地震自救常识

(一)在教室中遇到地震怎样应对

正在上课时,学生的一切行动必须听从教师的指挥,不得擅自行动。要在教师的指挥下迅速抱头、闭眼,躲在各自的课桌旁。禁止跳楼,禁止站在窗外和阳台,禁止乘电梯,必要时应在室外上课。

自救互救要领:不要惊慌失措,应听从老师的安排和指挥;迅速躲避到三角区,蹲下、抱头、闭眼;不要往教室外面跑。

(二)在操场上遇到地震时怎样避险

在操场或室外时,可原地不动并蹲下,双手保护头部,注意避开高大建筑物或危险物;不要回到教室去;震后应当有组织地撤离。

在高大建筑物高度两倍距离外避震,以免房屋倒塌被砸伤。

自救互救要领:正在操场时,应原地不动地迅速蹲下;用手护住自己的头部;要避开高大的建筑物或危险物;不要回到教室里去。

(三)家庭避震

地震预警时间短暂,室内避震更具有现实性,而室内房屋倒塌后形成的三角空间,往往是人们得以幸存的相对安全的地点,可称其为避震空间。这主要是指大块倒塌物体与支撑物构成的空间。

室内易于形成三角空间的地方:坚固的家具附近,内墙墙根、墙角,厨房、厕所、储藏室等开间小的地方。

五、公共场所避震

听从现场工作人员的指挥,不要慌乱,不要拥向出口,要避免拥挤,要避开人流,避免被挤到墙壁或栅栏处。

在影剧院、体育馆等处就地蹲下或趴在排椅下;注意避开吊灯、电扇等悬挂物;用书包等保护头部;等地震过去后,听从工作人员指挥,有组织地撤离。

在商场、书店、展览馆、地铁等处选择结实的柜台、商品(如低矮家具等)或柱子边,以及内墙角等处就地蹲下,用手或其他东西护头;避开玻璃门窗、玻璃橱窗或柜台;避开高大不稳或摆放重物、易碎品的货架;避开广告牌、吊灯等高耸或悬挂物。

在行驶的电(汽)车内要抓牢扶手,以免摔倒或碰伤;降低重心,躲在座位附近;地震过去后再下车。

六、户外避震

就地选择开阔地避震:蹲下或趴下,以免摔倒;不要乱跑,避开人多的地方;不要随便返回室内。

避开高大建筑物或构筑物:楼房,特别是有玻璃幕墙的建筑;过街桥、立交桥;高烟囱、水塔下。避开危险物、高耸或悬挂物:变压器、电线杆、路灯等,广告牌、吊车等。避开其他危险场所:狭窄的街道,危旧房屋,危墙等。

七、火灾自救常识及方法

(一)火灾自救常识

对小学生而言,掌握必要的用火常识是非常必要的,也是预防火灾的有效办法,因此在日常生活中我们要做到以下几点:

1.在家中尽量不吸烟,学生要劝阻家长不吸烟,吸烟者不在酒后和临睡前躺在床上吸烟;

2.外出时、临睡前应关闭电源开关及天然气、液化气总阀门;

3.使用大功率家用电器和微波炉、电热器、空调、电熨斗等要错开时间,以防电线过载;

4.禁止玩火,要远离电器设备;

5.要在规定的区域内燃放爆竹;

6.电热沐浴器、电褥等使用时要格外小心,最好安装漏电保护器;

7.使用电熨斗、电热杯、电吹风等器具必须切断电源后再离开;

8.禁用大功率灯泡取暖或烘烤衣服;

9.禁用明火(火柴、蜡烛等)查找煤气泄漏,若在夜间闻到天然气、液化气气味时,先打开门窗通风散气后再开灯;

10.夏季不要将点燃的蚊香贴靠床沿、窗帘放置;

11.野外用火、祭祖等后,要完全灭掉火后才能离开。

(二)火灾自救逃生方法

发生火灾后迅速逃生也是重要的减灾方针,我们应注意以下几点:

1.要考虑好几条不同的逃生路线;

2.火灾时不能钻到阁楼、床底、大橱柜内;

3.火势不大时,要披上浸湿的衣服向外冲;

4.不要留恋财物,要尽快逃出现场,已成功逃出后切不可再跑回去取物找人;

5.在浓烟中避难逃生要放低身体,最好用湿毛巾捂住口鼻;

6.若身上已着火不可乱跑,要就地打滚使火熄灭;

7.生命受威胁时,楼上居民不要盲目跳楼,可用绳或床单撕成条状连接起来,并紧拴在门窗框上滑下;

8.若逃生之路被火封锁,在无奈的情况下,退回室内,最好在卫生间关闭门窗,不断向门窗浇水;

9.充分利用阳台、天窗等进行自救;

10.住在高层建筑的居民被火围困时,要赶快向室外抛沙发垫、枕头等小物品,夜间则打手电,发出求救信号。

在校内发生火灾时,学生要听从指挥,在老师的指导下,采取自救互救的措施。

按照指定的疏散通道撤离到安全的地点。

八、特殊情况的应急避险

如遭遇劫持或绑架，知情人应快速向案发地警方报案或通知相关部门，包括失踪者或被绑架者姓名、性别、年龄、职业、相貌特征等。讲清事发过程、劫犯特征，要求警方缉拿罪犯。如自己遭遇危险时，要机智应对。

学生在遇到交通事故时，如有自行能力，应立即向当地警察报案，协同交警处理解决，并通知亲友。如当事人不能自力行事，目击者可报警或通知救护部门，协同交警处理解决。

触电应急避险：发现有人触电，要及时报告；不要接触触电人员，要保护现场。

防雷知识：在雷雨来临时，不站立于山顶、楼顶上或接近其他导电性高的物体；不高举雨伞；不到湖泊、海河等处钓鱼和划船，也不去游泳；在平坦的开阔地带，不骑马、骑自行车、驾驶摩托车；驾车遭遇打雷时，不将头、手伸向车外；不在户外使用无线电通信工具；不接触天线、水管、铁丝网、金属门窗、建筑物外墙，远离电线等带电设备或其他类似金属装置；远离树木，禁止触摸电力线附近的树木；不靠近架空供电线路和变压器，禁止在架空变压器下避雨；户外行走时尽量避开电线杆的斜拉铁线。

第六节　禁毒和控烟

一、禁毒

根据《中华人民共和国刑法》第357条规定，毒品是指鸦片、海洛因、甲基苯丙胺(冰毒)、吗啡、大麻、可卡因以及国家规定管制的其他能够使人形成瘾癖的麻醉药品和精神药品。《麻醉药品及精神药品品种目录》中列明了121种麻醉药品和130种精神药品。毒品通常分为麻醉药品和精神药品两大类，其中最常见的主要是麻醉药品类中的大麻类、鸦片类和可卡因类。毒品的危害很多，归纳起来最主要的有两大类：

(一)吸毒对身心的危害

1.吸毒对身体的毒性作用

毒性作用是指用药剂量过大或用药时间过长引起的对身体的一种有害作用，通常伴有机体的功能失调和组织病理变化。

中毒的主要特征有嗜睡、感觉迟钝、运动失调、幻觉、妄想、定向障碍等。

2.戒断反应

是长期吸毒造成的一种严重和具有潜在致命危险的身心损害，通常在突然终止用药或减少用药剂量后发生。许多吸毒者在没有经济来源购毒、吸毒的情况下，或死于严重的身体戒断反应引起的各种并发症,或由于痛苦难忍而自杀身亡。戒断反应也是吸毒者戒断难的重要原因。

3.精神障碍与变态

吸毒所致最突出的精神障碍是幻觉和思维障碍。行为特点是围绕毒品转,甚至为吸毒而丧失人性。

4.感染性疾病

静脉注射毒品给滥用者带来感染性并发症,最常见的有乙肝和艾滋病。此外,还损害神经系统、免疫系统,易感染各种疾病。

(二)吸毒对社会的危害

1.对家庭的危害

家庭中一旦出现了吸毒者,吸毒者在自我毁灭的同时,也会破坏自己的家庭,使家庭陷入经济破产、亲属离散,甚至家破人亡的困难境地。

2.对社会生产力的巨大破坏

吸毒首先导致身体疾病,影响生产,其次是造成社会财富的巨大损失和浪费,同时毒品活动还会造成环境恶化,缩小人类的生存空间。

3.毒品活动扰乱社会治安

毒品活动加剧诱发了各种违法犯罪活动,扰乱了社会治安,给社会安定带来了巨大威胁。

(三)中学生要远离毒品,杜绝毒品侵袭

吸食(包括注射)毒品或欺骗、容留、强迫他人吸食,使毒品成为全世界的社会公害。每个学生都不可染指,要充分认识其危害。

1.吸食毒品会严重危害人体健康

吸食毒品形成瘾癖后会产生强烈的病态反应,如烦躁不安、失眠、疲乏、精神不振、腹痛、腹泻、呕吐、性欲减退或丧失。人体内的毒品达到一定剂量后会刺激脊髓,造成惊厥,甚至抑制神经系统,引起呼吸衰竭而死亡。静脉注射毒品又是传染肝炎、肺炎、性病及艾滋病等多种传染病传染的重要途径。

2.摧残意志和精神,荒废学业

吸食毒品使人逐渐懒惰无力,意志衰退,智力和主动性降低,记忆力减退,致使学业荒废。

3.吸毒是诱发犯罪的重要原因

(1)毒品不仅危害人的身体,摧残意志,而且还能使人丧失理智和人格。

(2)吸毒耗资巨大,诱发吸毒者为解决毒资铤而走险,走上了盗窃、抢劫、诈骗、杀人、贪污、受贿、卖淫等犯罪道路。

(3)有些吸毒者"以贩养吸"从害己转为既害己又害人。

4.青少年预防毒品十诫

(1)不要因追求刺激而吸毒。

(2)不要因好奇而吸毒。

(3)不要因贪图享受而吸毒。

(4)不要因解愁而吸毒。

(5)不要听信吸毒者的话,诸如吸食某一类毒品或者用某一种吸食方法不会成瘾等谎言。

(6)不要结交有吸毒行为、贩毒行为的人;碰见亲友吸毒,一要远离,二要劝阻。

(7)不在吸毒场所停留。

(8)不接受与毒品有关人员传递的香烟。

(9)不要听信毒品能治病的谎言。毒品决不能治病,只能添病。

(10)发现吸毒、贩毒者,速向公安机关报告。

二、控烟

不同的香烟点燃时所释放的化学物质有所不同,但主要为焦油和一氧化碳等化学物质。香烟点燃后产生对人体有害的物质大致分为六大类:

1.醛类、氮化物、烯烃类,对呼吸道有刺激作用。

2.尼古丁类,可刺激交感神经,引起血管内膜损害。

3.胺类、氰化物和重金属,均属毒性物质。

4.苯并芘、甲基肼、氨基酚、砷、镉均有致癌作用。

5.酚类化合物和甲醛等物质具有加速癌变的作月。

6.一氧化碳能减低红细胞的输氧能力。

(一)吸烟的危害

1.致癌作用

吸烟是肺癌的重要致病因素之一,特别是鳞状上皮细胞癌和小细胞未分化癌。吸烟者患肺癌的危险性是不吸烟者的13倍。如果每日吸烟在35支以上,则其危险性比不吸烟者高45倍。吸烟者肺癌死亡率比不吸烟者高10~13倍。肺癌死亡人数中约85%由吸烟造成。吸烟者如同时接触化学性致癌物质(如石棉、镍、铀和砷等)则发生肺癌的危险性将更高。烟叶烟雾中的多环芳香碳氢化合物,需经多环芳香碳氢化合物羟化酶代谢作用后才具有毒性和诱发突变的作用,在吸烟者体内该羟化酶浓度较不吸烟者为高。吸烟可降低自然杀伤细胞的活性,从而削弱机体对肿瘤细胞生长的监视、杀伤和清除功能。吸烟者喉癌发病率较不吸烟者高十几倍,膀胱癌发病率增加3倍。此外,吸烟与唇癌、舌癌、口腔癌、食道癌、胃癌、结肠癌、胰腺癌、肾癌和子宫颈癌的发生都有一定关系。烟雾中的致癌物质还能通过胎盘影响胎儿,致使其子代的癌症发病率显著增高。

2.对心、脑血管的影响

吸烟是许多心、脑血管疾病的主要危险因素，吸烟者的冠心病、高血压病、脑血管病及周围血管病的发病率均明显升高。冠心病和高血压病患者中75%有吸烟史。冠心病发病率吸烟者较不吸烟者高3.5倍，冠心病病死率前者较后者高6倍，心肌梗死发病率前者较后者高2~6倍，病理解剖发现，冠状动脉粥样硬化病变前者较后者广泛而严重。高血压、高胆固醇及吸烟三项具备者冠心病发病率增加9~12倍。心血管疾病死亡人数中的30%~40%由吸烟引起，死亡率的增长与吸烟量成正比。烟雾中的尼古丁和一氧化碳是公认的引起冠状动脉粥样硬化的主要有害因素。

吸烟者发生中风的危险是不吸烟者的2~3.5倍；如果吸烟和高血压同时存在，中风的危险性就会升高近20倍。此外，吸烟者易患闭塞性动脉硬化症和闭塞性血栓性动脉炎。吸烟可引起慢性阻塞性肺病（简称COPD），最终导致肺源性心脏病。

3.对呼吸道的影响

吸烟是慢性支气管炎、肺气肿和慢性气道阻塞的主要诱因之一。长期吸烟可使支气管黏膜的纤毛受损、变短，影响纤毛的清除功能。此外，黏膜下腺体增生、肥大，黏液分泌增多，成分也有改变，容易阻塞细支气管。吸烟者患慢性气管炎较不吸烟者高2~4倍，且与吸烟量和吸烟年限成正比，患者往往有慢性咳嗽、咳痰和活动时呼吸困难。肺功能检查显示呼吸道阻塞，肺顺应性、通气功能和弥散功能降低及动脉血氧分压下降，即使年轻的无症状的吸烟者也有轻度肺功能减退。吸烟者常患有慢性咽炎和声带炎。

4.对消化道的影响

吸烟可引起胃酸分泌增加，一般比不吸烟者增加91.5%，并能抑制胰腺分泌碳酸氢钠，致使十二指肠酸负荷增加，诱发溃疡。烟草中烟碱可使幽门括约肌张力降低，使胆汁易于反流，从而削弱胃、十二指肠黏膜的防御因子，促使慢性炎症及溃疡发生，并使原有溃疡延迟愈合。此外，吸烟可降低食管下括约肌的张力，易造成反流性食管炎。

5.其他

吸烟对妇女的危害更甚于男性，吸烟妇女可引起月经紊乱、受孕困难、宫外孕、雌激素低下、骨质疏松以及更年期提前。孕妇吸烟易引起自发性流产、胎儿发育迟缓和新生儿低体重。其他如早产、死产、胎盘早期剥离、前置胎盘等均可能与吸烟有关。妊娠期吸烟可增加胎儿出生前后的死亡率和先天性心脏病的发生率。

尼古丁有降低性激素分泌和杀伤精子的作用，使精子数量减少、形态异常和活力下降，以致受孕机会减少。吸烟还可造成睾丸功能的损伤、男子性功能减退和性功能障碍，导致男性不育症。

吸烟可引起烟草性弱视，老年人吸烟可引起黄斑变性，这可能是由于动脉硬化和血小板聚集率增加，促使局部缺氧所致。

6.被动吸烟的危害

指生活和工作在吸烟者周围的人们，不自觉地吸进烟雾尘粒和各种有毒物质。被动吸烟者所吸入的有害物质浓度并不比吸烟者为低，吸烟者吐出的冷烟雾中,烟焦油含量比吸烟者吸入的热烟雾中的多1倍,苯并芘多2倍,一氧化碳多4倍。吸烟家庭儿童患呼吸道疾病的比不吸烟家庭为多。

(二)学校内的控烟措施

1.建立学校控烟制度

(1)建立由学校领导牵头,相关人员共同参与的控烟领导小组,人员职责明确。

(2)将控烟工作纳入学校年度工作计划,做到年初有计划、年终有总结。

(3)制定校内控烟管理规章制度。制度中应包括下列核心内容:任何人(包括外来人员)都不得在校园内指定吸烟区以外的区域吸烟;学校应设有兼职控烟监督员或巡视员,并有明确的工作职责,控烟监督员、巡视员应接受过相关的控烟知识培训;将履行控烟职责的情况作为师生员工评优评先的参考指标之一;教师不在学生面前吸烟,不接受学生敬烟,不向学生递烟,任何学生都不能抽烟;教师应劝阻学生吸烟;有鼓励或帮助教职员工戒烟的办法。

2.除指定室外吸烟区外全面禁烟,营造良好无烟环境

(1)校园内除指定的室外吸烟区外,其他区域无人吸烟,非吸烟区无烟蒂、无吸烟者。

(2)校园内重点区域,如大门、教学楼、宿舍楼、实验室、行政楼、会议室、教师办公室、室内运动场、图书馆、教职工和学生食堂、接待室、楼道、卫生间等有醒目的禁烟标志。

(3)非吸烟区不得摆放烟灰缸及其他烟具。

(4)吸烟区设置合理(室外、通风、偏僻)。

(5)吸烟区悬挂、张贴烟草危害的宣传品。

(6)校园内禁止烟草广告和变相烟草广告。

3.开展多种形式的控烟宣传活动

(1)利用宣传栏、展板、广播、电视等形式进行控烟宣传。

(2)利用课堂、讲座等形式对学生开展控烟教育,将烟草危害、不尝试吸烟、劝阻他人吸烟、拒绝吸二手烟等内容作为控烟核心知识点。

(3)将控烟教育纳入新生入学教育内容。

(4)利用世界无烟日开展控烟宣传活动。

4.加强控烟监督检查

(1)控烟监督员能认真履行劝阻吸烟人在非吸烟区吸烟的职责。

(2)全体师生员工均有对在校园内违反控烟规定的行为进行劝阻的义务。

(3)定期对学校控烟工作进行检查,每年至少一次。

第七节　中国公民《健康66条》释义

一、基本知识和理念

1.健康不仅仅是不虚弱、无疾病，而且是身体、心理和社会适应的完好状态。

健康不仅仅是不虚弱、无疾病，它还涉及身体、心理和社会适应三个方面。身体健康表现为体格健壮，人体各器官功能良好。心理健康指能正确评价自己，应对处理生活中的压力，能正常工作，为社会做出自己的贡献。社会适应的完好状态，是指通过自我调节保持个人与环境、社会及人际交往中的均衡与协调。

2.每个人都有维护自身和他人健康的责任，健康的生活方式能够维护和促进自身健康。

每个人都有获取自身健康的权利，也有不损害和(或)维护自身及他人健康的责任。每个人都可以通过采取并坚持健康的生活方式，获取健康，提高生活质量。以预防为主，且越早越好，选择健康的生活方式是最好的人生投资。提高每个公民的健康水平，需要国家和社会全体成员的共同努力，营造一个有利于健康的支持性环境。

3.健康生活方式主要包括合理膳食、适量运动、戒烟限酒、心理平衡四个方面。

健康生活方式，是指有益于健康的习惯化的行为方式。主要表现为生活有规律，没有不良嗜好，讲求个人卫生、环境卫生、饮食卫生，讲科学、不迷信，平时注意保健、生病及时就医，积极参加健康有益的文体活动和社会活动等。

合理膳食指能提供全面、均衡营养的膳食。食物多样，才能满足人体 各种营养需求，达到合理营养，促进健康的目的。卫生部发布的《中国居民膳食指南》为合理膳食提供了权威的指导。适宜运动指运动方式和运动量适合个人的身体状况，动则有益，贵在坚持。运动应适度量力，选择适合自己的运动方式、强度和运动量。健康人可以根据运动时的心率来控制运动强度，一般应达到每分钟150~170(次)减去年龄为宜，每周至少运动3次。戒烟的人，不论吸烟多久，都应该戒烟。戒烟越早越好，任何时候戒烟对身体都有好处，都能够改善生活质量。过量饮酒，会增加患某些疾病的风险，并可导致交通事故及暴力事件的增加。建议成年男性一天饮用的酒精量不超过25 g，女性不超过15 g。心理平衡，是指一种良好的心理状态，即能够恰当地评价自己，应对日常生活中的压力，进行有效的工作和学习，对家庭和社会有所贡献的良好状态。乐观、开朗、豁达的生活态度，将目标定在自己能力所及的范围内，建立良好的人际关系，积极参加社会活动等均有助于个体保持自身的心理平衡状态。

4.劳逸结合，每天保证7~8 h睡眠。

任何生命活动都有其内在节律性。生活有规律，对健康十分重要。要注意劳逸结合，起居有则。工作、学习、娱乐、休息、睡眠都要按作息规律进行。一般成人每天要保证 7~8 h 睡眠,睡眠时间不足不利于健康。

5.吸烟和被动吸烟会导致癌症、心血管疾病、呼吸系统疾病等多种疾病。

烟草烟雾含有 4000 余种化学物质，包括几十种致癌物以及一氧化碳等有害物质。吸烟损害体内几乎所有器官,可引发癌症、冠心病、慢性阻塞性肺病、白内障、性功能勃起障碍、骨质疏松等多种疾病。与非吸烟者相比,吸烟者死于肺癌的风险提高 6~13 倍,死于冠心病的风险提高 2 倍,死于慢性阻塞性肺病的风险提高 12~13 倍。烟草烟雾不仅损害吸烟者的健康,也威胁着暴露于二手烟环境的非吸烟者;被动吸烟导致患肺癌的风险升高约 20%,患冠心病的风险升高约 30%。据统计,我国每年死于吸烟相关疾病的人数超过 100 万,占死亡总人数的 12%。吸烟导致的多种慢性疾病给整个社会带来了沉重的负担。

6.戒烟越早越好,什么时候戒烟都为时不晚。

吸烟者戒烟越早越好,任何时候戒烟都不晚,只要有戒烟的动机并掌握一定的技巧,都能做到彻底戒烟。35 岁以前戒烟,因吸烟引起心脏病的机会可降低 90%,59 岁以前戒烟,在 15 年内死亡的可能性仅为继续吸烟者的一半，即使年过 60 岁戒烟,其肺癌死亡率仍大大低于继续吸烟者。

7.保健食品不能代替药品。

保健食品指具有特定保健功能,适宜于特定人群食用,具有调节机体功能,不以治疗疾病为目的的食品。

卫生行政部门对审查合格的保健食品发给《保健食品批准证书》,获得《保健食品批准证书》的食品准许使用保健食品标志。保健食品标签和说明书必须符合国家有关标准和要求。

8.环境与健康息息相关,保护环境可以促进健康。

人类所患的许多疾病都与环境污染有很大的关系。无节制地消耗资源和污染环境是造成环境恶化的根源。每个人都有爱护环境卫生,保护环境不受污染的责任。

要遵守保护环境的法律法规,遵守讲求卫生的社会公德,自觉养成节约资源、不污染环境的良好习惯,努力营造清洁、舒适、安静、优美的环境,保护和促进人类健康。

9.献血助人利己,提倡无偿献血。

献血救人,是人类文明的表现。无偿献血利国、利己、利家人。

适量献血是安全、无害的。健康的成年人,每次采集的血液量一般为 200~400 mL,两次采集间隔期不少于 6 个月。

《中华人民共和国献血法》规定,“国家提倡十八周岁至五十五周岁的健康公民自愿献血”,“对献血者,发给国务院卫生行政部门制作的无偿献血证书,有关单位可以给予适当补贴”。

血站是采集、提供临床用血的机构,一定要到国家批准采血的血站献血。

10.成人的正常血压为收缩压低于 140 mmHg,舒张压低于 90 mmHg;腋下体温为 36~37 ℃;平静呼吸 16~20 次/min;脉搏 60~100 次/min。

《中国高血压防治指南》(2005 年修订版)提出高血压诊断标准为收缩压≥140 mmHg 或舒张压≥90 mmHg。收缩压达到 120~139 mmHg 或舒张压达到 80~89 mmHg时,称血压正常高值,应当向医生咨询。情绪激动、紧张、运动等许多因素对血压都有影响,诊断、治疗高血压必须由医生进行。

成人的正常腋下体温为 36~37 ℃,早晨略低,下午略高,24 h 内波动不超过 1 ℃;老年人体温略低,月经期前或妊娠期妇女体温略高;运动或进食后体温略高。体温高于正常范围称为发热,见于感染、创伤、恶性肿瘤、脑血管意外及各种体腔内出血等。体温低于正常范围称为体温过低,见于休克、严重营养不良、甲状腺功能低下及过久暴露于低温条件下等。

正常成人安静状态下,呼吸频率为 16~20 次/min,随着年龄的增长逐渐减慢。呼吸频率超过 24 次/min 称为呼吸过速,见于发热、疼痛、贫血、甲状腺功能亢进及心力衰竭等。呼吸频率低于 12 次/min 称为呼吸过缓,见于颅内高压、麻醉药过量等。

成人正常脉搏为 60~100 次/min,女性稍快;儿童平均为 90 次/min,婴幼儿可达 130 次/min;老年人较慢,为 55~60 次/min。脉搏的快慢受年龄、性别、运动和情绪等因素的影响。

11.避免不必要的注射和输液,注射时必须做到"一人一针一管"。

注射和输液等医疗操作都有一定传播疾病的风险,因此在治疗疾病时应做到遵从医嘱,能吃药就不打针,能打针就不输液。

与他人共用注射器可传播乙型肝炎、丙型肝炎、艾滋病等疾病。必须注射或者输液时,应做到"一人一针一管",即每一个人每次注射时都必须单独使用一次性注射器或经过消毒的注射针管、针头,不能只换针头不换针管。

12.从事有毒有害工种的劳动者享有职业保护的权利。

《中华人民共和国职业病防治法》明确规定,劳动者依法享有职业卫生保护的权利。保护劳动者免受不良工作环境对健康的危害,是用人单位的责任。用人单位应当为劳动者创造符合国家职业卫生标准和卫生要求的工作环境和条件,并采取措施保障劳动者获得职业卫生保护。主要保障措施包括:用人单位必须和劳动者签订劳动合同,合同中必须告知劳动者其工作岗位可能存在的职业危害;必须按照设计要求配备符合要求的职业病危害防护设施和个人防护用品;必须对作业场所职业病危害的程度进行监测、评价与管理;必须按照职业健康监护标准对劳动者进行健康检查并建立劳动者健康监护档案;对由于工作造成的健康损害和患职业病的劳动者应予以积极治疗和妥善安置,并给予工伤待遇。劳动者要知晓用法律手段保护自己应有的健康权益。

13.接种疫苗是预防一些传染病最有效、最经济的措施。

疫苗指为预防、控制传染病的发生、流行,用于人体预防接种的预防性生物制品。相对于患病后的治疗和护理,接种疫苗所花费的钱是很少的。接种疫苗是预防传染病最有效、最经济的手段。

疫苗分为两类。一类疫苗,指政府免费向公民提供,公民应当依照规定受种的疫苗;二类疫苗,指由公民自费并且自愿受种的疫苗。

预防接种效果与接种起始时间、接种间隔、接种途径、接种剂量等均有密切关系,需要按照一定的免疫程序进行,因故错过接种的要尽快补种。

14.肺结核主要通过病人咳嗽、打喷嚏、大声说话等产生的飞沫传播。

肺结核病是由结核杆菌(结核菌)引起的呼吸道传染病。痰中有结核菌的病人有传染性,具有传染性的病人咳嗽、打喷嚏、大声说话时,结核菌会通过喷出的飞沫传播到空气中。健康人吸入带有结核菌飞沫的空气,结核菌就会进入体内。如果此时抵抗力低或结核菌毒力强就可能患结核病。

为了预防结核病,儿童出生后应及时接种卡介苗。平时要经常锻炼身体,增强体质。工作、生活场所要注意通风。具有传染性的肺结核病人应当积极治疗,尽量少去公共场所,必须外出时应佩戴口罩。在咳嗽、打喷嚏时要用纸或手绢捂住口鼻。

15.出现咳嗽、咳痰2周以上,或痰中带血,应及时检查是否得了肺结核。

早期诊断肺结核病可以提高治愈率,减少传播他人的可能性。连续2周以上咳嗽、咳痰,通常是肺结核的一个首要症状;如果经过抗感冒治疗2周以上无效,或同时痰中带有血丝,就有可能是得了肺结核病。其他常见的症状有低热、盗汗、乏力、体重减轻等。

16.坚持正规治疗,绝大部分肺结核病人能够治愈。

目前,我国对肺结核病人实行免费检查和免费抗结核药物治疗。病人可到所在地的结核病防治机构接受免费检查和治疗。对肺结核病人采取为期6~8个月直接督导下的短程化疗(DOTS),是当前治疗结核病的最主要方法,其他治疗均为辅助治疗。正规治疗2~3周后,肺结核病人的传染性就会大大降低。得了肺结核病并不可怕,只要坚持正规治疗,绝大多数病人是可以治愈的。按照医生要求,坚持全程、按时、按量服药是治愈的最重要条件,否则会转化为难以治疗的耐药结核病。

17.艾滋病、乙肝和丙肝通过性接触、血液和母婴三种途径传播,日常生活和工作接触不会传播。

艾滋病、乙肝和丙肝病毒主要通过血液、性接触和母婴途径传播,不会借助空气、水或食物传播。日常工作和生活中与艾滋病、乙肝、丙肝病人或感染者的一般接触不会被感染。艾滋病和乙肝、丙肝一般不会经马桶圈、电话机、餐饮具、卧具、游泳池或公共浴池等公共设施传播,不会通过一般社交上的接吻、拥抱传播,也不会通过咳嗽、蚊虫叮咬等方式传播。

18.蚊子、苍蝇、老鼠、蟑螂等会传播疾病。

蚊子可以传播疟疾、乙脑、登革热等疾病。要搞好环境卫生,消除蚊子滋生地。根据情况选用纱门、纱窗、蚊帐、蚊香、杀虫剂等防蚊灭蚊用品,防止蚊子叮咬。

苍蝇可以传播霍乱、痢疾、伤寒等疾病。要使用卫生条件好的厕所,管理好垃圾、粪便、污物，使苍蝇无处滋生。要注意保管好食物，防止苍蝇叮爬。

杀灭苍蝇可以使用苍蝇拍、灭蝇灯等。

老鼠可以传播鼠疫、流行性出血热、钩端螺旋体病等多种疾病。要搞好环境卫生，减少老鼠的藏身之地；收藏好食品，减少老鼠对食物的污染。捕捉、杀灭老鼠可以用鼠夹、鼠笼等灭鼠工具，也可以利用蛇、猫、猫头鹰等老鼠的天敌灭鼠，还可以使用安全、高效的药物灭鼠。要注意灭鼠药的保管和使用方法，防止人畜中毒。

蟑螂可以传播痢疾、伤寒等多种疾病。要搞好室内外卫生，减少蟑螂藏身的场所，还可以使用药物杀灭蟑螂。

19.异常肿块、腔肠出血、体重减轻是癌症重要的早期报警信号。

重视癌症早期危险信号有利于及早发现、及时治疗。癌症早期危险信号有：乳腺、颈部、皮肤和舌等身体浅表部位出现经久不消或逐渐增大的肿块；体表黑痣和疣等在短期内色泽加深或变浅、迅速增大、脱毛、瘙痒、渗液、溃烂等；吞咽食物有哽噎感，胸骨后闷胀不适、疼痛，食管内有异物感；皮肤或黏膜有经久不愈的溃疡，有鳞屑、脓苔覆盖、出血和结痂等；持续性消化不良和食欲减退；便秘、腹泻交替出现，大便变形、带血或黏液；持久性声音嘶哑，干咳，痰中带血；耳鸣，听力减退；鼻血、鼻咽分泌物带血和头痛；月经期外或绝经后阴道不规则出血，特别是接触性出血；无痛性血尿，排尿不畅；不明原因的发热、乏力、进行性体重减轻等。

改变不良生活习惯可以预防某些癌症的发生。如戒烟可使人体远离肺癌等多种癌症，合理饮食可以减少结肠癌、乳腺癌、食管癌、肝癌和胃癌的发生，积极预防和治疗乙型肝炎病毒、幽门螺杆菌等感染，可以减少相关癌症的发生。

“早发现，早诊断，早治疗”是提高癌症治愈水平的关键。癌症综合康复治疗可以有效提高癌症患者的生存时间和生命质量。

20.遇到呼吸、心跳骤停的伤病员，可通过人工呼吸和胸外心脏按压急救。

心肺复苏(CPR)可以在第一时间恢复病人呼吸、心跳，挽救伤病员生命，主要用于心脏性猝死等危重急症以及触电、淹溺、急性中毒、创伤等意外事件造成的心跳、呼吸骤停。以心前区叩击、自动体外心脏除颤器及胸外心脏按压等方法来恢复心跳；以开放气道、人工呼吸等来恢复呼吸。

21.应该重视和维护心理健康，遇到心理问题时应主动寻求帮助。

每个人一生中都会遇到各种心理卫生问题，重视和维护心理健康非常必要。

心理卫生问题能够通过调节自身情绪和行为，寻求情感交流和心理援助等方法解决。采取乐观、开朗、豁达的生活态度，把目标定在自己能力所及的范围内，调适对社会和他人的期望值，建立良好的人际关系，培养健康的生活习惯和兴趣爱好，积极参加社会活动等，均有助于保持和促进心理健康。

如果怀疑有明显心理行为问题或精神疾病，要及早去精神专科医院或综合医院的心理科或精神科咨询、检查和诊治。

精神疾病是可以预防和治疗的。被确诊患有精神疾病者，应及时接受正规治疗，遵照医嘱全程、不间断、按时按量服药。积极向医生反馈治疗情况，主动执行治疗方案。通过规范治疗，多数患者病情可以得到控制，减少对正常生活的不良影响。

22.每个人都应当关爱、帮助、不歧视病残人员。

艾滋病、乙肝等传染病病原携带者和病人、精神疾病患者、残疾人都应得到人们的理解、关爱和帮助，这不仅是预防、控制疾病流行的重要措施，也是人类文明的表现，更是经济、社会发展的需要。

在生活、工作、学习中，要接纳艾滋病、乙肝等传染病病原携带者和病人，不要让他们感受到任何歧视。要鼓励他们和疾病作斗争，积极参与疾病的防治工作。对精神疾病患者，要帮助他们回归家庭、社区和社会；病人的家庭成员要积极帮助他们接受治疗和康复训练，担负起照料和监护的责任。对残疾人和康复后的精神疾病患者，单位和学校应该理解、关心和接纳他们，为他们提供适当的工作和学习条件。

23.在流感流行季节前接种流感疫苗可减少患流感的机会或减轻流感的症状。

流行性感冒(流感)不同于普通感冒，是一种严重的呼吸道传染病，在我国多发生在冬春季节。在流感流行季节前接种和流感病毒匹配的流感疫苗可预防流感。儿童、老人、体弱者等容易感染流感的人群，应当在医生的指导下接种流感疫苗。

24.妥善存放农药和药品等有毒物品，谨防儿童接触。

家中存放的农药、杀虫剂和药品，应当分别妥善存放于橱柜或容器中，并在外面加锁。有毒物品不能与粮油、蔬菜等同室存放，特别要防止儿童接触，以免发生误服中毒事故。已失效的农药和药品不可乱丢乱放，防止误服或污染食物、水源。

25.发生创伤性出血，尤其是大出血时，应立即包扎止血；对骨折的伤员不应轻易搬动。

受伤出血时，应立即止血，以免出血过多损害健康甚至危及生命。小的伤口只要简单包扎即可止血。对较大、较深的伤口，可以压迫出血处上方(伤口若在四肢上，选择靠近心脏一侧)血管止血，例如指压止血、加压包扎止血、止血带止血等。在对骨折伤员进行急救时，在搬移前应当先固定骨折部位，以免刺伤血管、神经，不要在现场进行复位。

如果伤势严重，应当在进行现场急救的同时，拨打“120”急救电话。

二、健康生活方式与行为

26.勤洗手，常洗澡，不共用毛巾和洗漱用具。

用正确的方法洗手能有效地防止感染及传播疾病。每个人都应养成勤洗手的习惯，特别是制备食物前要洗手，饭前便后要洗手，外出回家后先洗手。用清洁的流动水和肥皂洗手。

勤洗头、理发，勤洗澡、换衣，能及时清除毛发中、皮肤表面、毛孔中的皮脂、皮屑等新陈代谢产物以及灰尘、细菌，同时还能起到维护皮肤、调节体温等功能，防止皮肤发炎、长癣。

洗头、洗澡和擦手的毛巾，必须干净，并且做到"一人一盆一巾"，不与他人共用毛巾和洗漱用具，防止沙眼、急性流行性结膜炎（俗称红眼病）等接触性传染病传播；也不要与他人共用浴巾洗澡，防止感染皮肤病。

27.每天刷牙，饭后漱口。

提倡每天早、晚刷牙。如一天仅刷一次，应选择睡前。用正确方法刷牙，不共用牙刷。牙刷要保持清洁，最好每3个月更换一次牙刷。

吃东西后要漱口，以便清除口腔内食物残渣，保持口腔卫生。

28.咳嗽、打喷嚏时遮掩口鼻，不随地吐痰。

肺结核病、流行性感冒、流行性脑脊髓膜炎、麻疹等常见呼吸道传染病的病原体可随患者咳嗽、打喷嚏、大声说话、随地吐痰时产生的飞沫进入空气，传播给他人。所以不要随地吐痰，咳嗽、打喷嚏时要注意遮掩口鼻，这也是当今社会文明素养的表现。

29.不在公共场所吸烟，尊重不吸烟者免于被动吸烟的权利。

世界卫生组织《烟草控制框架公约》指出，接触二手烟雾（被动吸烟）会造成疾病、功能丧失或死亡。被动吸烟不存在所谓的"安全暴露"水平。在同一建筑物内，划分吸烟区和非吸烟区将吸烟者和非吸烟者分开，或净化空气、装置通风设备等，都不能够消除二手烟雾对非吸烟者的危害。

如吸烟区设立在同一建筑物内，二手烟雾会通过暖气、通风、空调系统传送到整个建筑物中的每个角落。即使吸烟人数再少，房间面积再大，也不能依靠通风技术来消除二手烟雾的危害。只有完全无烟环境才能真正有效地保护不吸烟者的健康。

室内公共场所和工作场所完全禁止吸烟是保护人们免受被动吸烟危害的最有效措施，也是对不吸烟者权利的尊重。每一位吸烟者，当吸烟成瘾尚不能戒烟时，请不要当着你的家人、朋友和同事吸烟。吸烟请到室外。

30.少饮酒，不酗酒。

白酒基本上是纯能量食物，不含其他营养素。经常过量饮酒，会使食欲下降，食物摄入量减少，从而导致多种营养素缺乏、急慢性酒精中毒、酒精性脂肪肝等，严重时还会造成酒精性肝硬化。过量饮酒还会增加患高血压、脑卒中（中风）等疾病的风险，并可导致交通事故及暴力事件的增加，对个人健康和社会安定都是有害的。应该严禁酗酒。尽可能饮用低度酒，建议成年男性一天饮用酒的酒精量不超过25 g，成年女性不超过15 g。孕妇和儿童、青少年不应饮酒。

31.不滥用镇静催眠药和镇痛剂等成瘾性药物。

长时间或者不当服用镇静催眠和镇痛等药物可以上瘾。药物上瘾会损害健康，严重时会改变人的心境、情绪、意识和行为，引起人格改变和各种精神障碍，甚至出现急性中毒乃至死亡。服用镇静催眠药和镇痛药等成瘾性药物一定要在医生的指导下进行，不能滥用。

32.拒绝毒品。

《中华人民共和国刑法》所称的毒品，包括鸦片、海洛因、甲基苯丙胺(冰毒)、吗啡、大麻、可卡因以及国家规定管制的其他能够使人形成瘾癖的麻醉药品和精神药品。

吸毒非常容易成瘾，有的人只吸一支含有毒品的烟就会上瘾。成瘾者应尽快戒毒。

毒品严重危害健康，吸毒危害自己、危害家庭、危害社会。预防毒品危害，应当严格要求自己，绝对不要尝试毒品。

33.使用卫生厕所，管理好人畜粪便。

卫生厕所是指有墙，有顶，厕坑及贮粪池无渗漏，环境卫生，无蝇蛆，基本无臭味，粪便经无害化处理并及时清洁的厕所。

使用卫生厕所，管理好人畜粪便，可以防止蚊蝇滋生，减少肠道传染病与某些寄生虫病的传播流行。

推广使用卫生厕所。家禽、家畜应当圈养，禽畜粪便要妥善处理。

34.讲究饮水卫生，注意饮水安全。

生活饮用水受污染可以传播肠道传染病等疾病，还可能引起中毒。保护健康，要注意生活饮用水安全。

保障生活饮用水安全卫生，首先要保护好饮用水源。提倡使用自来水；受污染水源必须净化或消毒处理后，才能用做生活饮用水。

35.经常开窗通风。

阳光和新鲜的空气是维护健康不可缺少的。

阳光中的紫外线，能杀死多种致病微生物。让阳光经常照进屋内，可以保持室内干燥，减少细菌、真菌繁殖的机会。接受阳光照射能提高人体对钙的吸收能力。

通风不好的屋子，会增加病菌、病毒在室内传播的机会。勤开窗通风，保持屋里空气流通，就可以避免呼吸污浊、有毒的空气，预防呼吸道传染病发生，维护健康。

36.膳食应以谷类为主，多吃蔬菜水果和薯类，注意荤素搭配。

谷类食物是我国居民传统膳食的主体，是人类最好的基础食物，也是最经济的能量来源。以谷类为主的膳食既可提供充足的能量，又可避免摄入过多的脂肪，对预防心脑血管疾病、糖尿病和癌症有益。《中国居民膳食指南》指出成年人每天应摄入250~400 g 的谷类食物。

蔬菜水果是维生素、矿物质、膳食纤维和植物化学物质的重要来源，薯类含有丰富的淀粉、膳食纤维以及多种维生素和矿物质。蔬菜、水果和薯类对保持身体健康，保持肠道功能正常，提高免疫力，降低罹患肥胖、糖尿病、高血压等慢性疾病的风险具有重要作用。《中国居民膳食指南》指出，成年人每天吃蔬菜 300~500 g，水果 200~400 g。

食物可以分为谷类(米、面、杂粮等)和薯类，动物性食物(肉、禽、鱼、奶、蛋等)，豆类和坚果(大豆、其他干豆类、花生、核桃等)，蔬菜和水果，纯能量食物(动植物油、淀粉、糖、酒等)等五类。各种食物所含的营养成分不完全相同，每种食物都至少可提供一种营养物质,任何一种天然食物都不能提供人体所需的全部营养。多种食物组成的膳食,才能满足人体各种营养需求,达到合理营养、促进健康的目的。

37.经常食用奶类、豆类及其制品。

奶类食品营养成分齐全,营养组成比例适宜,容易消化吸收,是膳食钙质的极好来源。儿童青少年饮奶有利于其生长发育和骨骼健康,从而推迟其成年后发生骨质疏松的年龄;中老年人饮奶可以减少其骨质丢失,有利于骨健康。建议每人每天饮奶300 g或相当量的奶制品,对于高血脂和超重肥胖倾向者应选择减脂、低脂、脱脂奶及其制品。

大豆含丰富的优质蛋白质、必需脂肪酸、B族维生素、维生素E和膳食纤维等营养素,且含有磷脂、低聚糖以及异黄酮、植物固醇等多种人体需要的植物化学物质。适当多吃大豆及其制品可以增加优质蛋白质的摄入量,也可防止过多消费肉类带来的不利影响。建议每人每天摄入30~50 g大豆或相当量的豆制品。

38.膳食要清淡少盐。

食用油和食盐摄入过多是我国城乡居民共同存在的膳食问题。盐的摄入量过高与高血压的患病率密切相关。脂肪是人体能量的重要来源之一,但是脂肪摄入过多可以增加患肥胖、高血脂、动脉粥样硬化等多种慢性疾病的危险。应养成吃清淡少盐膳食的习惯,即膳食不要太油腻,不要太咸,不要摄食过多的动物性食物和油炸、烟熏、腌制食物。建议每人每天烹调油用量不超过25 g,食盐摄入量不超过6 g(包括酱油、酱菜、酱中的含盐量)。

39.保持正常体重,避免超重与肥胖。

体重是否正常可用体质指数(BMI)来判断。成人的正常体重是指体质指数在18.5~23.9 kg/m^2之间。计算公式为:BMI=体重(kg)/[身高(m)]^2。

超重和肥胖是心血管疾病、糖尿病和某些肿瘤患病率增加的主要原因之一。进食量和运动是保持健康体重的两个主要因素,食物提供人体能量,运动消耗能量。如果进食量过大而运动量不足,多余的能量就会在体内以脂肪的形式积存下来,增加体重,造成超重或肥胖;相反若食量不足,可由于能量不足引起体重过低或消瘦。体重过高和过低都是不健康的表现,易患多种疾病,缩短寿命。所以,应保持进食量和运动量的平衡,使摄入的各种食物所提供的能量能满足机体需要,而又不造成体内能量过剩,使体重维持在适宜范围。

40.生病后要及时就诊,配合医生治疗,按照医嘱用药。

生病后要及时就诊,早诊断,早治疗,避免延误治疗的最佳时机,这样既可以减少疾病危害,还可以节约看病的花费。在疾病治疗、康复的过程中,必须严格按照医生的治疗方案,积极配合医生治疗。要遵从医嘱按时按量用药,按照医生的要求调配饮食,确定活动量,改善自己的行为。不要乱求医,使用几个方案同时治疗,更不能凭一知半解、道听途说自行买药治疗。

41.不滥用抗生素。

滥用抗生素指不规范地使用,在不必要的情况下使用,超时超量使用或用量不足或疗程不足等。滥用抗生素容易引发致病微生物的耐药性,导致抗生素逐渐失去原有的功效,起不到治疗疾病的作用。滥用某些抗生素还可能导致耳聋(特别是儿童)和人体内菌群失调等,严重时还可能威胁生命。

抗生素是处方药,只能在医生的指导下合理使用。

42.饭菜要做熟,生吃蔬菜水果要洗净。

饭菜要烧熟煮透再吃。吃冰箱里的剩饭菜,应重新彻底加热再吃。碗筷等餐具应定期煮沸消毒。

生的蔬菜、水果可能沾染致病菌、寄生虫卵、有毒有害化学物质。生吃前,应浸泡10 min,再用干净的水彻底洗净。

43.生、熟食品要分开存放和加工。

在食品加工、贮存过程中,如果不注意把生、熟食品分开,例如用切过生食品的刀再切熟食品,盛过生食品的容器再盛放熟食品,熟食品就可能被生食品上的细菌、寄生虫卵等污染,危害人体健康。因此,生、熟食品要分开放置和加工,避免生、熟食品直接或间接接触。

44.不吃变质、超过保质期的食品。

食品保质期是指在食品标签上标注的条件下,保持食品质量(品质)的期限。在此期限内,食品质量符合标签上或产品标准中的规定。

任何食品都有储藏期限,储存时间过长或者储存不当就会受污染或者变质。受污染或者变质的食品不能食用。食物在冰箱里放久了,也会变质;用冰箱保存食物时,要注意生、熟分开,熟食品要加盖储存。

不要吃过期食物。不要吃标注上没有确切生产厂家名称、地址、生产日期和保质期的食品。

45.妇女怀孕后及时去医院体检,孕期体检至少5次,住院分娩。

妇女在确定妊娠后应当及时去医院检查,建立"母子保健手册"。在孕期至少进行5次产前检查,孕早期1次,孕中期1次,孕晚期3次(其中1次在第36周进行)。检查的目的是要了解孕妇怀孕期间生理、心理的变化和胎儿生长发育的情况,给予孕期保健指导。对高危孕妇及其胎儿应增加检查次数,早期诊断,及时治疗或转诊。

孕妇要到有助产技术服务资格的医疗保健机构住院分娩,特别是高危孕妇必须提前住院。医院可以提供科学规范的助产服务技术和诊治抢救条件,最大限度地保障母婴安全。

46.孩子出生后应尽早开始母乳喂养,6个月后合理添加辅食。

孩子出生后1 h内就应开始母乳喂养。母乳是婴儿最理想的天然食品,含有婴儿所需的全部营养,有助于婴儿发育,其还含有大量的抗体,可以增强婴儿的免疫能力,预防感染。同时母乳喂养能增进母子间的情感,促进母亲的健康恢复。应坚持母乳喂养至2岁或2岁以上。

婴儿6个月以后，母乳不能完全满足孩子营养需要，坚持母乳喂养的同时应适时、适量添加辅食。

添加辅食的原则是由一种到多种，由少到多，由细到粗。先添加一种，一般是蛋黄或米粉，婴儿习惯后再添加第二种。从少量开始，逐渐增加。开始添加的辅食形态应为泥糊状，逐步过渡到固体食物。要观察婴儿大便是否正常，婴儿生病期间不应添加新的食物。添加的食物品种应多样化，预防偏食和厌食。

47.儿童青少年应培养良好的用眼习惯，预防近视的发生和发展。

儿童青少年需要从小养成良好的用眼习惯，预防近视的发生和发展。读书写字姿势要端正，眼与书本距离不小于30 cm；连续读写或者看电视、使用电脑1 h要休息片刻，休息时尽可能向远处眺望；不在光线太强或太暗的环境中看书，不躺在床上看书，不边走路边看书，不在行进的车厢里看书。每天做眼保健操，合理膳食，多到户外体育活动，每天睡眠时间不少于7 h，这些对预防近视眼的发生都有积极作用。

已经近视或有其他屈光缺陷者，应该坚持佩带屈光度准确的眼镜。

48.劳动者要了解工作岗位存在的危害因素，遵守操作规程，注意个人防护，养成良好习惯。

劳动是每个人的基本需要，但劳动者必须知道许多工作对自己的健康是有影响的，甚至可能造成疾病。工作岗位可能存在有毒有害的化学物质，如粉尘、铅、苯、汞等，也可能存在有害的物理因素，如噪声、振动、高低气压、电离辐射等，劳动者过量暴露于上述有害因素中，会对健康造成损害，严重时会引起职业病，如矽肺、煤工尘肺、铅中毒、苯中毒等。工作中过量接触放射性物质则会引起放射病。劳动者必须具有自我保护的意识和知识，要知道自己的工作岗位有什么有害因素，会引起什么样的健康损害，要知道如何预防这些危害。要知道许多职业中毒是由于生产事故使有害物质大量泄漏而引起的，因此劳动者必须严格遵守各项劳动操作规程，掌握个人防护用品的正确使用方法，例如防护帽或者防护服、防护手套、防护眼镜、防护口(面)罩、防护耳罩(塞)、呼吸防护器和皮肤防护用品等，并且养成习惯。必须知道发生事故后如何防身、逃生，如何自救和他救。长期接触职业性有害因素，必须参加定期的职业健康检查，如果被诊断得了慢性职业病，必须及时治疗，避免继续大量接触，或调换工作。

49.孩子出生后要按照计划免疫程序进行预防接种。

预防接种是每个儿童的基本卫生权利。为了保护儿童健康，根据疾病的流行特征和疫苗的免疫效果，我国制定了国家免疫规划和国家免疫规划疫苗的免疫程序，对计划接种疫苗的种类、接种起始时间、接种间隔、接种途径、接种剂量等作了明确规定。

我国规定，免费为儿童提供国家免疫规划的疫苗包括口服脊髓灰质炎疫苗，卡介苗，百日咳、白喉、破伤风联合疫苗，麻疹、风疹、腮腺炎联合疫苗，乙肝疫苗，甲肝疫苗，乙脑疫苗，流脑疫苗 8 种，可预防 12 种传染病。

孩子出生后必须严格按照国家免疫规划疫苗的免疫程序进行预防接种。每个家长都应该按照国家免疫规划疫苗的免疫程序按时带孩子接种疫苗。

50.正确使用安全套，可以减少感染艾滋病、性病的危险。

在性接触中正确使用安全套，可以减少艾滋病、乙肝和大多数性传播疾病的危险。

不要重复使用安全套，每次使用后应打结后丢弃。

51.发现病死畜禽要报告，不加工、不食用病死畜禽。

许多疾病可以通过动物传播，例如鼠疫、狂犬病、非典型肺炎、高致病性禽流感等。预防动物把疾病传播给人，要做到尽量不与病畜、病禽等患病的动物接触；不加工、不食用病死畜禽；不加工、不食用不明原因死亡的畜禽；不吃生的或未煮熟煮透的猪、牛、羊、鸡、鸭、兔及其他肉类食品；不吃生的或者未煮熟煮透的淡水鱼、虾、螺、蟹、蛙等食物；接触畜、禽后要洗手；发现病死畜、禽要及时向畜牧部门报告；病死畜禽按照畜牧部门的要求妥善处理。

52.家养犬应接种狂犬病疫苗；人被犬、猫抓伤或咬伤后，应立即冲洗伤口，并尽快注射抗血清和狂犬病疫苗。

狂犬病发作后不能治愈，但却是可以预防的。人一旦被犬、猫抓伤、咬伤(或破损伤口被舔)，要立刻用肥皂水和流动清水及时彻底地冲洗伤口，然后用酒精消毒；并尽快到医院或疾病预防控制中心就医，对伤口作进一步处理，并且接种狂犬病疫苗。狂犬病疫苗的接种一定要按照程序按时全程足量注射。如果伤口出血，还要注射抗狂犬病血清或免疫球蛋白。

为控制狂犬病传播，养狗者要为狗接种兽用疫苗，防止狗发生狂犬病继而传播给人。带狗外出时，一定要使用狗链，或给狗戴上笼嘴，防止咬伤他人。

53.在血吸虫病疫区，应尽量避免接触疫水；接触疫水后，应及时进行预防性服药。

血吸虫病是严重危害健康的寄生虫病，人和家畜接触了含有血吸虫尾蚴的水(简称疫水)，就可能感染此病。血吸虫病感染主要发生在每年的 4~10 月。

为预防血吸虫病，不要在有钉螺(血吸虫的生存繁殖离不开钉螺)的湖水、河塘、水渠里游泳、戏水、捕鱼、捞虾、洗衣、洗菜或进行其他活动。因生产、生活和防汛需要接触疫水时，要采取涂抹防护油膏，穿戴防护用品等措施。接触疫水后要及时到当地医院或血吸虫病防治机构检查或接受预防性治疗。

54.食用合格碘盐，预防碘缺乏病。

碘缺乏病是自然环境缺碘导致人体碘摄入量不足引起的。缺碘对人的最大危害是影响智力发育。严重缺碘会造成生长发育不良，身材矮小，痴呆等。孕妇缺碘会影响胎儿大脑的发育，还会引起早产、流产、胎儿畸形。

坚持食用碘盐能有效预防碘缺乏病。孕妇、哺乳妇女、学龄前儿童还应多吃海带等含碘多的食物。

自然环境碘含量高的地区的居民、甲状腺功能亢进病人、甲状腺炎病人等少数人群不宜食用碘盐。

55.每年做一次健康体检。

定期进行健康体检,可以了解身体健康状况,及早发现健康问题和疾病,以便有针对性地改变不良的行为习惯,减少健康危险因素;对检查中发现的健康问题和疾病,要抓住最佳时机及时采取措施。

56.系安全带(或戴头盔)、不超速、不酒后驾车能有效减少道路交通伤害。

在道路交通碰撞中,安全带可以降低40%~50%的伤害危险以及40%~60%的致命伤害危险,佩戴摩托车头盔可将头部伤害及其严重程度降低约70%。血液酒精含量每增加2%,发生危及生命的道路碰撞事故危险就增加100倍。为了对自己的健康负责,对社会、对家庭负责,开车(或者乘车)时,一定要按照交通法规系安全带(或戴头盔)、不超速、不疲劳驾驶、不酒后驾车。

57.避免儿童接近危险水域,预防溺水。

溺水是我国1~14岁儿童意外伤害死亡的第一位原因,要加强对儿童游泳的监管。

少年儿童游泳要有人带领或有组织地进行,不要单独下水。游泳的场所,最好是管理状况好的游泳池。在天然水域游泳,要选择水质清洁、无污染,水底地面较平坦,无杂草,无有害动物的水域,不能到情况不明的水域游泳。风浪较大或下雨时,不要在天然水域游泳。下水前,要认真做准备活动,以免下水后发生肌肉痉挛等问题。游泳时还应注意不要打闹,不要在天然水域跳水。

58.安全存放农药,依照说明书使用农药。

农药可经口、鼻、皮肤等多种途径进入人体,使人中毒。

购买农药要使用专门的器具,特别是不能把农药放在菜篮子或米箩里。保管敌敌畏、乐果等易挥发失效的农药时,一定要把瓶盖拧紧。施用农药时,要严格按照说明书并且遵守操作规程,注意个人防护。严禁对收获期的粮食、蔬菜、水果施用农药。严防农药污染水源。

对误服农药中毒者,如果患者清醒,要立即设法催吐。经皮肤中毒者要立即冲洗污染处皮肤。经呼吸道中毒者,要尽快脱离引起中毒的环境。

中毒较重者要立即送医院抢救。

59.冬季取暖注意通风,谨防煤气中毒。

冬季使用煤炉、煤气炉或液化气炉取暖时,由于通风不良,供氧不充分或气体泄漏,可产生大量一氧化碳蓄积在室内,造成人员中毒。预防煤气中毒要做到:尽量避免在室内使用炭火盆取暖,使用炉灶时要注意通风,保证充足的氧气供应;要安装风斗和烟筒,出风口不能朝向风口,定期清理烟筒,保持通畅;在使用液化气时也要注意通风换气,经常查看煤气、液化气管道、阀门,如有泄漏应及时请专业人员维修;在煤气、液化气灶上烧水、做饭时,要注意看管,防止水溢火灭导致煤气泄漏。如发生泄漏，要立即关闭阀门、打开门窗，使室内空气流通。煤气中毒后，轻者感到头晕、头痛、四肢无力、恶心、呕吐，重者可出现昏迷、体温降低、呼吸短促、皮肤青紫、唇色樱红、大小便失禁。抢救不及时，会危及生命。有人中毒，应当立即把中毒者移到室外通风处，解开衣领，保持呼吸顺畅。中毒较重者应立即呼叫救护车送医院抢救。

三、基本技能

60.需要紧急医疗救助时拨打“120”急救电话。

需要紧急医疗救助时，拨打“120”急救电话求助。电话接通后应当简要说明需要救护者的病情、人数、所在地址以及伤病者的姓名、性别、年龄、联系电话以及报告人的电话号码与姓名。

61.能看懂食品、药品、化妆品、保健品的标签和说明书。

定型包装食品和食品添加剂，必须在包装标注或者产品说明书上标出品名、产地、厂名、生产日期、批号或者代号、规格、配方或者主要成分、保质期限、食用或者使用方法等。不得有夸大或者虚假的宣传内容。在国内市场销售的食品，必须有中文标志。药品标签或者说明书上必须注明药品的通用名称、成分、规格、生产企业、批准文号、产品批号、生产日期、有效期、适应证、禁忌证或者功能主治、用法、用量、不良反应和注意事项。麻醉药品、精神药品、医疗用毒性药品、放射性药品、外用药品和非处方药的标签，必须印有规定的标志。非处方药标签印有红色或绿色“OTC”字样，可以按照说明书使用；其他药物必须在医生指导下使用。

化妆品标签上应当注明产品名称、厂名、生产企业卫生许可证编号，小包装或者说明书上应当注明生产日期和有效使用期限。特殊用途的化妆品，还应当注明批准文号。对可能引起不良反应的化妆品，说明书上应当注明使用方法、注意事项。进口化妆品必须有中文标签。化妆品标签、小包装或者说明书上不得注有适应证，不得宣传疗效，不得使用医疗术语。

保健食品标签和说明书不得有明示或者暗示治疗作用以及夸大功能作用的文字，不得宣传疗效作用。必须标明主要原（辅）料，功效成分或标志性成分及其含量，保健作用和适宜人群、不适宜人群，食用方法和适宜的食用量，规格，保质期，贮藏方法和注意事项，保健食品批准文号，卫生许可证文号，保健食品标志等。

62.会测量腋下体温。

腋下体温测量方法：先将体温计度数甩到 35 ℃以下，再将体温计水银端放在腋下最顶端后夹紧，5 min 后取出读数。

63.会测量脉搏。

脉搏测量方法：将食指、中指和无名指指腹平放于手腕桡动脉搏动处，计 1 min 的搏动次数。

64.会识别常见的危险标志，如高压、易燃、易爆、剧毒、放射性、生物安全等，远离危险物。

为了减少伤害，应该远离高压、易燃、易爆、剧毒、放射性、具有生物危害等危险物。识别常见的危险标志是保护自身安全的关键。危险标志是由安全色、几何图形和图形符号构成的，用以表达特定的危险信息。使用危险标志的目的是提醒人们对周围环境引起注意，以避免可能发生的危险，防止事故的发生，起到保障安全的作用。但要注意，危险标志只起提醒和警告的作用，它本身不能消除任何危险，也不能取代预防事故的相应设施。

65.抢救触电者时，不应直接接触触电者的身体，首先应切断电源。

发现有人触电，要立即关闭电源，也可以用不导电的物体将触电者与电源分开。千万不要直接接触触电者的身体，防止救助者发生触电。

触电者触电后应当尽可能自救，可以一边呼救，一边奋力跳起，使流经身体的电流断开，并抓住电线的绝缘处用力拉出，摆脱电源。如果引起触电的电器是固定在墙上，可以用脚猛力蹬墙，同时身体后仰摆脱电源。

66.发生火灾时，会隔离烟雾、用湿毛巾捂住口鼻、低姿逃生，会拨打火警电话“119”。

突遇火灾时，如果无力灭火，应当不顾及财产，迅速逃生。由于火灾会引发有毒烟雾产生，所以在逃生时，应当用潮湿的毛巾或者衣襟等捂住口鼻，用尽可能低的姿势，有秩序地撤离灾害现场。

到陌生场所应先熟悉安全通道。发现火灾，应立即拨打“119”火警电话报警。

第八章 健康体检

学校健康体检是指应用医学体检手段对学校学生进行体格检查,亦称学校预防保健性体检。

第一节 中小学生健康体检管理办法

为了贯彻落实《中共中央国务院关于加强青少年体育增强青少年体质的意见》精神,根据《学校卫生工作条例》、《国家学校体育卫生条件试行基本标准》、《预防性健康检查管理办法》的规定要求,特制定本管理办法。

根据《健康体检管理办法》的基本要求,新生入学应建立健康档案。学校应组织所有入学新生进行健康体检,建立健康档案。小学新生可在家长或监护人的陪伴下前往指定的健康体检机构或由健康体检机构人员前往学校进行健康体检。在校学生每年进行一次常规健康体检,健康体检的场所可以设置在医疗机构内或学校内。设置在学校内的体检场地,应能满足健康体检对检查环境的要求。

一、健康体检项目

在健康体检之前,应进行病史询问。以下为体检中包含的项目。

内科常规检查:心、肺、肝、脾;

眼科检查:视力、沙眼、结膜炎、色觉;

口腔科检查:牙齿、牙周;

外科检查:头部、颈部、胸部、脊柱、四肢、皮肤、淋巴结;

形体指标检查:身高、体重;

生理功能指标检查:血压、脉搏、肺活量;

实验室检查:结核菌素试验、谷丙转氨酶、胆红素。

其他项目应根据国家相关法律、法规、规定,或根据地方具体情况,进行适当增补。涉及实验室和影像学的检查必须在医疗机构内完成。

二、健康体检机构资质

(一)机构资质

健康体检的机构必须具有法人资格,持有有效的《医疗机构执业许可证》,为政府设立的公立性医疗机构(包括教育行政部门所属的区域性中小学卫生保健机构)。学生健康体检机构须报经学校主管教育行政部门备案,能独立开展学生健康检查工作,有独立、固定的办公场所和足够的学生健康检查场所等工作条件,以及必备的合格的医疗检查设备与检验仪器,有健全的规章制度和国家制定或认可的医疗护理技术操作规程。

(二)人员

体检岗位应设置合理,管理职责明确,有足够的与学生健康体检项目相适应的管理、技术、质量控制和统计人员。按体检项目确定从事健康体检的人员,每个体检项目不得少于 1 人(检验人员不少于 2 人)。专业技术负责人应熟悉本专业业务,技术人员的专业应与学生健康检查的项目相符合。内科、外科、口腔科、眼科检查及实验室检验的人员必须具有相应的专业技术职务任职资格；各专业体检医师至少有 1 人具有中级以上专业技术职务任职资格。具有中级以上专业技术职务任职资格的人员不得少于从事学生健康检查总人数的 30%。

(三)场所

体检应有独立于医院诊疗区之外的健康人群体检场所,并设有专门的检查室及辅助功能设施。要有学生集合场地及室内候诊区(不小于 20 m^2);男女分开的内科、外科检查室(各不少于 1 间);眼科、口腔科检查室;化验室与消毒供应室;男、女卫生间等。体检场所应按照《医院消毒技术规范》的要求进行消毒处理,保证卫生安全。医疗废物处理应符合国务院《医疗废物管理条例》的规定。生物样本的采集和留存应符合国家有关卫生标准的规定和相关检验技术规范的要求,生物样本的运输应按照国家相关规定执行。

(四)设备和器材

体检所需的医疗检查设备与检验仪器的种类、数量、性能、量程、精度能满足工作需要,并能良好运行,定期校验。学生体检表由各省(区、市)卫生行政部门统一制定。健康体检机构应有良好的内务管理,检查仪器放置合理,便于操作,配有必要的消毒、防污染、防火、控制进入等安全措施。检测方法应尽可能采用国际、国家、行业或地方规定的方法或标准。

体检报告按照规定书写、更改、审核、签章、分发、保存和统计。开展健康体检的机构应按照有关规定收取体检费用。

三、健康体检培训与考核

参加学生健康体检的机构及人员必须进行统一培训,使用统一体检标准。县级以上卫生行政部门负责组织健康体检人员的培训、考核。健康体检人员必须经培训考核合格后方可上岗,进行健康体检。

第二节 健康检查结果反馈与档案管理

学生健康体检机构在体检结束后，应分别向学生或家长、学校和当地教育行政部门反馈学生个体健康体检结果与学生群体健康评价结果。健康体检机构以个体报告单（表 8-1）形式向学生反馈健康体检结果，以学校汇总报告单形式向学校反馈学生体检结果，将所负责的体检学校的学生体检结果统计汇总，以区域学校汇总报告单形式上报当地教育行政部门，当地教育行政部门再逐级上报健康体检报告单内容、对体检结果的综合评价以及健康指导建议。学校汇总报告单内容应包括学校不同年级男女生的生长发育、营养状况的分布、视力不良、龋齿检出率、传染病或缺陷的检出率、不同年级存在的主要健康问题以及健康指导意见。

学校汇总报告单应于检查后 1 个月内反馈给学校；区域学校汇总报告单应于检查后 2 个月内反馈当地教育行政部门。学校和教育行政部门应将学生健康档案纳入学校档案管理内容，实行学生健康体检资料管理制度，同时根据学生健康体检结果和体检单位给出的健康指导意见，研究制定促进学生健康的措施，有针对性地开展促进学生健康的各项工作。

义务教育阶段学生健康体检的费用由学校公用经费开支，学生健康体检经费管理（拨付）办法由省级教育、财政部门共同制定。

表 8-1 中小学生健康体检表

__________区(县)__________学校_____届_____班 学号________

姓名__________ 性别______ 民族______ 出生地________________

出生日期________年____月____日 现住址____________________

项目 \ 学年 日期			一		二		三		四	
发育及营养状况										
身高(cm)										
体重(kg)										
肺活量(mL)										
血压(mmHg)										
脉搏(次/分)										
视力		项目	右	左	右	左	右	左	右	左
视力	上学期	裸眼视力								
视力	上学期	近视力								
视力	下学期	裸眼视力								
视力	下学期	近视力								
色觉										
沙眼										
结膜炎										
心脏										
肺										
肝脾										
头颈										
胸部										
脊柱										
四肢关节										
皮肤淋巴										
血色素										
*便检										
*肝功能										
*PPD 试验										
既往病史										
体检机构										

注:* 表示特定人群检查项目。

第九章　食品安全及环境卫生管理

第一节　学校食品安全隐患

由于经济发展水平限制，特别是农村中小学办学条件较差，学校食品安全工作始终是学校整体工作中的一个薄弱环节。经费投入不足，在校生规模急剧扩大，校舍建设、食堂建设等后勤建设相对滞后，农村学校食堂由于建设条件不达标，无法办理餐饮卫生许可证而进行无证经营，学校后勤社会化改革尚缺乏经验等原因使得学校食品安全存在许多隐患。

1.食堂卫生条件差，设施陈旧，卫生管理混乱。

学校后勤社会化改革，暴露了学校食堂卫生管理工作薄弱等问题：学校将食堂承包给个体经营者后，食堂承包者只顾经济效益，不注重卫生条件的改善，食品安全意识差，食堂防蝇、消毒、保洁措施落实不够全面，个别食堂承包商非法购买劣质猪肉，使病、死猪肉流入学校，加工流程无序；有的学校自建生活饮用水设施，但是缺乏消毒设施，存在食品安全隐患。

2.学校集体食堂从业人员及管理人员法律法规和食品卫生知识缺乏。

临时聘用食堂的从业人员，未经培训和未取得健康证就从事食品生产经营，不具备从业的基本资格，食品卫生安全意识和相关卫生知识匮乏，在加工食品过程中不按照有关规范进行操作，存在食物中毒发生的隐患。

3.学校小卖部销售假冒伪劣食品的问题突出。

有的小卖部出售超过保质期的食品，有的小卖部被查获大量无生产日期、无厂名厂址、无保质期的“三无”食品，有的还出售卫生部明令禁止的直接混装玩具等非食用物品的食品）。学校对小卖部疏于管理，与小卖部签订承包合同后，只负责收取承包经营费，缺乏必要的管理，监管部门管理薄弱。学生的自我保护意识欠缺。

4.部分非法企业打着“学生奶”、“营养餐”的名义，将卫生质量不合格的食品出售给学生。

学校在采购“学生奶”、“营养餐”和其他食品时应向生产经营企业索取卫生许可证和营业执照。在推广旨在改善学生营养状况的计划时，卫生行政部门要配合学校加强对学校供餐单位的监督检查，防止不法分子借机牟利，坑害学生。

5.社会食品卫生总体水平影响学校食品卫生。

我国目前食品卫生总体水平不容乐观。表现在食品的种植、养殖过程中存在的农药、兽药污染问题,一些不法生产经营者为牟取暴利,不顾消费者的安危在食品生产经营中滥用农药、兽药。

6.少数犯罪分子,将作案场所选择在学校食堂,用投毒的方式,进行刑事犯罪。

这些提示我们,学校饮食安全涉及面广,需要各有关部门及全社会密切配合,齐抓共管,切实保障学校的饮食安全。

第二节　学校常见食物中毒

食物中毒,指食用了被有毒有害物质污染的食品或者含有有毒有害物质的食品后出现的以腹痛、呕吐、腹泻等为主要表现的急性、亚急性疾病。严重的群体性食物中毒称为食物中毒事件。

一、食物中毒的原因

1.食品生产、运输或保存等环节卫生管理不当,造成食品被微生物或其他有毒物质污染。

2.食品消费者缺乏相应知识或鉴别能力,误食有毒动植物。

3.违法使用工业原料或其他含有毒物质的原料,生产和销售假冒伪劣食品。

4.在食品中进行人为投毒。

5.进食了发霉、变质、过期的食物。

二、群体性食物中毒的特点

1.中毒病人在相近的时间内均食用过某种共同的食品,未食用者不发病。

2.潜伏期短,发病急剧,短时间内有多人同时发病。

3.所有中毒病人的临床表现基本相似,病程短。

4.停止食用中毒食品后,发病很快停止。

5.人与人之间无传染性。

6.有一定的季节性,例如微生物性食物中毒在夏秋季节高发。

三、学校常见食物中毒

(一)细菌性食物中毒

学生集体食堂引起的食物中毒多为细菌性食物中毒。

1.变质的剩饭、剩菜易中毒

中毒原因:变质的剩饭、剩菜中含有大量的蜡样芽孢杆菌,人们食用变质的剩饭、剩菜就会导致食物中毒。造成剩饭、剩菜变质的原因多为食品存放温度较高(20 ℃以上)和放置时间较长。

中毒表现:潜伏期一般为 8~16 h。可分为呕吐型和腹泻型,或两者兼有。呕吐型症状以恶心、呕吐为主,并有头晕、四肢无力等;腹泻型以腹痛、腹泻为主。中毒症状 8~36 h 可消失,一般不会导致死亡。

2.变质的奶及奶制品易中毒

中毒原因:变质的奶及奶制品中含有大量的葡萄球菌,人们食用后容易引起食物中毒。造成奶及奶制品变质的主要原因是,在较高温度下存放时间过长(如在 25~30 ℃环境中存放 5~15 h),导致产生足以引起中毒的细菌毒素。

中毒表现:进食后 2~4 h 内出现剧烈呕吐,可吐出胆汁和血性胃液,并有头痛、恶心、腹痛、腹泻等症状,一般不发热。中毒后一般 1~3 d 痊愈,很少死亡。

3.变质的鱼虾易中毒

中毒原因:变质的鱼虾类食品中含有大量的副溶血性弧菌和其他细菌,人们食用后极易引起食物中毒。造成鱼虾变质的原因多为在淡盐水中存放时间较长或烹调时未烧熟煮透。

中毒表现:进食后 10 h 左右出现上腹部阵发性绞痛、腹泻,多数患者在腹泻后出现恶心、呕吐。腹泻多为水样便,重者为黏液便和黏血便。呕吐、腹泻严重,失水过多者可引起虚脱并伴有血压下降。大部分病人发病后 2~3 d 恢复正常。少数严重病人由于休克、昏迷而死亡。

4.凉拌菜加工不当易中毒

中毒原因:凉拌菜加工和存放不当会导致细菌污染及大量细菌繁殖,人们食用后会引起食物中毒。凉拌菜加工不当的原因多为存放生、熟食品的工具、容器未严格分开使用;凉菜原料未彻底清洗干净;凉菜加工人员个人卫生习惯不良;冷菜制作间卫生状况差等。

中毒表现:潜伏期一般为 12~16 h,短者 1~3 h,长者 60 h。主要表现为腹痛、腹泻、恶心、呕吐、发热、头晕、头痛、全身无力。重者有脱水、酸中毒、血压下降、惊厥、昏迷、腹痛剧烈(多呈脐周胃部绞痛或刀割样疼痛)、腹泻(多为水样便,一日数次至 10 余次)。体温一般在 38~39 ℃。病程比较短,一般 1~3 d,多数 24 h 内恢复。

5.变质或被污染的肉及肉制品易中毒

中毒原因:变质或被污染的肉类及肉制品中含有大量的蜡样芽孢杆菌,人们食用后极易引起食物中毒。造成肉类及肉制品变质的原因多为生产和销售过程中操作人员(不讲究卫生)通过手污染熟食品;受污染的熟食肉制品在较高的温度下存放较长时间,细菌大量繁殖;使用前未回锅加热或加热不彻底等。

中毒表现:以急性胃肠炎为主,潜伏期一般为 12~24 h,短的为数小时,长则 2~3 d。

主要症状有恶心、呕吐、腹泻、腹痛、头痛、全身乏力和发热等。一般发热38~40 ℃。重病人出现寒战、惊厥、抽搐和昏迷。病程为3~7 d,一般预后良好。但是,老人、儿童和体弱者如不及时进行急救处理也可导致死亡。

(二)真菌性食物中毒

真菌在谷物或其他食品中生长繁殖,产生有毒的代谢产物,人和动物食入这种毒性物质而发生的中毒,称为真菌性食物中毒。真菌生长繁殖及产生毒素需要一定的温度和湿度。一般的烹调方法加热处理不能破坏真菌毒素。

常见真菌中毒主要为霉变甘蔗中毒。霉变甘蔗中存在甘蔗节菱孢霉,其毒素为3–硝基丙酸,是一种神经毒,主要损害中枢神经系统。

中毒症状:潜伏期短,最短仅十几分钟,中毒症状最初为一时性消化道功能紊乱,如恶心、呕吐、腹疼、腹泻、黑便,随后出现神经系统症状,如头昏、头疼、眼黑和复视。

(三)化学性食物中毒

化学性食物中毒是由于食用了受到有毒有害化学物质污染的食品所引起。发病与进食时间、食用量有关。发病急,潜伏期短,多在几分钟至几小时内发病,临床表现因毒物性质不同而多样化。季节性与地区性不明显,亦无特异的中毒食品。剩余食品、呕吐物、血和尿等样品中均可检出有关化学毒物。

1.亚硝酸盐中毒

中毒机制:亚硝酸盐可使正常的低铁血红蛋白被氧化成高铁血红蛋白,失去输送氧气的功能。因而出现青紫和组织缺氧现象。

中毒原因:亚硝酸盐为白色粉末,常因管理不当,误作为食盐、食用碱面或白糖食用而引起中毒;硝酸盐及亚硝酸盐可作为鱼、肉类及其制品的防腐剂或发色剂,如使用量过大,使食品含有大量硝酸盐及亚硝酸盐,食后亦可中毒;菠菜、小白菜、芹菜等蔬菜不仅能从土壤中蓄积大量硝酸盐,且可将硝酸盐还原为亚硝酸盐,尤其腐败变质或存放过久,其亚硝酸盐含量更会明显增高,食用后可引起中毒;饮用亚硝酸盐含量高的蒸锅水、温锅水或苦井水,也会引起亚硝酸盐中毒,亚硝酸盐中毒量为0.3~0.5 g,致死量为3 g。

中毒表现:潜伏期0.5~3 h,口唇、指甲及全身皮肤青紫,呼吸困难,并有头晕、头痛、恶心、呕吐、心跳加快、呼吸急促。严重者会出现昏迷、抽搐,最后因呼吸衰竭而死亡。

预防措施:蔬菜应妥善保存,防止腐烂,不吃腐烂的蔬菜;食剩的熟菜不可在高温下存放长时间后再食用;勿食大量刚腌的菜,腌菜时盐应多放,至少腌至15 d以上再食用;但现腌的菜,最好马上就吃,不能存放过久,腌菜时选用新鲜菜;不要在短时间内吃大量叶菜类蔬菜,或先用开水煮5 min,弃汤后再烹调;肉制品中硝酸盐和亚硝酸盐用量要严格按国家卫生标准规定,不可多加;苦井水勿用于煮粥,尤其勿存放过夜;防止错把亚硝酸盐当食盐或碱面用。

2.蔬菜农药残留

中毒原因和机理：主要中毒物质为有机磷农药残留的苹果、桃子、葡萄、枣等水果和圆白菜、韭菜、油菜、小白菜等蔬菜，并以葡萄和韭菜、小白菜中毒居多。中毒人群以妇女、儿童为主。

中毒表现：主要以消化系统症状较为明显，但中毒的轻重，取决于摄入和吸收残留药量的多少。摄入残留有机磷农药数量较少或人体吸收较慢时，一般在食后数小时至十几小时才出现轻度中毒症状。摄入较多，特别是空腹饮入较多的菜汤，农药吸收很快，在食后几分钟至十几分钟就会出现中度或重度的中毒症状。

轻度中毒，主要表现为头痛、头晕、恶心、呕吐、疲倦、乏力、多汗、视物模糊、瞳孔缩小。中度中毒，除上述症状较重外，还出现瞳孔缩小、流口水、腹痛、腹泻、大汗、轻度呼吸困难等。重度中毒还会出现呼吸困难、口唇发绀、四肢抽搐、瞳孔高度缩小、大小便失禁等症状，甚至发生昏迷和休克，若抢救不及可致死亡。

流行病学特征：发病无地域、季节特点，潜伏期为数分钟至数小时；不同化学物有不同的靶器官，并导致靶器官损害。

预防措施：使用农药后的蔬菜和瓜果要待安全间隔期满后，方能食用；从市场上购回的蔬菜要用清水短时间浸泡并反复清洗。水果宜洗净后削皮食用。正确的食用蔬菜方法就是“一洗”，洗干净；“二浸”，水要超出浸泡物 3~5 cm，浸泡 0.5 h；“三烫”，也就是过水；“四炒”。经过这样的操作程序之后，我们食用蔬菜时就比较安全了。另外，对于残留物易于附着在表面的蔬菜，如白菜、菠菜等，可以用清水浸泡清洗；对于不怕烫的蔬菜，如西红柿、辣椒、豆角等，下锅前先用开水烫一会儿；对于适宜削皮的蔬菜，如萝卜、洋葱、冬瓜等，先削皮再用清水冲洗。

（四）有毒动植物中毒

某些动植物在外形上与可食的食品相似，但含有天然毒素，如河豚含有河豚素。

某些动植物食品由于加工处理不当，没有去除不可食的有毒部分或去除其毒素，引起中毒。常见的有四季豆、发芽马铃薯、未煮熟的豆浆等引起的食物中毒。

1.河豚中毒

河豚又名鲀。有上百个品种，是一种味道鲜美但含剧毒的鱼类。中毒多发生在日本、东南亚及我国沿海、长江下游一带。河豚鱼的有毒物质为河豚毒素，是一种神经毒，对热稳定，需 220 ℃以上方可分解，盐腌或日晒不能破坏。鱼体中含毒量在不同部位和季节有差异。卵巢和肝脏有剧毒，其次为肾脏、血液、眼睛、鳃和皮肤。鱼死后内脏毒素可渗入肌肉，而使本来无毒的肌肉也含毒。产卵期卵巢毒性最强。

临床表现和治疗：河豚毒素可引起中枢神经麻痹，阻断神经肌肉间传导，使随意肌出现进行性麻痹；直接阻断骨骼纤维；导致外周血管扩张及动脉压急剧降低。潜伏期 10 min~3 h。早期有手指、舌、唇刺痛感，然后出现恶心、呕吐、腹痛、腹泻等胃肠症状，以及四肢无力、发冷、口唇和肢端知觉麻痹。重症患者瞳孔与角膜反射消失，四肢肌肉麻痹,以致发展到全身麻痹、瘫痪,呼吸表浅而不规则,严重者呼吸困难,血压下降、昏迷,最后死于呼吸衰竭。目前对此尚无特效解毒剂,应使患者尽快排出毒物和给予对症处理。

流行病学特征:发病有季节性、地区性,沿海地区、春季高发。

2.四季豆中毒

四季豆又叫菜豆、扁豆、芸豆、刀豆等,品种很多,菜豆引起的中毒一般认为是由于四季豆中所含的皂素和血球凝集素引起的。豆粒中含红细胞凝集素,具有红细胞凝集作用。如果加热不透,毒素不能被破坏,可引起中毒。

中毒表现:中毒多在进食 4~8 h 后发病,潜伏期最短为 30 min。一般中毒症状有头晕、头痛、恶心、呕吐、腹痛、无力、四肢麻木、肌颤、心慌等。重者有流涎、出汗、瞳孔缩小、血压下降、神志恍惚或昏迷等类似有机磷农药中毒症状。病程为数小时或 1~2 d,预后良好。

流行病学特征:发病有季节性、地区性,多散在发生,发病率较高。

3.发芽马铃薯中毒

发芽马铃薯中龙葵碱是其毒性成分。马铃薯正常情况下含龙葵碱较少,在贮藏过程中逐渐增加。但马铃薯发芽后,其幼芽和芽眼部分的龙葵碱含量激增,人食用后可引起中毒。龙葵碱对胃肠道黏膜有较强的刺激作用。对呼吸中枢有麻痹作用,并能引起脑水肿、充血。此外,对红细胞有溶血作用。当马铃薯贮藏不当,至马铃薯发芽或部分变绿时,其中的龙葵碱大量增加,烹调时又未能去除或破坏掉龙葵碱,食后就易发生中毒,且在春末夏初季节多发。

流行病学特征:发病有季节性,地区性,多散在发生,发病率较高。

4.豆浆加热不彻底中毒

生豆浆中含有胰蛋白酶抑制素、皂甙。如果加热不彻底,毒素就不能被破坏,饮用后可导致中毒。

中毒表现:豆浆中毒的潜伏期很短,一般为 30 min~1 h,主要表现为恶心、呕吐、腹胀、腹泻,可伴有腹痛、头晕、乏力等症状,一般不发热。豆浆中毒症状不严重,轻者不需治疗可自愈,重者或儿童应及时到医院治疗。

流行病学特征:豆浆中毒事件多发生在小餐馆和集体食堂,特别是幼儿园和小学食堂最常见。发生中毒的主要原因是饮用前没有将豆浆加热煮透。中毒调查资料显示,豆浆加热不透的原因主要是加热时搅拌不匀,锅底部分变稠甚至烧糊,从而影响加热;豆浆在沸腾之前会起很多泡沫,往往被误认为豆浆已经煮开而停止加热。

5.黄花菜中毒

鲜黄花菜含有秋水仙碱的化学物质。秋水仙碱本身虽然无毒,但经胃肠吸收之后,在代谢过程中可被氧化为二秋水仙碱,这是一种剧毒物质。成年人如果一次摄入秋水仙碱 0.1~0.2 mg(相当于吃鲜黄花菜 50~100 g),可在 0.5~4 h 内出现中毒症状。如果一次摄入量达到 3 mg 以上,就会导致严重中毒,甚至死亡。

中毒表现：出现咽干、口渴、恶心、呕吐、腹痛、腹泻等症状，严重者还可出现血便、血尿甚至导致死亡。

流行病学特征：发病有季节性、地区性，多散在发生，发病率较高。

预防措施：一是每次食用的量不要太多，一般不要超过 50 g；二是利用秋水仙碱易溶于水的特性，吃前必须经水浸泡 2 h 以上，或用开水烫，以除去汁液中的秋水仙碱，烹调时必须彻底炒熟后再食用。

6.毒蕈中毒

毒蕈俗称毒蘑菇，由于某些毒蕈的外观与无毒蕈相似，常因误食而引起中毒。毒蕈的种类较多，其主要有毒成分为毒蕈碱、毒蕈溶血素、毒肽、毒伞肽及引起精神症状的毒素等。因食入毒蕈所含的毒素种类和分量不同，且患者体质、饮食习惯也不一样，故毒蕈中毒的症状也比较复杂，临床表现各异。

中毒表现：胃肠炎型，恶心、呕吐、腹痛、腹泻等，严重者可出现休克、昏迷；溶血型，除有胃肠道症状外，可出现溶血性黄疸、贫血、血红蛋白尿、肝脾肿大等；肝损害型，初有胃肠道症状，随后出现肝肿大、黄疸、出血倾向和转氨酶升高，严重者可发生肝性脑病而死亡；神经精神型，除有胃肠道症状外，可出现多汗、流涎、瞳孔缩小等，严重者会出现精神错乱、幻觉、谵忘、昏迷甚至呼吸抑制而死亡。

流行病学特征：发病有季节性，夏秋季多见。我国所见的毒蕈约有 80 余种，分布范围很广，以毒性很强的红色捕蝇蕈及白帽蕈为多见，误食者死亡率甚高。

第三节 学校食品卫生管理

根据《中华人民共和国食品安全法》、《学校食堂与学生集体用餐卫生管理规定》、《学校食物中毒事故行政责任追究暂行规定》等法律法规，学校必须成立学校食堂、食品卫生管理工作领导小组，主要领导任组长，负责学校食堂和食品卫生的管理工作。建立健全食品卫生安全管理制度，制定各个岗位的管理制度和具体要求，并分解到各岗位，层层落实，责任到人。指定专人负责，监督检查各项措施的落实情况。各岗位人员必须熟练掌握本岗位的职责，并严格按职责要求开展工作。学校新建、改建、扩建食堂须经卫生防疫等部门和单位决定后实施。从业人员必须取得卫生许可证后方可营业，持证经营，持证上岗。

一、加强日常监督检查，确保各项措施落实到位

指定专人负责，每天进行食品卫生检查并做好记录，记录包括：食品采购原料验收和登记、采购索证（工商营业执照、卫生许可证、产品质量检验合格报告单、化验单、禽畜检疫合格证）和收归档。监督检查各加工环节是否规范，对从业人员的个人卫生和日常健康进行检查，落实晨检制度并做好记录，发现有发热、咳嗽、腹泻等症

状及化脓性皮肤病者应立即暂停其工作。定期对有毒有害物品进行管理检查,防范投毒,每年定期对食堂从业人员和管理人员进行培训,鼓励他们积极参加上级教育行政部门或卫生监督部门举办的食品卫生知识培训,同时学校每年也要做好培训计划并组织实施,强化从业人员的食品安全意识。实行定点采购,签订采购合同,卫生安全工作要细化,责任要分清。每学期到生产厂家(重点包括豆腐、糕点、熟食品等)进行实地考察,了解是否符合卫生标准,向生产厂商或供货商索取工商营业执照、卫生许可证、产品质量检验合格报告单、化验单。粮油食品采购需有 QS 标志,或者符合其他行业标准。

二、食品卫生监督责任

学校食堂应建立健全食品卫生管理制度,制定每项工作的卫生要求,如岗位责任制、采购验收、加工操作、库房管理、个人卫生、环境清洁和消毒制度,配备专职或兼职食堂卫生管理人员。《学校食物中毒事故行政责任追究暂行规定》第三条规定:学校主要负责人是学校食品卫生管理的第一责任人,因此学校法人、分管领导以及委托管理人员(校医务室负责人、食堂管理人员)是直接责任人员。学生食物中毒事件主要包括学生在学校食堂就餐,学生食用学校委托的订餐以及学校在组织各类活动中的外购食品、餐馆就餐时发生的食物中毒事件。如发生食物中毒事件,除就餐点的责任外,学校应承担主要责任。学校对中毒学生应及时送往医院救治,承担医疗费用和损害赔偿等责任。除采取及时有效救治措施外,如果学生经抢救医治痊愈,将产生有关交通费、家长误工费损失、医药费、护理费、营养费、住院伙食补助费等赔偿由学校和责任人支付。如果致残或死亡的,还应进行伤残评定、伤残赔偿金、丧葬费、死亡赔偿金以及精神抚恤金等赔偿支付。对于事故造成严重后果,触犯刑律的直接责任人还应依法承担刑事责任,教育行政机关可依法追究学校的行政责任。《学校食物中毒事故行政责任追究暂行规定》中有关条款规定,如有以下情况:未建立学校食品卫生校长负责制的,或未设立专职或兼职食品卫生管理人员的,实行食堂承包(托管)经营的学校未建立准入制度或准入制度未落实的,未建立学校食品卫生安全管理制度或管理制度不落实的,学校食堂未取得卫生许可证的,学校食堂从业人员未取得健康证明或存在影响食品卫生的病症未调离食品工作岗位的,未按规定安排从业人员进行食品卫生知识培训的,以及违反《学校食堂与学生集体用餐卫生管理规定》第十二条规定的对卫生行政部门或教育行政部门提出的整改意见,未按要求的时限进行整改的,瞒报、迟报食物中毒事故或没有采取有效控制措施、组织抢救工作致使食物中毒事态扩大的,未配合卫生行政部门进行食物中毒调查或未保留现场的,都要追究学校有关责任人行政责任。

学校发生食物中毒事件按以下原则,分别追究学校主要领导、主管领导和直接管理责任人的行政责任。

一般中毒:中毒人数少于 29 人的,追究直接管理责任人的责任。

较大中毒：中毒人数在30人及以上的，追究直接管理责任人的责任，但直接管理责任人在事故发生前已将学校未履行食品卫生职责情况书面报告学校主管领导，而学校主管领导未采取措施的，由学校主管领导承担责任。

重大中毒：造成学校伤害人数50人及50人以上的，追究直接管理责任人、学校主管领导和学校主要领导的责任。

三、加强对食堂的安全管理，预防投毒

教育部、卫生部出台的2002年第14号令《学校食堂和学校集体用餐卫生管理规定》中规定，针对防护设施不足的现状，防止利用食品投毒作了明确的规定："食堂应建立严格的安全保卫措施，严禁非食堂工作人员随意进入学校食堂的食品加工操作间，防止投毒事件的发生，确保学生用餐的卫生与安全。"经营者是食品安全的第一责任人，应把自身卫生管理放在保证食品安全的核心地位。提倡企业自律，提高所有人员预防食品投毒的防范意识，建立食品安全一把手责任制，做到制度上墙、责任到人、互相监督、赏罚分明，安全工作有计划、有落实、有检查、有评比。安全问题要经常讲，经常查，营造一个良好的、重视食品安全的氛围，使投毒犯罪分子无可乘之机。 建立严格的安全保卫制度，严禁非食堂工作人员随意进入学校食堂的食品加工操作间及食品原料存放间，防止投毒事件的发生。食品贮存场所禁止存放有毒有害物品及个人生活用品。建立从业人员的身份登记与查验制度，招收工作人员时要查验其身份证明，并进行登记，不得录用不明身份者，这样做不但有利于防止不法分子利用食品投毒，而且还有利于食品安全事故的调查。食堂要加强人员的思想教育工作，及时发现不和谐的苗头，把矛盾消除在萌芽状态，及时疏导矛盾，不激化矛盾。化学品的管理应实行专人管理和保管，专柜存放，相互监督，相互制约。采购必须用的灭鼠药、杀虫剂、消毒剂等有毒、有害物品时，要注意选择合法有效的产品，应严格规范使用化学品。与食品加工无关的化学品不得带入食品加工场所。确实要使用的化学添加剂应严格按照标准规定规范使用，并妥善保管，防止被盗。

四、学校食品卫生工作涉及的法律责任

学校校长是学校卫生管理工作的第一责任人。学校应认真履行管理教育与保护学生的职责与义务，校园内食品经营问题学校有监督管理责任。学生在校发生食物中毒，学校负有经营管理责任与民事责任，同时追究学校有关责任人的行政责任、学校卫生管理责任和传染病管理责任。

食品卫生管理工作中，应做到加强组织领导，建立健全制度；指定专门的卫生责任人，监督检查以上措施的落实情况；持证经营，持证上岗；加强饮用水管理等日常监督检查工作，预防投毒事件的发生，学校保证有充足的开水供应给学生等。

第四节 环境卫生整治

一、加强环境卫生整治,确保校园内外干净整洁

学校要经常开展卫生整治,改进垃圾处理设施,杜绝垃圾堆积裸露,保持校园内外环境卫生干净整洁。校门口沿线或临街的周围要划入学校卫生责任范围,定期清除垃圾、修整杂草、粉刷墙体,保持学校门面卫生的整洁。落实班主任工作责任制度,加强班级卫生的管理,建立班级卫生日常保洁制度、值日制度,认真抓好教室卫生。加强生活区和学生食堂的卫生管理。校园内不准放养家禽,不能乱倒污水,杜绝明沟排污。食堂工作人员要有健康证,食品要索证,一切操作要按《食品卫生管理》条例执行,经常打扫食堂卫生,坚持开展卫生整治工作,消除整片暴露垃圾,无卫生死角;每个学校都要设有垃圾倒放点。食堂内环境应定期清洗和消毒,保持清洁和良好状况。具体为:地面每天一次或有需要时(含消毒),排水沟每周一次或有需要时(含消毒),墙壁、天花板、照明设施及门窗每月一次或有需要时,操作台、洗涮池每次使用完后(含消毒),排烟设施每周一次或有需要时,餐厅内桌、椅、台等应定期清洗,保持清洁;废弃物等至少应每天清除一次,清除后的容器应及时清洗,必要时进行消毒;应定期进行除虫灭害工作,防止害虫滋生。除虫灭害工作不能在食品加工操作时进行,使用时不得污染食品、食品接触面及包装材料,使用后应将所有设备、工具及容器彻底清洗,达到卫生标准。各学校要制定突发食品卫生安全事故应急预案、灾后环境卫生整治应急预案,杜绝食品卫生安全事故发生。杜绝无卫生许可证的食杂店在校园内经营,要坚决制止学生在校园和上学时买零食、吃零食的现象。

二、培养良好的卫生习惯,确保学生身心健康

要让全体教师职工及学生充分认识到吸烟和被动吸烟的危害以及如何保护自己免受二手烟危害和控烟立法的必要性。要求学生做到"五不"、"五勤"。"五不"包括不随地吐痰,不乱扔垃圾,不赤膊上街,不损害绿地,不乱涂乱贴小广告;"五勤"包括勤洗手、洗澡,勤换洗衣服,勤打扫居室,勤通风换气,勤锻炼身体。任课教师配合班主任共同教育学生,增强爱清洁、讲卫生的意识,加强自我保健,促进学生身体健康。做好预防近视工作很重要,学校要在每学期开学初,组织召开班主任会,对每班视力不好的学生一一列表,由班主任帮助提醒学生注意保护视力,并把每学期开学的第一周作为"预防近视宣传周",通过广播、板报、班队会、座谈等形式讲解近视眼的危害,针对要做眼保健操的具体穴位进行讲解,使学生准确掌握眼保健操的按揉方法。班主任组织学生按时做好眼保健操, 教育和引导学生掌握好正确的读写握笔姿势,

说清用眼时间不宜过长，定期给学生调换座位，教室内安装日光灯。通过一系列的措施，降低学生近视眼的发生率，取得较好的卫生保健效果。《学校管理条例》对学校卫生工作提出了许多明确的要求，学校对学生每日的学习时间、学校的教学建筑、环境噪声、室内微小气候、采光照明等方面，要严格依照学校卫生工作标准执行，采取有效措施，促进学生健康成长。

第五节　学校环境卫生整治标准

一、校园卫生标准

卫生区内无杂物、地面无纸屑、瓜皮果壳、积土、包装袋等垃圾，校门外地面无纸屑、烟蒂、瓜皮果壳、泥块等垃圾，草坪树沟内无杂物、垃圾等。墙壁、门窗、栏杆、旗台、各种物件无污迹、垃圾、灰尘。厕所干净，无较强臭味。自行车停放整齐。

二、食堂卫生整治标准

食堂必须持有效卫生许可证，到期及时验换，从业人员持合格证、健康证上岗。炊事员工作时必须穿整洁干净的工作服，戴口罩、发帽，坚持每日清洗、消毒一次。个人卫生做到"四勤"，不戴戒指，不涂指甲油。严禁在操作间内洗衣物。食堂工作人员操作食品前和大小便后，应洗手消毒，不得穿戴工作服、帽进入厕所。工作人员操作食品时不吸烟，不挖鼻孔、掏耳朵，不得对着食品打喷嚏。食品卫生做到"三防"、"四隔离"。"三防"即防尘，防蝇，防腐；"四隔离"是生与熟隔离，成品与半成品隔离，食品与天然冰隔离，食品与药品隔离。

厨房餐厅要求无积尘蛛网，无残渣、剩饭，物品用具整洁，放置整齐，室内地面清洁、无油垢、无异味，垃圾桶及时清运。

仓库要求室内清洁，物品存放整齐，离墙垫高，严防粮食、蔬菜和其他食物有虫咬、鼠吃和腐烂变质等现象发生，做好灭鼠除虫工作；各种工具、容器、机械定位存放，用毕及时洗刷干净，达到物见本色；各种防尘布洁净并有正反标记。不制作冷荤食品，要配有留样冰箱，菜类、肉类、蛋白食品要留样 24 h。不采购、不加工腐败、变质、霉变、虫蛀、掺杂使假、标志不全及过期食品。从正规渠道采购食品，有相对固定的商店，并做好每日采购的登记工作，必须采购、使用符合国家卫生标准的食品添加剂。食堂四周卫生应经常打扫，保持清洁。餐具、熟食容器餐后立即清洗消毒，做到使用一次，清洗消毒一次，餐具清洗消毒必须严格按"一刮、二洗、三冲、四消毒、五保洁"的顺序操作。

餐具消毒应达到下列要求：将餐具倾斜置于电子消毒柜内，开启电源使其处于消毒状态，20 min 左右保温指示灯亮；84 消毒液一般采用 1:250 的浓度，将餐具浸泡其中10 min。消毒完毕的餐具、茶具应立即放于清洁的橱柜内保洁,防止再污染。

三、宿舍卫生整治标准

学生宿舍要求文化格调高雅,色彩协调、温馨;布局合理,构思有创意,充满生活气息,能体现室内特色;整体效果好,空气清新,无异味; 墙面整洁,布局有序;地面干净无污物、无积水、无死角;柜子、门窗、灯具无灰尘,室内门窗玻璃干净;被褥叠放整齐,床铺平整,床上无杂物;窗台上无杂物,宿舍内衣物鞋帽无乱放现象,洗漱用品摆放整齐,暖瓶在指定地点摆放有序。宿舍有合理、工整的值日安排表,不准私拉乱接电线,禁止使用蜡烛和任何明火设施。垃圾桶、污水桶、笤帚、垃圾盘整齐放在门外右侧,垃圾桶、污水桶、垃圾盘不得有垃圾污水,室内窗帘悬挂好并扎起,柜子内干净整齐,东西不得零乱,墙上、床头不得挂东西,所有用品摆放统一,方向一致,墙上不能张贴海报、乱涂乱画。只允许在一张空床上摆放物品且须放整齐,床下物品统一摆放(脸盆、水桶分类整齐摆放),镜子干净、无灰尘。

四、教研室、教室卫生标准

室内空气清新,桌椅整齐清洁,桌面书籍摆放整齐。讲台桌面洁净,无灰尘,无污迹,桌内不乱堆乱放物品,黑板要及时擦净,不乱画乱涂。室内灯具干净,墙围无灰尘,公物管理得当,器物摆放整齐。

门窗玻璃齐全、明亮洁净,窗台干净,不乱放杂物,窗帘洁净整齐。多媒体电视上无灰尘。墙壁洁净,无灰尘,无污迹,无污印,不随意乱贴乱画,乱钉乱挂,各种表格及奖状应悬挂张贴整齐,统一美观。地面清洁,无灰尘,无杂物,无痰迹,无污迹,做到天天清扫,拖擦干净。工具室清洁,卫生工具摆放整齐,不乱放杂物,垃圾及时清倒。

五、其他卫生整治标准

(一)学生卫生标准

保护视力:读书、写字姿势端正,保证10 h睡眠,限制看电视时间,做好眼保健操。保护牙齿:饭后漱口,睡前刷牙,不吃太硬太冷食物。个人卫生:勤剪指甲,勤洗手,常洗头,常洗澡,常更衣。注意环境卫生:不随地大小便,不乱扔果皮纸屑,不随地吐痰,不喝生水,不乱涂墙和黑板。

(二)教学卫生标准

学生读书或做作业时,教师要十分关注学生的读写姿势,监督学生做到“三个一”(眼离书本一市尺,胸离课桌一拳,手握笔时离笔头一寸),培养学生正确的读写姿势。教师要合理分配教学时间,做到下课不拖堂,保证学生课间休息。学生书写要清楚、端正,课堂作业力求在课内完成。切实减轻学生过重课业负担,根据上级教育主管部门文件精神，节假日一律不得补课，一、二年级不布置课外作业，其他年级课外作业不超过 45 min。教师应耐心地引导学生改正错误，克服缺点，不得罚抄、罚站、罚坐等变相体罚，切实保证学生每天在校有 1 h 活动时间，做好“两操一活动”。

第十章　突发公共卫生事件的应急处理

第一节　学校突发公共卫生事件

学校突发公共卫生事件是指在学校内突然发生，造成或可能造成师生员工身体健康严重伤害的重大传染病疫情、群体性不明原因疾病、群体性异常反应、重大食物和职业中毒以及其他严重影响师生员工身体健康的公共卫生事件，具有突发性、公共属性、严重的危害性等特点。学校要根据《传染病防治法》、《中华人民共和国食品安全法》、《突发公共卫生事件应急条例》等法律法规，结合学校实际情况，制定适合本校的突发公共卫生事件应急预案。

一、工作目标

1.普及各类突发公共卫生事件的防治知识，提高广大师生员工的自我防范意识。

2.完善突发公共卫生事件的信息监测报告网络，做到早发现、早报告、早隔离、早治疗。

3.建立快速反应和应急处理机制，及时采取措施，确保突发公共卫生事件不发生或在校园不蔓延。

二、工作原则

（一）预防为主，常备不懈

宣传普及突发公共卫生事件防治知识，提高全体师生员工的防范意识和校园公共卫生水平，加强日常检测，发现病例及时防治，控制疫情的传播和蔓延。

（二）依法管理，统一领导

对突发公共卫生事件的预防、疫情报告、控制和救治工作实行依法管理。

（三）快速反应，高效运转

建立预警和医疗救治快速反应机制，强化人力、物力、财力的储备，增强应急处理能力，做到早发现、早报告、早隔离、早治疗。

三、组织管理

(一)突发公共卫生事件应急处置工作领导小组

组长:×××

副组长:×××

成员:×××

(二)学校职责

1.制定本校的突发公共卫生事件应急预案。

2.建立健全突发公共卫生事件防治责任制,检查、督促各项突发事件防治措施落实情况。

3.开展突发公共卫生事件的宣传教育活动,提高师生员工的科学防范能力。

4.建立学生缺课登记制度和传染病流行期间的晨、午检制度。

5.开展校园环境整治和爱国卫生运动,保证学校教室、宿舍、食堂、厕所及其他公共场所的清洁卫生。

6.确保学生喝上安全饮用水,吃上放心饭菜。

7.及时汇报学校的突发公共卫生事件的发生情况,并积极配合卫生部门做好事件的处理工作。

四、突发公共卫生事件的分级

根据突发公共卫生事件性质、危害程度、涉及范围,将突发公共卫生事件划分为特别重大(Ⅰ级)、重大(Ⅱ级)、较大(Ⅲ级)和一般(Ⅳ级)四级。

(一)特别重大突发公共卫生事件(Ⅰ级)

有下列情形之一的为特别重大突发公共卫生事件:

1.肺鼠疫、肺炭疽在大、中城市发生并有扩散局势,或在肺鼠疫、肺炭疽疫情波及两个以上的省份,并有进一步扩散的局势。

2.发生传染性非典型肺炎、人感染高致病性情流感病例,并有扩散局势。

3.涉及多个省份的群体性不明原因疾病,并有扩散趋势。

4.新传染病或我国尚未发现的传染病发生或传入,并有扩散局势,或发现我国已消灭的传染病重新流行。

5.发生烈性菌株、毒株、致病因子等丢失事件。

6.周边以及与我国通航的国家或地区发生特大传染病疫情,并出现输入性病例,严重危及我国公共卫生安全的事件。

7.国务院卫生行政部门认定的其他特别重大突发公共卫生事件。

(二)重大突发公共卫生事件(Ⅱ级)

有下列情形之一的,为重大突发公共卫生事件:

1.在一个县(市)行政区域内,一个平均潜伏期内(6 d),发生5例以上肺鼠疫、肺炭疽病例,或者相关联的疫情波及2个以上的县或市。

2.发生传染性非典型肺炎、人感染高致病性禽流感疑似病例。

3.腺鼠疫发生流行,在一个市(地)行政区域内,一个平均潜伏期内多点连续发病20例以上,或流行范围波及2个以上市或地。

4.霍乱在一个市或地行政区域内流行,一周内发病30例以上,或波及两个以上市(地),有扩散趋势。

5.乙类、丙类传染病波及2个以上县或市,一周内发病水平超过前5年同期发病水平2倍以上。

6.我国尚未发现的传染病发生或传入,尚未造成扩散。

7.发生群体性不明原因疾病,扩散到县(市)以外的地区。

8.发生重大医源性感染事件。

9.预防接种或群体预防接种出现人员死亡。

10.一次性食物中毒人数超过100人并出现死亡病例,或出现10例以上死亡病例。

11.一次发生急性职业中毒50人以上,或死亡5人以上。

12.境内外隐运输、邮寄烈性生物病原体、生物毒素,造成我国境内人员感染或死亡的。

13.省级以上人民政府卫生行政部门认定的其他重大突发公共卫生事件。

(三)较大突发公共卫生事件(Ⅲ级)

有下列情形之一的为较大突发公共卫生事件:

1.发生肺鼠疫、肺炭疽病例,一个平均潜伏期内病例数未超过5例,流行范围在一个县(市)行政区域以内。

2.腺鼠疫发生流行,在一个县(市)行政区域内,一个平均潜伏期内连续发生10例以上,或波及2个以上县(市)。

3.霍乱在一个县(市)行政区域内发生,一周内发病10~29例,或波及2个以上县(市),或市(地)级以上城市的市区首次发生。

4.一周内在一个县(市)行政区域内,乙、丙类传染病发病水平超过前5年同期平均发病水平1倍以上。

5.在一个县(市)行政区域内发现群体性不明原因性疾病。

6.一次性食物中毒人数超过100人,或出现死亡病例。

7.预防接种或群体预防性服药出现群体性心因性反应或不良反应。

8.一次发生急性职业中毒10~49人,或死亡4人以下。

9.市(地)级以上人民政府卫生行政部门认定的其他较大突发公共卫生事件。

(四)一般突发公共卫生事件(Ⅳ级)

有下列情形之一的为一般突发公共卫生事件:

1.腺鼠疫在一个县(市)行政区域内发生,一个平均潜伏期内病例数未超过10例。

2.霍乱在一个县(市)行政区域内发生,一周内发病9例以下。

3.一次性食物中毒人数30~99人,未出现死亡病例。

4.一次性职业中毒9人以下,未出现死亡病例。

5.县级以上人民政府卫生行政部门认定的其他一般突发公共卫生事件。

五、突发事件的处理原则

根据《全国突发公共卫生事件应急预案》的规定,将突发公共卫生事件的等级分为一般、较大、重大和特大事件四级。根据突发公共卫生事件的不同级次分类,结合学校的特点,在必要时启动相应的突发事件应急预案,作出应急反应。

(一)事件分级响应机制

1.一般突发公共卫生事件

所在地区发生属于一般突发事件的疫情,启动第三级应急响应。

(1)启动日报告和零报告制度,实行24 h值班制度,加强疫情通报。

(2)落实各项防治措施,做好进入应急状态的准备。

(3)学校内如尚无疫情发生,可保持正常的学习、工作和生活秩序,但对集体活动要进行控制。

(4)传染病流行时要加强对发热病人的追踪管理;呼吸道传染病流行期间,教室、图书馆、食堂等公共场所必须加强通风换气,并采取必要的消毒措施;肠道传染病流行期间,对厕所、粪便、食堂及饮用水应加强消毒,并加强除“四害”工作。

(5)严格执行出入校门管理制度。

2.重大突发公共卫生事件

所在地区发生属于重大突发事件的疫情,启动第二级应急响应。除对接触者实施控制外,全校保持正常的学习、工作和生活秩序。在第三级疫情防控措施的基础上,进一步采取以下措施:

(1)开展针对性的健康教育,印发宣传资料,在校园张贴宣传标语和宣传画,提高师生员工的自我防护意识和防护能力,外出和进入公共场所要采取必要的防护措施。

(2)对全体师生每日定时测量体温,发现异常情况及时上报。

(3)对重大传染病的密切接触者,学校要配合卫生部门做好隔离、医学观察和消毒等工作。

(4)加大进出校门的管理力度,控制校外人员进入校园。

(5)学校根据情况,及时向师生员工通报疫情防控工作的情况。

3.特大突发公共卫生事件

所在地区发生属于特大突发事件的疫情,启动第一级应急响应。在第二、三级疫情防控措施的基础上,进一步采取以下措施:

(1)实行封闭式校园管理,住校学生不得离开学校,严格控制外来人员进入校园。

(2)全面掌握和控制人员的流动情况,教职工外出必须向所在部门请假。外出学生和去疫区的人员返校后,必须进行医学观察。对缺勤者要逐一登记,及时查明缺勤原因。发现异常者劝其及时就医或在家进行医学观察,暂停上学或上班。

(3)避免人群的聚集和流动。学校不得组织师生参加各类大型集体活动,调整大型学术活动和会议的时间;学校不安排教师外出参加教研和学术活动;学生的社会实践、社区服务等活动应暂缓进行;暂停成人教育和业余培训等教学活动。

(4)对教室、实验室、食堂、图书馆、体育馆、厕所等场所在使用期间每日进行消毒,通风换气。

(5)学校每日公布校园疫情防控工作的情况。

4.校内疫情

校内若出现重大传染病疫情,应在卫生部门的指导下,启动相应的应急响应。同时要根据实际情况,适时开展以下工作:

(1)要根据出现传染病的种类和病人的活动范围,相应调整教学方式。出现一例传染性非典型肺炎、鼠疫及肺炭疽的疑似病例,可对该班级调整教学方式,暂时避免集中上课;出现一例上述的临床诊断病例或两例及以上疑似病例,学校在报请上级主管部门批准后,可对该班级和相关班级实行停课;如出现两例及以上上述的临床诊断病例及校内续发病例,可视情况扩大停课范围。若需全校停课,中小学须报市以上人民政府批准。

(2)采取停课措施的班级或学校,应合理调整教学计划、课程安排和教学形式,采用电话指导、学生自学等方式进行学习。做到教师辅导不停,学生自学不停。如学校停课放假,学校领导和教师要坚守岗位,加强与学生和家长的联系。

(3)尊重和满足师生的知情权,主动、及时、准确地公布疫情及防治的信息。对教职工和学生进行正确的引导,消除不必要的恐惧心理和紧张情绪,维护校园稳定。

(二)报告

1.责任报告单位和责任报告人

责任报告单位:所在学校。

责任报告人:突发公共卫生事件领导小组组长、分管组长或小组指定的事件专职报告人员、机关知情人员。

2.突发事件报告

(1)严格执行学校重大公共卫生报告程序,学校一旦发生集体性食物中毒、甲类传染病病例、乙类传染病暴发以及其他突发公共卫生事件时,相关知情教师或部门应立即向学校医务室报告,学校医务室在第一时间向学校突发公共卫生事件领导小组报告,学校突发公共卫生事件领导小组应在 2 h 内用书面传真形式(或电话)向教育部门报告,并同时向所在卫生行政部门报告。

(2)任何部门和个人不得隐瞒、缓报、谎报突发公共卫生事件。

(3)在学校传染病暴发、流行期间,对疫情实行日报告制度和零报告制度,并确保信息畅通。

(三)应急处置措施

1.一般突发公共卫生事件发生后,现场的教职员工应立即向突发公共卫生事件责任报告人及学校领导报告。学校领导接到报告后,必须立即赶赴现场组织实施以下应急措施:将有关情况报告当地教育、卫生行政部门;拨打"120"急救电话,对中毒或患病人员进行救治;追回已出售的可疑食品或物品,或通知有关人员停止食用可疑中毒食品、停止使用可疑的中毒物品。

2.停止出售和封存剩余可疑的中毒食品和物品;控制或切断可疑水源。

3.与中毒或患病人员家长、家属进行联系,通报情况,做好思想工作,稳定其情绪。

4.积极配合卫生部门封锁和保护事发现场,对中毒食品、物品等取样留检,对相关场所、人员进行致病因素的排查,对中毒现场、可疑污染区进行消毒和处理,对与鼠疫、肺炭疽、霍乱、传染性非典型肺炎病人有密切接触者实施相应的隔离措施;或配合公安部门进行现场取样,开展侦察工作。

5.对学校不能解决的问题及时报告主管部门和教育、卫生行政部门以及当地政府,并请求支持和帮助;在学校适当的范围内通报突发公共卫生事件的基本情况以及采取的措施,稳定师生员工情绪,并开展相应的卫生宣传教育工作,提高师生员工的预防与自我保护意识。

6.严格执行进出入校门的管理制度。

7.按照当地政府和上级教育、卫生行政部门的统一部署,落实其他相应的应急措施。

(四)信息公布

在上级部门允许的情况下,准确客观宣传卫生事件情况及防控进展情况,争取家长和学生的支持和配合,消除不必要的恐慌,同时,准确把握宣传导向,避免造成不良社会影响。

(五)保障措施

学校要安排必要的经费和人力,用于增添相关设备,配备所需药品,改善学校卫生基础设施和条件,确保学校公共卫生防控措施的落实。

(六)善后与责任追究

1.根据突发公共卫生事件的性质及相关单位和人员的责任,做好受害人员的善后工作。

2.总结经验,进行整改。加强宣传教育,防止突发事件的发生。

3.尽快恢复学校正常教学秩序。对校内公共场所进行彻底清扫消毒后,方能复课;因传染病暂时停课的学生,经卫生部门确定康复后方可复课;污染水源必须经卫生部门检测合格后,方可重新启用。

4.公安同学校有关部门对所发生的突发公共卫生事件进行调查,并根据调查结果,对导致事件发生的有关责任人和责任单位,依法追究责任。对在学校突发公共卫生事件的预防、报告、调查、控制和处理过程中,有玩忽职守、失职、渎职等行为的,依据有关法律法规追究有关责任人的责任。

第二节 学校对各类事件的应急处理

一、食物中毒事件的应急处理预案

为加强学校食品卫生工作,保障广大师生员工的身心健康和生命安全,提高学校应对食物中毒或食源性疾患突发事件的处置能力,根据《突发公共卫生事件应急条例》、《学校卫生工作条例》,特制定本预案。学校一旦发生疑似食物中毒或食源性疾患等突发事件,应当遵循以下程序应对处理。

(一)停止供餐

立即停止学校食堂或小卖部供应的食品,并进行封存。

(二)及时报告

1.条件

有5人(含5人)以上疑似食物中毒或食源性疾患症状或死亡1人及以上。

2.程序

发现师生有疑似食物中毒或食源性疾患时,应迅速报告学校,同时拨打“120”电话或直接送医院进行处理。学校要迅速向上级部门及卫生部门报告。

3.内容

(1)疑似食物中毒或食源性疾患的人数、症状及第一例发生时间。

(2)学校的校名、责任人、地点和联系电话。

(3)供应单位的名称、责任人、地点和联系电话。

(4)目前状况、事情的经过和紧急处理措施。

(5)报告时间和报告人。

(三)启动应急处理程序

1.及时将患病师生送到就近医院,协助医疗机构救治患者。

2.做好排摸调查工作,收集信息。

3.及时通知家长,加强家校联系,以免延误救治时机。

4.在事件发生的第二天做好随访工作,继续排摸调查,安排专人做好家长解释工作,并将有关情况及时书面报告教育主管部门,直至所有患病师生全部康复到校上课。

(四)保护现场

保留造成或导致疑似食物中毒或食源性疾患的食品及其原料、工具、设备和现场。

(五)配合调查

配合食监、卫生行政部门进行调查,按调查部门的要求如实提供有关材料和样品。

(六)控制事态

落实调查部门要求采取的其他措施,把事态控制在最小范围。

(七)保险介入

同时通知保险机构介入。

二、传染性疾病的应急处理预案

学校是传染病易感人群集中的场所,也是传染病的集散场所。为确保师生身体健康,生命安全,提高学校传染病预防控制工作的针对性和实效性及应急处置能力和水平,根据《传染病防治法》及《学校卫生工作条例》,特制定本预案。

(一)防治措施

1.校长作为学校疾病控制工作的第一责任人,要高度重视学校卫生工作,把学校疾病预防控制工作纳入学校工作计划之中。

2.建立健全传染病防治的相关制度,落实岗位责任,提供必要的卫生资源及设施。

3.做好每天晨检工作,认真填写学生日检统计表,保证学校预防疾病控制工作的顺利开展。

4.加强有关传染病预防的知识培训,保证每周20 min的健康教育,教会师生防病知识,培养良好的个人卫生习惯。

5.对教室、专用教室等场所保持室内通风换气,按规定定期消毒。

6.加强学生体质锻炼,增强抵抗力。

(二)处置程序

1.在校学生或教职员工发现传染病,立即上报上级教育行政部门和当地疾病预防控制中心。

2.学校应急小组领导立即亲临现场指挥,要求传染病患者戴防护口罩,在第一时间内利用学校隔离室进行隔离观察,并马上拨打"120"急救电话,送定点传染病医院诊治。

3.通知学生家长或教职工家属。

4.对传染病病人所在班级教室或办公室及所涉及的公共场所进行消毒,对与传染病人密切接触的学生、教职工进行隔离观察,并做好人员登记。

5.采取有效的防护措施,安定人心,维护学校稳定。

6.按突发公共卫生事件标准,决定是否实行班级或学校停课。停复课工作须经卫生、教育主管部门申请,当地政府批复。

7.采取一切有效措施,迅速控制传染源,切断传染途径,保护易感人群。

8.配合疾控中心进行疫情处理和流行病学调查,对传染病人到过的场所、接触过的人员,以及患者的家庭成员、邻居、同事、同学进行随访,并采取必要的隔离观察措施。

(三)要求

1.师生要树立科学的防控观念,不得散布不利言论。

2.传染病人在医院接受治疗时,禁止任何同学、同事前往探视。

3.师生在校外出现风疹、流脑、麻疹、流感等传染性疾病的症状,应及时就医,不得带病上学、上班。经医院诊断排除传染病后方能回校上课、上班。

三、学校饮用水污染突发公共卫生事件应急预案

为了提高学校预防和控制突发学校饮用水污染事件的能力和水平,指导和规范学校饮用水污染突发事件的应急处置工作,减轻或消除突发饮用水污染事件的危害,保障全体师生员工的身体健康与生命安全,维护学校正常的教学秩序和校园稳定,结合学校实际,应制定学校突发饮用水卫生事件应急预案。

(一)工作目标

普及发生在学校饮用水卫生事件的防治知识,完善突发饮用水污染卫生事件的信息监测报告网络,做到早发现、早报告、早隔离、早治疗。建立快速反应和应急处理

机制，及时采取措施，确保突发饮用水污染卫生事件在校园内的蔓延。提高广大师生员工的自我保护意识。

(二)保障措施

1.组织机构保障

学校成立突发饮用水污染公共卫生事件领导小组，学校卫生室具体负责突发饮用水污染公共卫生事件的日常预防与控制工作。

2.人力资源保障

学校应按照《学校卫生工作条例》的要求配备卫生技术人员。工作人员应具备高度的工作责任感，定期接受卫生部门组织的突发饮用水污染卫生事件应急处理知识、技能的培训和演练，熟悉突发饮用水卫生事件的预防与控制知识，具有处理突发事件的快速反应能力。

3.财力和物资保障

学校安排必要的经费预算，为突发饮用水卫生事件的防治工作提供合理而充足的资金保障和物资储备。

(三)突发事件预防

1.高度重视，切实加强对学校卫生工作的领导和管理。学校应经常对食堂、教学环境与饮用水卫生进行自查，尽早发现问题，及时消除安全隐患。

2.增加学校卫生投入，切实改善学校卫生基础设施和条件。

3.采取有效措施，强化学校卫生规范化管理。加强学校生活饮用水的管理，防止因水污染造成疾病传播。

4.加强饮用水卫生健康教育，提高师生的防疫抗病能力。

第十一章　群体性心因性事件的防治

第一节　概述

群体性心因性反应也称群体性癔症,属于神经官能症的范畴,是癔症的一种类型,为心理因素性疾病。随着生活水平的提高和生活节奏的加快,人们的心理和精神压力加重,癔症的发病率也随之提高,临床上以个体性癔症较为多见。群体性癔症常发生于人群密集的场所,如学校、教堂或公共场所等。常因学生食入一个公用性食物,如牛奶、豆浆、纯净水等,或统一进餐等引发食物中毒样群体性心因性事件最为多见,疫苗接种造成的群体性心因性事件也较常见。

一、群体性心因性事件的特点

(一)群体性癔症

群体性癔症是一种由于心理因素造成的疾病,因此在临床表现上既有精神症状,又有躯体症状,但一般找不到器质性的病变。患者往往会有妄想或各种不适感,具体表现和轻重程度因人而异。

(二)高发人群的特定性

好发于中小学生及偏远地区。7~15 岁年龄阶段的学生好奇心强、模仿力强、易受环境影响,由于经济欠发达及文化封闭,缺乏宣传教育,使他们对预防接种等事件的意义认识不足,又由于他们害怕打针,并受一些不良看法的误导和渲染,易导致该病发生。

(三)发作的暗示性

在群体预防接种等事件中,个别孩子因特异体质或心理原因,会发生接种反应。由于未能及时妥当处理,使其同伴产生恐惧心理,在同伴、家属等人的语言、动作或表情的启发下,诱发症状,继而发生相似症状并相互影响。可因精神或心理作用而发病,也可因精神或心理作用而好转,安慰及暗示治疗有效。

(四)症征不符

主观症状与客观体征检查不符,多有症状而无体征及实验室检查指证,有功能性障碍而无器质性损害。如多有恶心而不呕吐，腹痛而不腹泻，肢体麻木、运动障碍而神经反射检查正常等表现。

(五)症状的多样性

发病者可同时出现多个系统的症状，常见的有头疼、头晕、腹痛、呕吐、肢体麻木、运动障碍、视听障碍等。

(六)发作的反复性

在事件没有平息前，发病者的症状可以反复发作，其表现完全一样，即医生检查时症状出现，无人时症状减轻或消失，似有表演的迹象。

二、群体性心因反应的临床表现

群体性心因反应的临床表现主要为症征不符，也就是患者表现出的症状与体征不相符合，症状多样，个体常出现癔症性精神障碍及躯体障碍。精神障碍表现为意识蒙胧，情感暴发，假性痴呆等。躯体障碍表现为痉挛或抽搐发作、肢体疼痛、震颤、瘫痪等运动障碍、感觉缺失或过敏、疼痛、失明耳聋等感觉障碍，以及疲乏无力，面色苍白，四肢发凉，心率加快，换气过度，厌食，恶心，呕吐，腹痛。神经系统检查、实验室检查无异常，病情变化与精神因素有关，具有暗示性和传染性。良性影响下症状好转，恶性影响下症状加剧。

第二节　群体性心因反应的治疗与预防

一、治疗

(一)隔离患者

应立即将患者转移出现场，并置于不同房间隔离治疗。分散处理，分类管理，避免患者之间相互影响及效仿，增加症状的顽固性和丰富性。

(二)消除紧张性情绪环境

要消除或撤离使患者产生情绪激动的精神因素或环境，同时要注意消除周围环境的不良暗示影响，例如家属或周围人对疾病惊恐焦虑、对患者过分照顾等。

(三)对症治疗

对患者的躯体症状应采用相应的对症治疗措施，对某些精神反应特别强的个体可适当使用镇静药物。

(四)心理治疗

心理治疗是群体性心因性反应治疗的主要方法,治疗之前要取得患者的充分信任与合作,还要做好家属的配合工作,并且在治疗后将本病的基本知识教给家长,尽可能避免暗示作用的再次发生。

(五)着重治疗关键患者

关键患者是指那些影响力较大的患者,具有榜样作用。着重治疗关键患者可起到事半功倍的效果。

(六)做好说教工作

争取家人及早愈患者的配合,向其他患者传授战胜疾病的经验和方法,引导其他患者解除思想负担,可收到较好的效果。

二、预防

(一)宣传教育,预防为主

平时要做好宣传教育工作。如在开展预防接种前,通过不同的方式向受种者及其相关人员宣传接种的目的、意义,接种后可能出现的反应及其处理原则,使接种者心理上有所准备,避免出现过度紧张和恐惧。

(二)加强培训,规范操作

参与接种的工作人员必须是经过培训、具有专业技术资格的从业人员。要严格按免疫程序接种,充分了解疫苗的特性,掌握应对可能出现的接种反应的措施和方法。严格掌握禁忌证,如有发热、急性疾病、过敏史者,一般应缓用或不用疫苗,防止偶合症的发生。对接种对象要缩短等待时间,避免不良的语言暗示。

(三)定点接种,事先申报

接种工作只能在卫生行政部门认可的接种点进行,必须备有对异常反应有效救治的药品和设备。严格执行《疫苗流通和预防接种管理条例》,不擅自进行群体性接种。确有必要开展群体性预防接种,必须向有关部门申报,经批准后方可实施。

(四)加强管理,规范程序

不得扩大接种年龄范围和增加接种次数。加强对疫苗采购、运输、储存和使用的管理。不得从国家规定以外的非法渠道购进疫苗,在运输和储存中严格执行温度规定。

(五)分散处理,疏导为主

在接种过程中若发生接种反应,应立即救治并与其他受种者隔离,做好受种者及其家属工作,避免症状“传染”给其他受种人员。一旦发生群体性心因性反应,应及时疏散病人，隔离治疗，避免相互影响。及时请临床和流行病学专家进行调查，并对发病者家属、当地领导进行相关卫生知识的宣传，促使相关人员配合处理工作；在调查和控制事件的过程中，参加现场处理的人员应保持镇定和良好的秩序，避免人为渲染和现场杂乱造成发病者及家人的心理负担。

（六）暗示治疗，适度处理

避免过度关注，防止过度渲染。多观察、少询问是很好的方法。消除恐慌及顾虑心理，稳定情绪，辅以药物治疗，可使用小剂量镇静剂，采用暗示疗法往往会收到意想不到的效果。

（七）仔细观察，及时上报

群体反应人员的个体差异较大，应注意接种反应之外的并发症，并及时报告，要求积极配合做好治疗工作，特别要防止不明真相的群众和少数人受经济目的和迷信思想所利用而聚众闹事。

（八）信息发布，归口管理

《传染病防治法》和《突发公共卫生事件应急条例》中对此类事件的信息发布均有明确规定和具体要求，任何单位和个人不得随意发布和传播。

近年来，在学校预防接种等工作中常有群体性心因性反应事件发生，该事件的发生越来越引起了受种者及家属、防疫工作人员及政府相关管理部门的重视。学校预防接种是预防和控制传染病发生最有效、最经济的手段，虽偶有接种反应发生，但两者比较，预防接种对减少或消灭传染病、提高国民健康水平的作用远远大于后者的影响。只要在预防接种过程中，工作人员严格遵守国家法规和接种规范，采取正确的措施加以预防，就能有效地避免群体性心因性反应事件的发生和由此带来的负面影响。

附　录

附录1　中华人民共和国传染病防治法

第一章　总则

第一条　为了预防、控制和消除传染病的发生与流行，保障人体健康和公共卫生，制定本法。

第二条　国家对传染病防治实行预防为主的方针，防治结合、分类管理、依靠科学、依靠群众。

第三条　本法规定的传染病分为甲类、乙类和丙类。

甲类传染病是指鼠疫、霍乱。

乙类传染病是指传染性非典型肺炎、艾滋病、病毒性肝炎、脊髓灰质炎、人感染高致病性禽流感、麻疹、流行性出血热、狂犬病、流行性乙型脑炎、登革热、炭疽、细菌性和阿米巴性痢疾、肺结核、伤寒和副伤寒、流行性脑脊髓膜炎、百日咳、白喉、新生儿破伤风、猩红热、布鲁氏菌病、淋病、梅毒、钩端螺旋体病、血吸虫病、疟疾。

丙类传染病是指流行性感冒、流行性腮腺炎、风疹、急性出血性结膜炎、麻风病、流行性和地方性斑疹伤寒、黑热病、包虫病、丝虫病，除霍乱、细菌性和阿米巴性痢疾、伤寒和副伤寒以外的感染性腹泻病。

上述规定以外的其他传染病，根据其暴发、流行情况和危害程度，需要列入乙类、丙类传染病的，由国务院卫生行政部门决定并予以公布。

第四条　对乙类传染病中传染性非典型肺炎、炭疽中的肺炭疽和人感染高致病性禽流感，采取本法所称甲类传染病的预防、控制措施。其他乙类传染病和突发原因不明的传染病需要采取本法所称甲类传染病的预防、控制措施的，由国务院卫生行政部门及时报经国务院批准后予以公布、实施。

省、自治区、直辖市人民政府对本行政区域内常见、多发的其他地方性传染病，可以根据情况决定按照乙类或者丙类传染病管理并予以公布，报国务院卫生行政部门备案。

第五条　各级人民政府领导传染病防治工作。

县级以上人民政府制定传染病防治规划并组织实施，建立健全传染病防治的疾病预防控制、医疗救治和监督管理体系。

第六条　国务院卫生行政部门主管全国传染病防治及其监督管理工作。县级以上地方人民政府卫生行政部门负责本行政区域内的传染病防治及其监督管理工作。

县级以上人民政府其他部门在各自的职责范围内负责传染病防治工作。

军队的传染病防治工作，依照本法和国家有关规定办理，由中国人民解放军卫生主管部门实施监督管理。

第七条　各级疾病预防控制机构承担传染病监测、预测、流行病学调查、疫情报告以及其他预防、控制工作。

医疗机构承担与医疗救治有关的传染病防治工作和责任区域内的传染病预防工作。城市社区和农村基层医疗机构在疾病预防控制机构的指导下,承担城市社区、农村基层相应的传染病防治工作。

第八条 国家发展现代医学和中医药等传统医学,支持和鼓励开展传染病防治的科学研究,提高传染病防治的科学技术水平。

国家支持和鼓励开展传染病防治的国际合作。

第九条 国家支持和鼓励单位和个人参与传染病防治工作。各级人民政府应当完善有关制度,方便单位和个人参与防治传染病的宣传教育、疫情报告、志愿服务和捐赠活动。

居民委员会、村民委员会应当组织居民、村民参与社区、农村的传染病预防与控制活动。

第十条 国家开展预防传染病的健康教育。新闻媒体应当无偿开展传染病防治和公共卫生教育的公益宣传。

各级各类学校应当对学生进行健康知识和传染病预防知识的教育。

医学院校应当加强预防医学教育和科学研究,对在校学生以及其他与传染病防治相关人员进行预防医学教育和培训,为传染病防治工作提供技术支持。

疾病预防控制机构、医疗机构应当定期对其工作人员进行传染病防治知识、技能的培训。

第十一条 对在传染病防治工作中做出显著成绩和贡献的单位和个人,给予表彰和奖励。

对因参与传染病防治工作致病、致残、死亡的人员,按照有关规定给予补助、抚恤。

第十二条 在中华人民共和国领域内的一切单位和个人,必须接受疾病预防控制机构、医疗机构有关传染病的调查、检验、采集样本、隔离治疗等预防、控制措施,如实提供有关情况。疾病预防控制机构、医疗机构不得泄露涉及个人隐私的有关信息、资料。

卫生行政部门以及其他有关部门、疾病预防控制机构和医疗机构因违法实施行政管理或者预防、控制措施,侵犯单位和个人合法权益的,有关单位和个人可以依法申请行政复议或者提起诉讼。

第二章 传染病预防

第十三条 各级人民政府组织开展群众性卫生活动,进行预防传染病的健康教育,倡导文明健康的生活方式,提高公众对传染病的防治意识和应对能力,加强环境卫生建设,消除鼠害和蚊、蝇等病媒生物的危害。

各级人民政府农业、水利、林业行政部门按照职责分工负责指导和组织消除农田、湖区、河流、牧场、林区的鼠害与血吸虫危害,以及其他传播传染病的动物和病媒生物的危害。

铁路、交通、民用航空行政部门负责组织消除交通工具以及相关场所的鼠害和蚊、蝇等病媒生物的危害。

第十四条 地方各级人民政府应当有计划地建设和改造公共卫生设施,改善饮用水卫生条件,对污水、污物、粪便进行无害化处置。

第十五条 国家实行有计划的预防接种制度。国务院卫生行政部门和省、自治区、直辖市人民政府卫生行政部门,根据传染病预防、控制的需要,制定传染病预防接种规划并组织实施。用于预防接种的疫苗必须符合国家质量标准。

国家对儿童实行预防接种证制度。国家免疫规划项目的预防接种实行免费。医疗机构、疾病预防控制机构与儿童的监护人应当相互配合,保证儿童及时接受预防接种。具体办法由国务院制定。

第十六条 国家和社会应当关心、帮助传染病病人、病原携带者和疑似传染病病人,使其得到及时救治。任何单位和个人不得歧视传染病病人、病原携带者和疑似传染病病人。

传染病病人、病原携带者和疑似传染病病人,在治愈前或者在排除传染病嫌疑前,不得从事法律、行政法规和国务院卫生行政部门规定禁止从事的易使该传染病扩散的工作。

第十七条　国家建立传染病监测制度。

国务院卫生行政部门制定国家传染病监测规划和方案。省、自治区、直辖市人民政府卫生行政部门根据国家传染病监测规划和方案,制定本行政区域的传染病监测计划和工作方案。

各级疾病预防控制机构对传染病的发生、流行以及影响其发生、流行的因素,进行监测;对国外发生、国内尚未发生的传染病或者国内新发生的传染病,进行监测。

第十八条　各级疾病预防控制机构在传染病预防控制中履行下列职责:

(一)实施传染病预防控制规划、计划和方案;

(二)收集、分析和报告传染病监测信息,预测传染病的发生、流行趋势;

(三)开展对传染病疫情和突发公共卫生事件的流行病学调查、现场处理及其效果评价;

(四)开展传染病实验室检测、诊断、病原学鉴定;

(五)实施免疫规划,负责预防性生物制品的使用管理;

(六)开展健康教育、咨询,普及传染病防治知识;

(七)指导、培训下级疾病预防控制机构及其工作人员开展传染病监测工作;

(八)开展传染病防治应用性研究和卫生评价,提供技术咨询。

国家、省级疾病预防控制机构负责对传染病发生、流行以及分布进行监测,对重大传染病流行趋势进行预测,提出预防控制对策,参与并指导对暴发的疫情进行调查处理,开展传染病病原学鉴定,建立检测质量控制体系,开展应用性研究和卫生评价。

设区的市和县级疾病预防控制机构负责传染病预防控制规划、方案的落实,组织实施免疫、消毒、控制病媒生物的危害,普及传染病防治知识,负责本地区疫情和突发公共卫生事件监测、报告,开展流行病学调查和常见病原微生物检测。

第十九条　国家建立传染病预警制度。

国务院卫生行政部门和省、自治区、直辖市人民政府根据传染病发生、流行趋势的预测,及时发出传染病预警,根据情况予以公布。

第二十条　县级以上地方人民政府应当制定传染病预防、控制预案,报上一级人民政府备案。

传染病预防、控制预案应当包括以下主要内容:

(一)传染病预防控制指挥部的组成和相关部门的职责;

(二)传染病的监测、信息收集、分析、报告、通报制度;

(三)疾病预防控制机构、医疗机构在发生传染病疫情时的任务与职责;

(四)传染病暴发、流行情况的分级以及相应的应急工作方案;

(五)传染病预防、疫点疫区现场控制,应急设施、设备、救治药品和医疗器械以及其他物资和技术的储备与调用。

地方人民政府和疾病预防控制机构接到国务院卫生行政部门或者省、自治区、直辖市人民政府发出的传染病预警后,应当按照传染病预防、控制预案,采取相应的预防、控制措施。

第二十一条　医疗机构必须严格执行国务院卫生行政部门规定的管理制度、操作规范,防止传染病的医源性感染和医院感染。

医疗机构应当确定专门的部门或者人员,承担传染病疫情报告、本单位的传染病预防、控制以及责任区域内的传染病预防工作;承担医疗活动中与医院感染有关的危险因素监测、安全防护、消毒、隔离和医疗废物处置工作。

疾病预防控制机构应当指定专门人员负责对医疗机构内传染病预防工作进行指导、考核,开展流行病学调查。

第二十二条 疾病预防控制机构、医疗机构的实验室和从事病原微生物实验的单位，应当符合国家规定的条件和技术标准，建立严格的监督管理制度，对传染病病原体样本按照规定的措施实行严格监督管理，严防传染病病原体的实验室感染和病原微生物的扩散。

第二十三条 采供血机构、生物制品生产单位必须严格执行国家有关规定，保证血液、血液制品的质量。禁止非法采集血液或者组织他人出卖血液。

疾病预防控制机构、医疗机构使用血液和血液制品，必须遵守国家有关规定，防止因输入血液、使用血液制品引起经血液传播疾病的发生。

第二十四条 各级人民政府应当加强艾滋病的防治工作，采取预防、控制措施，防止艾滋病的传播。具体办法由国务院制定。

第二十五条 县级以上人民政府农业、林业行政部门以及其他有关部门，依据各自的职责负责与人畜共患传染病有关的动物传染病的防治管理工作。

与人畜共患传染病有关的野生动物、家畜家禽，经检疫合格后，方可出售、运输。

第二十六条 国家建立传染病菌种、毒种库。

对传染病菌种、毒种和传染病检测样本的采集、保藏、携带、运输和使用实行分类管理，建立健全严格的管理制度。

对可能导致甲类传染病传播的以及国务院卫生行政部门规定的菌种、毒种和传染病检测样本，确需采集、保藏、携带、运输和使用的，须经省级以上人民政府卫生行政部门批准。具体办法由国务院制定。

第二十七条 对被传染病病原体污染的污水、污物、场所和物品，有关单位和个人必须在疾病预防控制机构的指导下或者按照其提出的卫生要求，进行严格消毒处理；拒绝消毒处理的，由当地卫生行政部门或者疾病预防控制机构进行强制消毒处理。

第二十八条 在国家确认的自然疫源地计划兴建水利、交通、旅游、能源等大型建设项目的，应当事先由省级以上疾病预防控制机构对施工环境进行卫生调查。建设单位应当根据疾病预防控制机构的意见，采取必要的传染病预防、控制措施。施工期间，建设单位应当设专人负责工地上的卫生防疫工作。工程竣工后，疾病预防控制机构应当对可能发生的传染病进行监测。

第二十九条 用于传染病防治的消毒产品、饮用水供水单位供应的饮用水和涉及饮用水卫生安全的产品，应当符合国家卫生标准和卫生规范。

饮用水供水单位从事生产或者供应活动，应当依法取得卫生许可证。

生产用于传染病防治的消毒产品的单位和生产用于传染病防治的消毒产品，应当经省级以上人民政府卫生行政部门审批。具体办法由国务院制定。

第三章 疫情报告、通报和公布

第三十条 疾病预防控制机构、医疗机构和采供血机构及其执行职务的人员发现本法规定的传染病疫情或者发现其他传染病暴发、流行以及突发原因不明的传染病时，应当遵循疫情报告属地管理原则，按照国务院规定的或者国务院卫生行政部门规定的内容、程序、方式和时限报告。

军队医疗机构向社会公众提供医疗服务，发现前款规定的传染病疫情时，应当按照国务院卫生行政部门的规定报告。

第三十一条 任何单位和个人发现传染病病人或者疑似传染病病人时，应当及时向附近的疾病预防控制机构或者医疗机构报告。

第三十二条 港口、机场、铁路疾病预防控制机构以及国境卫生检疫机关发现甲类传染病病人、病原携带者、疑似传染病病人时，应当按照国家有关规定立即向国境口岸所在地的疾病预防控制机构或者所在地县级以上地方人民政府卫生行政部门报告并互相通报。

第三十三条 疾病预防控制机构应当主动收集、分析、调查、核实传染病疫情信息。接到甲类、乙类传染病疫情报告或者发现传染病暴发、流行时,应当立即报告当地卫生行政部门,由当地卫生行政部门立即报告当地人民政府,同时报告上级卫生行政部门和国务院卫生行政部门。

疾病预防控制机构应当设立或者指定专门的部门、人员负责传染病疫情信息管理工作,及时对疫情报告进行核实、分析。

第三十四条 县级以上地方人民政府卫生行政部门应当及时向本行政区域内的疾病预防控制机构和医疗机构通报传染病疫情以及监测、预警的相关信息。接到通报的疾病预防控制机构和医疗机构应当及时告知本单位的有关人员。

第三十五条 国务院卫生行政部门应当及时向国务院其他有关部门和各省、自治区、直辖市人民政府卫生行政部门通报全国传染病疫情以及监测、预警的相关信息。

毗邻的以及相关的地方人民政府卫生行政部门,应当及时互相通报本行政区域的传染病疫情以及监测、预警的相关信息。

县级以上人民政府有关部门发现传染病疫情时,应当及时向同级人民政府卫生行政部门通报。

中国人民解放军卫生主管部门发现传染病疫情时,应当向国务院卫生行政部门通报。

第三十六条 动物防疫机构和疾病预防控制机构,应当及时互相通报动物间和人间发生的人畜共患传染病疫情以及相关信息。

第三十七条 依照本法的规定负有传染病疫情报告职责的人民政府有关部门、疾病预防控制机构、医疗机构、采供血机构及其工作人员,不得隐瞒、谎报、缓报传染病疫情。

第三十八条 国家建立传染病疫情信息公布制度。

国务院卫生行政部门定期公布全国传染病疫情信息。省、自治区、直辖市人民政府卫生行政部门定期公布本行政区域的传染病疫情信息。

传染病暴发、流行时,国务院卫生行政部门负责向社会公布传染病疫情信息,并可以授权省、自治区、直辖市人民政府卫生行政部门向社会公布本行政区域的传染病疫情信息。

公布传染病疫情信息应当及时、准确。

第四章 疫情控制

第三十九条 医疗机构发现甲类传染病时,应当及时采取下列措施:

(一)对病人、病原携带者,予以隔离治疗,隔离期限根据医学检查结果确定;

(二)对疑似病人,确诊前在指定场所单独隔离治疗;

(三)对医疗机构内的病人、病原携带者、疑似病人的密切接触者,在指定场所进行医学观察和采取其他必要的预防措施。

拒绝隔离治疗或者隔离期未满擅自脱离隔离治疗的,可以由公安机关协助医疗机构采取强制隔离治疗措施。

医疗机构发现乙类或者丙类传染病病人,应当根据病情采取必要的治疗和控制传播措施。

医疗机构对本单位内被传染病病原体污染的场所、物品以及医疗废物,必须依照法律、法规的规定实施消毒和无害化处置。

第四十条 疾病预防控制机构发现传染病疫情或者接到传染病疫情报告时,应当及时采取下列措施:

(一)对传染病疫情进行流行病学调查,根据调查情况提出划定疫点、疫区的建议,对被污染的场所进行卫生处理,对密切接触者,在指定场所进行医学观察和采取其他必要的预防措施,并向卫生行政部门提出疫情控制方案；

（二）传染病暴发、流行时，对疫点、疫区进行卫生处理，向卫生行政部门提出疫情控制方案，并按照卫生行政部门的要求采取措施；

（三）指导下级疾病预防控制机构实施传染病预防、控制措施，组织、指导有关单位对传染病疫情的处理。

第四十一条　对已经发生甲类传染病病例的场所或者该场所内的特定区域的人员，所在地的县级以上地方人民政府可以实施隔离措施，并同时向上一级人民政府报告；接到报告的上级人民政府应当即时作出是否批准的决定。上级人民政府作出不予批准决定的，实施隔离措施的人民政府应当立即解除隔离措施。

在隔离期间，实施隔离措施的人民政府应当对被隔离人员提供生活保障；被隔离人员有工作单位的，所在单位不得停止支付其隔离期间的工作报酬。

隔离措施的解除，由原决定机关决定并宣布。

第四十二条　传染病暴发、流行时，县级以上地方人民政府应当立即组织力量，按照预防、控制预案进行防治，切断传染病的传播途径，必要时，报经上一级人民政府决定，可以采取下列紧急措施并予以公告：

（一）限制或者停止集市、影剧院演出或者其他人群聚集的活动；

（二）停工、停业、停课；

（三）封闭或者封存被传染病病原体污染的公共饮用水源、食品以及相关物品；

（四）控制或者扑杀染疫野生动物、家畜家禽；

（五）封闭可能造成传染病扩散的场所。

上级人民政府接到下级人民政府关于采取前款所列紧急措施的报告时，应当即时作出决定。

紧急措施的解除，由原决定机关决定并宣布。

第四十三条　甲类、乙类传染病暴发、流行时，县级以上地方人民政府报经上一级人民政府决定，可以宣布本行政区域部分或者全部为疫区；国务院可以决定并宣布跨省、自治区、直辖市的疫区。县级以上地方人民政府可以在疫区内采取本法第四十二条规定的紧急措施，并可以对出入疫区的人员、物资和交通工具实施卫生检疫。

省、自治区、直辖市人民政府可以决定对本行政区域内的甲类传染病疫区实施封锁；但是，封锁大、中城市的疫区或者封锁跨省、自治区、直辖市的疫区，以及封锁疫区导致中断干线交通或者封锁国境的，由国务院决定。

疫区封锁的解除，由原决定机关决定并宣布。

第四十四条　发生甲类传染病时，为了防止该传染病通过交通工具及其乘运的人员、物资传播，可以实施交通卫生检疫。具体办法由国务院制定。

第四十五条　传染病暴发、流行时，根据传染病疫情控制的需要，国务院有权在全国范围或者跨省、自治区、直辖市范围内，县级以上地方人民政府有权在本行政区域内紧急调集人员或者调用储备物资，临时征用房屋、交通工具以及相关设施、设备。

紧急调集人员的，应当按照规定给予合理报酬。临时征用房屋、交通工具以及相关设施、设备的，应当依法给予补偿；能返还的，应当及时返还。

第四十六条　患甲类传染病、炭疽死亡的，应当将尸体立即进行卫生处理，就近火化。患其他传染病死亡的，必要时，应当将尸体进行卫生处理后火化或者按照规定深埋。

为了查找传染病病因，医疗机构在必要时可以按照国务院卫生行政部门的规定，对传染病病人尸体或者疑似传染病病人尸体进行解剖查验,并应当告知死者家属。

第四十七条 疫区中被传染病病原体污染或者可能被传染病病原体污染的物品，经消毒可以使用的,应当在当地疾病预防控制机构的指导下,进行消毒处理后,方可使用、出售和运输。

第四十八条 发生传染病疫情时，疾病预防控制机构和省级以上人民政府卫生行政部门指派的其他与传染病有关的专业技术机构,可以进入传染病疫点、疫区进行调查、采集样本、技术分析和检验。

第四十九条 传染病暴发、流行时,药品和医疗器械生产、供应单位应当及时生产、供应防治传染病的药品和医疗器械。铁路、交通、民用航空经营单位必须优先运送处理传染病疫情的人员以及防治传染病的药品和医疗器械。县级以上人民政府有关部门应当做好组织协调工作。

第五章 医疗救治

第五十条 县级以上人民政府应当加强和完善传染病医疗救治服务网络的建设，指定具备传染病救治条件和能力的医疗机构承担传染病救治任务,或者根据传染病救治需要设置传染病医院。

第五十一条 医疗机构的基本标准、建筑设计和服务流程,应当符合预防传染病医院感染的要求。

医疗机构应当按照规定对使用的医疗器械进行消毒;对按照规定一次使用的医疗器具,应当在使用后予以销毁。

医疗机构应当按照国务院卫生行政部门规定的传染病诊断标准和治疗要求,采取相应措施,提高传染病医疗救治能力。

第五十二条 医疗机构应当对传染病病人或者疑似传染病病人提供医疗救护、现场救援和接诊治疗,书写病历记录以及其他有关资料,并妥善保管。

医疗机构应当实行传染病预检、分诊制度;对传染病病人、疑似传染病病人,应当引导至相对隔离的分诊点进行初诊。医疗机构不具备相应救治能力的,应当将患者及其病历记录复印件一并转至具备相应救治能力的医疗机构。具体办法由国务院卫生行政部门规定。

第六章 监督管理

第五十三条 县级以上人民政府卫生行政部门对传染病防治工作履行下列监督检查职责:

(一)对下级人民政府卫生行政部门履行本法规定的传染病防治职责进行监督检查;

(二)对疾病预防控制机构、医疗机构的传染病防治工作进行监督检查;

(三)对采供血机构的采供血活动进行监督检查;

(四)对用于传染病防治的消毒产品及其生产单位进行监督检查,并对饮用水供水单位从事生产或者供应活动以及涉及饮用水卫生安全的产品进行监督检查;

(五)对传染病菌种、毒种和传染病检测样本的采集、保藏、携带、运输、使用进行监督检查;

(六)对公共场所和有关单位的卫生条件和传染病预防、控制措施进行监督检查。

省级以上人民政府卫生行政部门负责组织对传染病防治重大事项的处理。

第五十四条 县级以上人民政府卫生行政部门在履行监督检查职责时，有权进入被检查单位和传染病疫情发生现场调查取证，查阅或者复制有关的资料和采集样本。被检查单位应当予以配合,不得拒绝、阻挠。

第五十五条 县级以上地方人民政府卫生行政部门在履行监督检查职责时，发现被传染病病原体污染的公共饮用水源、食品以及相关物品,如不及时采取控制措施可能导致传染病传播、流行的,可以采取封闭公共饮用水源、封存食品以及相关物品或者暂停销售的临时控制措施,并予以检验或者进行消毒。经检验,属于被污染的食品,应当予以销毁;对未被污染的食品或者经消毒后可以使用的物品,应当解除控制措施。

第五十六条 卫生行政部门工作人员依法执行职务时,应当不少于两人,并出示执法证件,填写卫生执法文书。

卫生执法文书经核对无误后,应当由卫生执法人员和当事人签名。当事人拒绝签名的,卫生执法人员应当注明情况。

第五十七条 卫生行政部门应当依法建立健全内部监督制度,对其工作人员依据法定职权和程序履行职责的情况进行监督。

上级卫生行政部门发现下级卫生行政部门不及时处理职责范围内的事项或者不履行职责的,应当责令纠正或者直接予以处理。

第五十八条 卫生行政部门及其工作人员履行职责,应当自觉接受社会和公民的监督。单位和个人有权向上级人民政府及其卫生行政部门举报违反本法的行为。接到举报的有关人民政府或者其卫生行政部门,应当及时调查处理。

第七章 保障措施

第五十九条 国家将传染病防治工作纳入国民经济和社会发展计划,县级以上地方人民政府将传染病防治工作纳入本行政区域的国民经济和社会发展计划。

第六十条 县级以上地方人民政府按照本级政府职责负责本行政区域内传染病预防、控制、监督工作的日常经费。

国务院卫生行政部门会同国务院有关部门,根据传染病流行趋势,确定全国传染病预防、控制、救治、监测、预测、预警、监督检查等项目。中央财政对困难地区实施重大传染病防治项目给予补助。

省、自治区、直辖市人民政府根据本行政区域内传染病流行趋势,在国务院卫生行政部门确定的项目范围内,确定传染病预防、控制、监督等项目,并保障项目的实施经费。

第六十一条 国家加强基层传染病防治体系建设,扶持贫困地区和少数民族地区的传染病防治工作。

地方各级人民政府应当保障城市社区、农村基层传染病预防工作的经费。

第六十二条 国家对患有特定传染病的困难人群实行医疗救助,减免医疗费用。具体办法由国务院卫生行政部门会同国务院财政部门等部门制定。

第六十三条 县级以上人民政府负责储备防治传染病的药品、医疗器械和其他物资,以备调用。

第六十四条 对从事传染病预防、医疗、科研、教学、现场处理疫情的人员,以及在生产、工作中接触传染病病原体的其他人员,有关单位应当按照国家规定,采取有效的卫生防护措施和医疗保健措施,并给予适当的津贴。

第八章 法律责任

第六十五条 地方各级人民政府未依照本法的规定履行报告职责,或者隐瞒、谎报、缓报传染病疫情,或者在传染病暴发、流行时,未及时组织救治、采取控制措施的,由上级人民政府责令改正,通报批评;造成传染病传播、流行或者其他严重后果的,对负有责任的主管人员,依法给予行政处分;构成犯罪的,依法追究刑事责任。

第六十六条 县级以上人民政府卫生行政部门违反本法规定,有下列情形之一的,由本级人民政府、上级人民政府卫生行政部门责令改正,通报批评;造成传染病传播、流行或者其他严重后果的,对负有责任的主管人员和其他直接责任人员,依法给予行政处分;构成犯罪的,依法追究刑事责任:

(一)未依法履行传染病疫情通报、报告或者公布职责,或者隐瞒、谎报、缓报传染病疫情的;

(二)发生或者可能发生传染病传播时未及时采取预防、控制措施的;

(三)未依法履行监督检查职责,或者发现违法行为不及时查处的;

(四)未及时调查、处理单位和个人对下级卫生行政部门不履行传染病防治职责的举报的;

(五)违反本法的其他失职、渎职行为。

第六十七条 县级以上人民政府有关部门未依照本法的规定履行传染病防治和保障职责的,由本级人民政府或者上级人民政府有关部门责令改正,通报批评;造成传染病传播、流行或者其他严重后果的,对负有责任的主管人员和其他直接责任人员,依法给予行政处分;构成犯罪的,依法追究刑事责任。

第六十八条 疾病预防控制机构违反本法规定,有下列情形之一的,由县级以上人民政府卫生行政部门责令限期改正,通报批评,给予警告;对负有责任的主管人员和其他直接责任人员,依法给予降级、撤职、开除的处分,并可以依法吊销有关责任人员的执业证书;构成犯罪的,依法追究刑事责任:

(一)未依法履行传染病监测职责的;

(二)未依法履行传染病疫情报告、通报职责,或者隐瞒、谎报、缓报传染病疫情的;

(三)未主动收集传染病疫情信息,或者对传染病疫情信息和疫情报告未及时进行分析、调查、核实的;

(四)发现传染病疫情时,未依据职责及时采取本法规定的措施的;

(五)故意泄露传染病病人、病原携带者、疑似传染病病人、密切接触者涉及个人隐私的有关信息、资料的。

第六十九条 医疗机构违反本法规定,有下列情形之一的,由县级以上人民政府卫生行政部门责令改正,通报批评,给予警告;造成传染病传播、流行或者其他严重后果的,对负有责任的主管人员和其他直接责任人员,依法给予降级、撤职、开除的处分,并可以依法吊销有关责任人员的执业证书;构成犯罪的,依法追究刑事责任:

(一)未按照规定承担本单位的传染病预防、控制工作、医院感染控制任务和责任区域内的传染病预防工作的;

(二)未按照规定报告传染病疫情,或者隐瞒、谎报、缓报传染病疫情的;

(三)发现传染病疫情时,未按照规定对传染病病人、疑似传染病病人提供医疗救护、现场救援、接诊、转诊的,或者拒绝接受转诊的;

(四)未按照规定对本单位内被传染病病原体污染的场所、物品以及医疗废物实施消毒或者无害化处置的;

(五)未按照规定对医疗器械进行消毒,或者对按照规定一次使用的医疗器具未予销毁,再次使用的;

(六)在医疗救治过程中未按照规定保管医学记录资料的;

(七)故意泄露传染病病人、病原携带者、疑似传染病病人、密切接触者涉及个人隐私的有关信息、资料的。

第七十条 采供血机构未按照规定报告传染病疫情,或者隐瞒、谎报、缓报传染病疫情,或者未执行国家有关规定,导致因输入血液引起经血液传播疾病发生的,由县级以上人民政府卫生行政部门责令改正,通报批评,给予警告;造成传染病传播、流行或者其他严重后果的,对负有责任的主管人员和其他直接责任人员,依法给予降级、撤职、开除的处分,并可以依法吊销采供血机构的执业许可证;构成犯罪的,依法追究刑事责任。

非法采集血液或者组织他人出卖血液的,由县级以上人民政府卫生行政部门予以取缔,没收违法所得,可以并处十万元以下的罚款;构成犯罪的,依法追究刑事责任。

第七十一条 国境卫生检疫机关、动物防疫机构未依法履行传染病疫情通报职责的,由有关部门在各自职责范围内责令改正,通报批评;造成传染病传播、流行或者其他严重后果的,对负有责任的主管人员和其他直接责任人员,依法给予降级、撤职、开除的处分;构成犯罪的,依法追究刑事责任。

第七十二条 铁路、交通、民用航空经营单位未依照本法的规定优先运送处理传染病疫情的人员以及防治传染病的药品和医疗器械的,由有关部门责令限期改正,给予警告;造成严重后果的,对负有责任的主管人员和其他直接责任人员,依法给予降级、撤职、开除的处分。

第七十三条 违反本法规定,有下列情形之一,导致或者可能导致传染病传播、流行的,由县级以上人民政府卫生行政部门责令限期改正,没收违法所得,可以并处五万元以下的罚款;已取得许可证的,原发证部门可以依法暂扣或者吊销许可证;构成犯罪的,依法追究刑事责任:

(一)饮用水供水单位供应的饮用水不符合国家卫生标准和卫生规范的;

(二)涉及饮用水卫生安全的产品不符合国家卫生标准和卫生规范的;

(三)用于传染病防治的消毒产品不符合国家卫生标准和卫生规范的;

(四)出售、运输疫区中被传染病病原体污染或者可能被传染病病原体污染的物品,未进行消毒处理的;

(五)生物制品生产单位生产的血液制品不符合国家质量标准的。

第七十四条 违反本法规定,有下列情形之一的,由县级以上地方人民政府卫生行政部门责令改正,通报批评,给予警告,已取得许可证的,可以依法暂扣或者吊销许可证;造成传染病传播、流行以及其他严重后果的,对负有责任的主管人员和其他直接责任人员,依法给予降级、撤职、开除的处分,并可以依法吊销有关责任人员的执业证书;构成犯罪的,依法追究刑事责任:

(一)疾病预防控制机构、医疗机构和从事病原微生物实验的单位,不符合国家规定的条件和技术标准,对传染病病原体样本未按照规定进行严格管理,造成实验室感染和病原微生物扩散的;

(二)违反国家有关规定,采集、保藏、携带、运输和使用传染病菌种、毒种和传染病检测样本的;

(三)疾病预防控制机构、医疗机构未执行国家有关规定,导致因输入血液、使用血液制品引起经血液传播疾病发生的。

第七十五条 未经检疫出售、运输与人畜共患传染病有关的野生动物、家畜家禽的,由县级以上地方人民政府畜牧兽医行政部门责令停止违法行为,并依法给予行政处罚。

第七十六条 在国家确认的自然疫源地兴建水利、交通、旅游、能源等大型建设项目,未经卫生调查进行施工的,或者未按照疾病预防控制机构的意见采取必要的传染病预防、控制措施的,由县级以上人民政府卫生行政部门责令限期改正,给予警告,处五千元以上三万元以下的罚款;逾期不改正的,处三万元以上十万元以下的罚款,并可以提请有关人民政府依据职责权限,责令停建、关闭。

第七十七条 单位和个人违反本法规定,导致传染病传播、流行,给他人人身、财产造成损害的,应当依法承担民事责任。

第九章 附则

第七十八条 本法中下列用语的含义:

(一)传染病病人、疑似传染病病人:指根据国务院卫生行政部门发布的《中华人民共和国传染病防治法规定管理的传染病诊断标准》，符合传染病病人和疑似传染病病人诊断标准的人。

(二)病原携带者：指感染病原体无临床症状但能排出病原体的人。

(三)流行病学调查：指对人群中疾病或者健康状况的分布及其决定因素进行调查研究，提出疾病预防控制措施及保健对策。

(四)疫点：指病原体从传染源向周围播散的范围较小或者单个疫源地。

(五)疫区：指传染病在人群中暴发、流行，其病原体向周围播散时所能波及的地区。

(六)人畜共患传染病：指人与脊椎动物共同罹患的传染病，如鼠疫、狂犬病、血吸虫病等。

(七)自然疫源地：指某些可引起人类传染病的病原体在自然界的野生动物中长期存在和循环的地区。

(八)病媒生物：指能够将病原体从人或者其他动物传播给人的生物，如蚊、蝇、蚤类等。

(九)医源性感染：指在医学服务中，因病原体传播引起的感染。

(十)医院感染：指住院病人在医院内获得的感染，包括在住院期间发生的感染和在医院内获得出院后发生的感染，但不包括入院前已开始或者入院时已处于潜伏期的感染。医院工作人员在医院内获得的感染也属医院感染。

(十一)实验室感染：指从事实验室工作时，因接触病原体所致的感染。

(十二)菌种、毒种：指可能引起本法规定的传染病发生的细菌菌种、病毒毒种。

(十三)消毒：指用化学、物理、生物的方法杀灭或者消除环境中的病原微生物。

(十四)疾病预防控制机构：指从事疾病预防控制活动的疾病预防控制中心以及与上述机构业务活动相同的单位。

(十五)医疗机构：指按照《医疗机构管理条例》取得医疗机构执业许可证，从事疾病诊断、治疗活动的机构。

第七十九条　传染病防治中有关食品、药品、血液、水、医疗废物和病原微生物的管理以及动物防疫和国境卫生检疫，本法未规定的，分别适用其他有关法律、行政法规的规定。

第八十条　本法自2004年12月1日起施行。

附录2　中华人民共和国食品安全法

第一章　总则

第一条　为保证食品安全，保障公众身体健康和生命安全，制定本法。

第二条　在中华人民共和国境内从事下列活动，应当遵守本法：

(一)食品生产和加工(以下称食品生产)，食品流通和餐饮服务(以下称食品经营)；

(二)食品添加剂的生产经营；

(三)用于食品的包装材料、容器、洗涤剂、消毒剂和用于食品生产经营的工具设备(以下称食品相关产品)的生产经营；

(四)食品生产经营者使用食品添加剂、食品相关产品；

(五)对食品、食品添加剂和食品相关产品的安全管理。

供食用的源于农业的初级产品(以下称食用农产品)的质量安全管理，遵守《中华人民共和国农产品质量安全法》的规定。但是，制定有关食用农产品的质量安全标准、公布食用农产品安全有关信息，应当遵守本法的有关规定。

第三条　食品生产经营者应当依照法律、法规和食品安全标准从事生产经营活动，对社会和公众负责,保证食品安全,接受社会监督,承担社会责任。

第四条 国务院设立食品安全委员会,其工作职责由国务院规定。

国务院卫生行政部门承担食品安全综合协调职责,负责食品安全风险评估、食品安全标准制定、食品安全信息公布、食品检验机构的资质认定条件和检验规范的制定,组织查处食品安全重大事故。

国务院质量监督、工商行政管理和国家食品药品监督管理部门依照本法和国务院规定的职责,分别对食品生产、食品流通、餐饮服务活动实施监督管理。

第五条 县级以上地方人民政府统一负责、领导、组织、协调本行政区域的食品安全监督管理工作,建立健全食品安全全程监督管理的工作机制;统一领导、指挥食品安全突发事件应对工作;完善、落实食品安全监督管理责任制,对食品安全监督管理部门进行评议、考核。

县级以上地方人民政府依照本法和国务院的规定确定本级卫生行政、农业行政、质量监督、工商行政管理、食品药品监督管理部门的食品安全监督管理职责。有关部门在各自职责范围内负责本行政区域的食品安全监督管理工作。

上级人民政府所属部门在下级行政区域设置的机构应当在所在地人民政府的统一组织、协调下,依法做好食品安全监督管理工作。

第六条 县级以上卫生行政、农业行政、质量监督、工商行政管理、食品药品监督管理部门应当加强沟通、密切配合,按照各自职责分工,依法行使职权,承担责任。

第七条 食品行业协会应当加强行业自律,引导食品生产经营者依法生产经营,推动行业诚信建设,宣传、普及食品安全知识。

第八条 国家鼓励社会团体、基层群众性自治组织开展食品安全法律、法规以及食品安全标准和知识的普及工作,倡导健康的饮食方式,增强消费者食品安全意识和自我保护能力。

新闻媒体应当开展食品安全法律、法规以及食品安全标准和知识的公益宣传,并对违反本法的行为进行舆论监督。

第九条 国家鼓励和支持开展与食品安全有关的基础研究和应用研究,鼓励和支持食品生产经营者为提高食品安全水平采用先进技术和先进管理规范。

第十条 任何组织或者个人有权举报食品生产经营中违反本法的行为,有权向有关部门了解食品安全信息,对食品安全监督管理工作提出意见和建议。

第二章 食品安全风险监测和评估

第十一条 国家建立食品安全风险监测制度,对食源性疾病、食品污染以及食品中的有害因素进行监测。

国务院卫生行政部门会同国务院有关部门制定、实施国家食品安全风险监测计划。省、自治区、直辖市人民政府卫生行政部门根据国家食品安全风险监测计划,结合本行政区域的具体情况,组织制定、实施本行政区域的食品安全风险监测方案。

第十二条 国务院农业行政、质量监督、工商行政管理和国家食品药品监督管理等有关部门获知有关食品安全风险信息后,应当立即向国务院卫生行政部门通报。国务院卫生行政部门会同有关部门对信息核实后,应当及时调整食品安全风险监测计划。

第十三条 国家建立食品安全风险评估制度,对食品、食品添加剂中生物性、化学性和物理性危害进行风险评估。

国务院卫生行政部门负责组织食品安全风险评估工作,成立由医学、农业、食品、营养等方面的专家组成的食品安全风险评估专家委员会进行食品安全风险评估。

对农药、肥料、生长调节剂、兽药、饲料和饲料添加剂等的安全性评估，应当有食品安全风险评估专家委员会的专家参加。

食品安全风险评估应当运用科学方法，根据食品安全风险监测信息、科学数据以及其他有关信息进行。

第十四条　国务院卫生行政部门通过食品安全风险监测或者接到举报发现食品可能存在安全隐患的，应当立即组织进行检验和食品安全风险评估。

第十五条　国务院农业行政、质量监督、工商行政管理和国家食品药品监督管理等有关部门应当向国务院卫生行政部门提出食品安全风险评估的建议，并提供有关信息和资料。

国务院卫生行政部门应当及时向国务院有关部门通报食品安全风险评估的结果。

第十六条　食品安全风险评估结果是制定、修订食品安全标准和对食品安全实施监督管理的科学依据。

食品安全风险评估结果得出食品不安全结论的，国务院质量监督、工商行政管理和国家食品药品监督管理部门应当依据各自职责立即采取相应措施，确保该食品停止生产经营，并告知消费者停止食用；需要制定、修订相关食品安全国家标准的，国务院卫生行政部门应当立即制定、修订。

第十七条　国务院卫生行政部门应当会同国务院有关部门，根据食品安全风险评估结果、食品安全监督管理信息，对食品安全状况进行综合分析。对经综合分析表明可能具有较高程度安全风险的食品，国务院卫生行政部门应当及时提出食品安全风险警示，并予以公布。

第三章　食品安全标准

第十八条　制定食品安全标准，应当以保障公众身体健康为宗旨，做到科学合理、安全可靠。

第十九条　食品安全标准是强制执行的标准。除食品安全标准外，不得制定其他的食品强制性标准。

第二十条　食品安全标准应当包括下列内容：

(一)食品、食品相关产品中的致病性微生物、农药残留、兽药残留、重金属、污染物质以及其他危害人体健康物质的限量规定；

(二)食品添加剂的品种、使用范围、用量；

(三)专供婴幼儿和其他特定人群的主辅食品的营养成分要求；

(四)对与食品安全、营养有关的标签、标志、说明书的要求；

(五)食品生产经营过程的卫生要求；

(六)与食品安全有关的质量要求；

(七)食品检验方法与规程；

(八)其他需要制定为食品安全标准的内容。

第二十一条　食品安全国家标准由国务院卫生行政部门负责制定、公布，国务院标准化行政部门提供国家标准编号。

食品中农药残留、兽药残留的限量规定及其检验方法与规程由国务院卫生行政部门、国务院农业行政部门制定。

屠宰畜、禽的检验规程由国务院有关主管部门会同国务院卫生行政部门制定。

有关产品国家标准涉及食品安全国家标准规定内容的，应当与食品安全国家标准相一致。

第二十二条　国务院卫生行政部门应当对现行的食用农产品质量安全标准、食品卫生标准、食品质量标准和有关食品的行业标准中强制执行的标准予以整合，统一公布为食品安全国家标准。

本法规定的食品安全国家标准公布前，食品生产经营者应当按照现行食用农产品质量安全标准、食品卫生标准、食品质量标准和有关食品的行业标准生产经营食品。

第二十三条　食品安全国家标准应当经食品安全国家标准审评委员会审查通过。食品安全国家标准审评委员会由医学、农业、食品、营养等方面的专家以及国务院有关部门的代表组成。

制定食品安全国家标准，应当依据食品安全风险评估结果并充分考虑食用农产品质量安全风险评估结果，参照相关的国际标准和国际食品安全风险评估结果，并广泛听取食品生产经营者和消费者的意见。

第二十四条　没有食品安全国家标准的，可以制定食品安全地方标准。

省、自治区、直辖市人民政府卫生行政部门组织制定食品安全地方标准，应当参照执行本法有关食品安全国家标准制定的规定，并报国务院卫生行政部门备案。

第二十五条　企业生产的食品没有食品安全国家标准或者地方标准的，应当制定企业标准，作为组织生产的依据。国家鼓励食品生产企业制定严于食品安全国家标准或者地方标准的企业标准。企业标准应当报省级卫生行政部门备案，在本企业内部适用。

第二十六条　食品安全标准应当供公众免费查阅。

第四章　食品生产经营

第二十七条　食品生产经营应当符合食品安全标准，并符合下列要求：

(一)具有与生产经营的食品品种、数量相适应的食品原料处理和食品加工、包装、贮存等场所，保持该场所环境整洁，并与有毒、有害场所以及其他污染源保持规定的距离；

(二)具有与生产经营的食品品种、数量相适应的生产经营设备或者设施，有相应的消毒、更衣、盥洗、采光、照明、通风、防腐、防尘、防蝇、防鼠、防虫、洗涤以及处理废水、存放垃圾和废弃物的设备或者设施；

(三)有食品安全专业技术人员、管理人员和保证食品安全的规章制度；

(四)具有合理的设备布局和工艺流程，防止待加工食品与直接入口食品、原料与成品交叉污染，避免食品接触有毒物、不洁物；

(五)餐具、饮具和盛放直接入口食品的容器，使用前应当洗净、消毒，炊具、用具用后应当洗净，保持清洁；

(六)贮存、运输和装卸食品的容器、工具和设备应当安全、无害，保持清洁，防止食品污染，并符合保证食品安全所需的温度等特殊要求，不得将食品与有毒、有害物品一同运输；

(七)直接入口的食品应当有小包装或者使用无毒、清洁的包装材料、餐具；

(八)食品生产经营人员应当保持个人卫生，生产经营食品时，应当将手洗净，穿戴清洁的工作衣、帽；销售无包装的直接入口食品时，应当使用无毒、清洁的售货工具；

(九)用水应当符合国家规定的生活饮用水卫生标准；

(十)使用的洗涤剂、消毒剂应当对人体安全、无害；

(十一)法律、法规规定的其他要求。

第二十八条　禁止生产经营下列食品：

(一)用非食品原料生产的食品或者添加食品添加剂以外的化学物质和其他可能危害人体健康物质的食品，或者用回收食品作为原料生产的食品；

(二)致病性微生物、农药残留、兽药残留、重金属、污染物质以及其他危害人体健康的物质含量超过食品安全标准限量的食品；

(三)营养成分不符合食品安全标准的专供婴幼儿和其他特定人群的主辅食品；

(四)腐败变质、油脂酸败、霉变生虫、污秽不洁、混有异物、掺假掺杂或者感官性状异常的食品；

(五)病死、毒死或者死因不明的禽、畜、兽、水产动物肉类及其制品；

(六)未经动物卫生监督机构检疫或者检疫不合格的肉类，或者未经检验或者检验不合格的肉类制品；

(七)被包装材料、容器、运输工具等污染的食品；

(八)超过保质期的食品；

(九)无标签的预包装食品；

(十)国家为防病等特殊需要明令禁止生产经营的食品；

(十一)其他不符合食品安全标准或者要求的食品。

第二十九条　国家对食品生产经营实行许可制度。从事食品生产、食品流通、餐饮服务，应当依法取得食品生产许可、食品流通许可、餐饮服务许可。

取得食品生产许可的食品生产者在其生产场所销售其生产的食品，不需要取得食品流通的许可；取得餐饮服务许可的餐饮服务提供者在其餐饮服务场所出售其制作加工的食品，不需要取得食品生产和流通的许可；农民个人销售其自产的食用农产品，不需要取得食品流通的许可。

食品生产加工小作坊和食品摊贩从事食品生产经营活动，应当符合本法规定的与其生产经营规模、条件相适应的食品安全要求，保证所生产经营的食品卫生、无毒、无害，有关部门应当对其加强监督管理，具体管理办法由省、自治区、直辖市人民代表大会常务委员会依照本法制定。

第三十条　县级以上地方人民政府鼓励食品生产加工小作坊改进生产条件；鼓励食品摊贩进入集中交易市场、店铺等固定场所经营。

第三十一条　县级以上质量监督、工商行政管理、食品药品监督管理部门应当依照《中华人民共和国行政许可法》的规定，审核申请人提交的本法第二十七条第一项至第四项规定要求的相关资料，必要时对申请人的生产经营场所进行现场核查；对符合规定条件的，决定准予许可；对不符合规定条件的，决定不予许可并书面说明理由。

第三十二条　食品生产经营企业应当建立健全本单位的食品安全管理制度，加强对职工食品安全知识的培训，配备专职或者兼职食品安全管理人员，做好对所生产经营食品的检验工作，依法从事食品生产经营活动。

第三十三条　国家鼓励食品生产经营企业符合良好生产规范要求，实施危害分析与关键控制点体系，提高食品安全管理水平。

对通过良好生产规范、危害分析与关键控制点体系认证的食品生产经营企业，认证机构应当依法实施跟踪调查；对不再符合认证要求的企业，应当依法撤销认证，及时向有关质量监督、工商行政管理、食品药品监督管理部门通报，并向社会公布。认证机构实施跟踪调查不收取任何费用。

第三十四条　食品生产经营者应当建立并执行从业人员健康管理制度。患有痢疾、伤寒、病毒性肝炎等消化道传染病的人员，以及患有活动性肺结核、化脓性或者渗出性皮肤病等有碍食品安全的疾病的人员，不得从事接触直接入口食品的工作。

食品生产经营人员每年应当进行健康检查，取得健康证明后方可参加工作。

第三十五条　食用农产品生产者应当依照食品安全标准和国家有关规定使用农药、肥料、生长调节剂、兽药、饲料和饲料添加剂等农业投入品。食用农产品的生产企业和农民专业合作经济组织应当建立食用农产品生产记录制度。

县级以上农业行政部门应当加强对农业投入品使用的管理和指导，建立健全农业投入品的安全使用制度。

第三十六条　食品生产者采购食品原料、食品添加剂、食品相关产品，应当查验供货者的许可证和产品合格证明文件；对无法提供合格证明文件的食品原料，应当依照食品安全标准进行检验；不得采购或者使用不符合食品安全标准的食品原料、食品添加剂、食品相关产品。

食品生产企业应当建立食品原料、食品添加剂、食品相关产品进货查验记录制度，如实记录食品原料、食品添加剂、食品相关产品的名称、规格、数量、供货者名称及联系方式、进货日期等内容。

食品原料、食品添加剂、食品相关产品进货查验记录应当真实，保存期限不得少于两年。

第三十七条　食品生产企业应当建立食品出厂检验记录制度，查验出厂食品的检验合格证和安全状况，并如实记录食品的名称、规格、数量、生产日期、生产批号、检验合格证号、购货者名称及联系方式、销售日期等内容。

食品出厂检验记录应当真实，保存期限不得少于两年。

第三十八条　食品、食品添加剂和食品相关产品的生产者，应当依照食品安全标准对所生产的食品、食品添加剂和食品相关产品进行检验，检验合格后方可出厂或者销售。

第三十九条　食品经营者采购食品，应当查验供货者的许可证和食品合格的证明文件。

食品经营企业应当建立食品进货查验记录制度，如实记录食品的名称、规格、数量、生产批号、保质期、供货者名称及联系方式、进货日期等内容。

食品进货查验记录应当真实，保存期限不得少于两年。

实行统一配送经营方式的食品经营企业，可以由企业总部统一查验供货者的许可证和食品合格的证明文件，进行食品进货查验记录。

第四十条　食品经营者应当按照保证食品安全的要求贮存食品，定期检查库存食品，及时清理变质或者超过保质期的食品。

第四十一条　食品经营者贮存散装食品，应当在贮存位置标明食品的名称、生产日期、保质期、生产者名称及联系方式等内容。

食品经营者销售散装食品，应当在散装食品的容器、外包装上标明食品的名称、生产日期、保质期、生产经营者名称及联系方式等内容。

第四十二条　预包装食品的包装上应当有标签。标签应当标明下列事项：

（一）名称、规格、净含量、生产日期；

（二）成分或者配料表；

（三）生产者的名称、地址、联系方式；

（四）保质期；

（五）产品标准代号；

（六）贮存条件；

（七）所使用的食品添加剂在国家标准中的通用名称；

（八）生产许可证编号；

（九）法律、法规或者食品安全标准规定必须标明的其他事项。

专供婴幼儿和其他特定人群的主辅食品，其标签还应当标明主要营养成分及其含量。

第四十三条　国家对食品添加剂的生产实行许可制度。申请食品添加剂生产许可的条件、程序，按照国家有关工业产品生产许可证管理的规定执行。

第四十四条　申请利用新的食品原料从事食品生产或者从事食品添加剂新品种、食品相关产品新品种生产活动的单位或者个人，应当向国务院卫生行政部门提交相关产品的安全性评估材料。国务院卫生行政部门应当自收到申请之日起六十日内组织对相关产品的安全性评估材料进行审查；对符合食品安全要求的，依法决定准予许可并予以公布；对不符合食品安全要求的，决定不予许可并书面说明理由。

第四十五条　食品添加剂应当在技术上确有必要且经过风险评估证明安全可靠，方可列入允许使用的范围。国务院卫生行政部门应当根据技术必要性和食品安全风险评估结果，及时对食品添加剂的品种、使用范围、用量的标准进行修订。

第四十六条　食品生产者应当依照食品安全标准关于食品添加剂的品种、使用范围、用量的规定使用食品添加剂；不得在食品生产中使用食品添加剂以外的化学物质和其他可能危害人体健康的物质。

第四十七条　食品添加剂应当有标签、说明书和包装。标签、说明书应当载明本法第四十二条第一款第一项至第六项、第八项、第九项规定的事项，以及食品添加剂的使用范围、用量、使用方法，并在标签上载明“食品添加剂”字样。

第四十八条　食品和食品添加剂的标签、说明书，不得含有虚假、夸大的内容，不得涉及疾病预防、治疗功能。生产者对标签、说明书上所载明的内容负责。

食品和食品添加剂的标签、说明书应当清楚、明显，容易辨识。

食品和食品添加剂与其标签、说明书所载明的内容不符的，不得上市销售。

第四十九条　食品经营者应当按照食品标签标示的警示标志、警示说明或者注意事项的要求，销售预包装食品。

第五十条　生产经营的食品中不得添加药品，但是可以添加按照传统既是食品又是中药材的物质。按照传统既是食品又是中药材的物质的目录由国务院卫生行政部门制定、公布。

第五十一条　国家对声称具有特定保健功能的食品实行严格监管。有关监督管理部门应当依法履职，承担责任。具体管理办法由国务院规定。

声称具有特定保健功能的食品不得对人体产生急性、亚急性或者慢性危害，其标签、说明书不得涉及疾病预防、治疗功能，内容必须真实，应当载明适宜人群、不适宜人群、功效成分或者标志性成分及其含量等；产品的功能和成分必须与标签、说明书相一致。

第五十二条　集中交易市场的开办者、柜台出租者和展销会举办者，应当审查入场食品经营者的许可证，明确入场食品经营者的食品安全管理责任，定期对入场食品经营者的经营环境和条件进行检查，发现食品经营者有违反本法规定的行为的，应当及时制止并立即报告所在地县级工商行政管理部门或者食品药品监督管理部门。

集中交易市场的开办者、柜台出租者和展销会举办者未履行前款规定义务，本市场发生食品安全事故的，应当承担连带责任。

第五十三条　国家建立食品召回制度。食品生产者发现其生产的食品不符合食品安全标准，应当立即停止生产，召回已经上市销售的食品，通知相关生产经营者和消费者，并记录召回和通知情况。

食品经营者发现其经营的食品不符合食品安全标准，应当立即停止经营，通知相关生产经营者和消费者，并记录停止经营和通知情况。食品生产者认为应当召回的，应当立即召回。

食品生产者应当对召回的食品采取补救、无害化处理、销毁等措施，并将食品召回和处理情况向县级以上质量监督部门报告。

食品生产经营者未依照本条规定召回或者停止经营不符合食品安全标准的食品的，县级以上质量监督、工商行政管理、食品药品监督管理部门可以责令其召回或者停止经营。

第五十四条　食品广告的内容应当真实合法，不得含有虚假、夸大的内容，不得涉及疾病预防、治疗功能。

食品安全监督管理部门或者承担食品检验职责的机构、食品行业协会、消费者协会不得以广告或者其他形式向消费者推荐食品。

第五十五条　社会团体或者其他组织、个人在虚假广告中向消费者推荐食品,使消费者的合法权益受到损害的,与食品生产经营者承担连带责任。

第五十六条　地方各级人民政府鼓励食品规模化生产和连锁经营、配送。

第五章　食品检验

第五十七条　食品检验机构按照国家有关认证认可的规定取得资质认定后，方可从事食品检验活动。但是,法律另有规定的除外。

食品检验机构的资质认定条件和检验规范,由国务院卫生行政部门规定。

本法施行前经国务院有关主管部门批准设立或者经依法认定的食品检验机构，可以依照本法继续从事食品检验活动。

第五十八条　食品检验由食品检验机构指定的检验人独立进行。

检验人应当依照有关法律、法规的规定,并依照食品安全标准和检验规范对食品进行检验,尊重科学,恪守职业道德,保证出具的检验数据和结论客观、公正,不得出具虚假的检验报告。

第五十九条　食品检验实行食品检验机构与检验人负责制。食品检验报告应当加盖食品检验机构公章,并有检验人的签名或者盖章。食品检验机构和检验人对出具的食品检验报告负责。

第六十条　食品安全监督管理部门对食品不得实施免检。

县级以上质量监督、工商行政管理、食品药品监督管理部门应当对食品进行定期或者不定期的抽样检验。进行抽样检验,应当购买抽取的样品,不收取检验费和其他任何费用。

县级以上质量监督、工商行政管理、食品药品监督管理部门在执法工作中需要对食品进行检验的,应当委托符合本法规定的食品检验机构进行,并支付相关费用。对检验结论有异议的,可以依法进行复检。

第六十一条　食品生产经营企业可以自行对所生产的食品进行检验，也可以委托符合本法规定的食品检验机构进行检验。

食品行业协会等组织、消费者需要委托食品检验机构对食品进行检验的,应当委托符合本法规定的食品检验机构进行。

第六章　食品进出口

第六十二条　进口的食品、食品添加剂以及食品相关产品应当符合我国食品安全国家标准。

进口的食品应当经出入境检验检疫机构检验合格后，海关凭出入境检验检疫机构签发的通关证明放行。

第六十三条　进口尚无食品安全国家标准的食品,或者首次进口食品添加剂新品种、食品相关产品新品种,进口商应当向国务院卫生行政部门提出申请并提交相关的安全性评估材料。国务院卫生行政部门依照本法第四十四条的规定作出是否准予许可的决定，并及时制定相应的食品安全国家标准。

第六十四条　境外发生的食品安全事件可能对我国境内造成影响，或者在进口食品中发现严重食品安全问题的,国家出入境检验检疫部门应当及时采取风险预警或者控制措施,并向国务院卫生行政、农业行政、工商行政管理和国家食品药品监督管理部门通报。接到通报的部门应当及时采取相应措施。

第六十五条　向我国境内出口食品的出口商或者代理商应当向国家出入境检验检疫部门备案。向我国境内出口食品的境外食品生产企业应当经国家出入境检验检疫部门注册。

国家出入境检验检疫部门应当定期公布已经备案的出口商、代理商和已经注册的境外食品生产企业名单。

第六十六条　进口的预包装食品应当有中文标签、中文说明书。标签、说明书应当符合本法以及我国其他有关法律、行政法规的规定和食品安全国家标准的要求，载明食品的原产地以及境内代理商的名称、地址、联系方式。预包装食品没有中文标签、中文说明书或者标签、说明书不符合本条规定的，不得进口。

第六十七条　进口商应当建立食品进口和销售记录制度，如实记录食品的名称、规格、数量、生产日期、生产或者进口批号、保质期、出口商和购货者名称及联系方式、交货日期等内容。

食品进口和销售记录应当真实，保存期限不得少于两年。

第六十八条　出口的食品由出入境检验检疫机构进行监督、抽检，海关凭出入境检验检疫机构签发的通关证明放行。

出口食品生产企业和出口食品原料种植、养殖场应当向国家出入境检验检疫部门备案。

第六十九条　国家出入境检验检疫部门应当收集、汇总进出口食品安全信息，并及时通报相关部门、机构和企业。

国家出入境检验检疫部门应当建立进出口食品的进口商、出口商和出口食品生产企业的信誉记录，并予以公布。对有不良记录的进口商、出口商和出口食品生产企业，应当加强对其进出口食品的检验检疫。

第七章　食品安全事故处置

第七十条　国务院组织制定国家食品安全事故应急预案。

县级以上地方人民政府应当根据有关法律、法规的规定和上级人民政府的食品安全事故应急预案以及本地区的实际情况，制定本行政区域的食品安全事故应急预案，并报上一级人民政府备案。

食品生产经营企业应当制定食品安全事故处置方案，定期检查本企业各项食品安全防范措施的落实情况，及时消除食品安全事故隐患。

第七十一条　发生食品安全事故的单位应当立即予以处置，防止事故扩大。事故发生单位和接收病人进行治疗的单位应当及时向事故发生地县级卫生行政部门报告。

农业行政、质量监督、工商行政管理、食品药品监督管理部门在日常监督管理中发现食品安全事故，或者接到有关食品安全事故的举报，应当立即向卫生行政部门通报。

发生重大食品安全事故的，接到报告的县级卫生行政部门应当按照规定向本级人民政府和上级人民政府卫生行政部门报告。县级人民政府和上级人民政府卫生行政部门应当按照规定上报。

任何单位或者个人不得对食品安全事故隐瞒、谎报、缓报，不得毁灭有关证据。

第七十二条　县级以上卫生行政部门接到食品安全事故的报告后，应当立即会同有关农业行政、质量监督、工商行政管理、食品药品监督管理部门进行调查处理，并采取下列措施，防止或者减轻社会危害：

(一)开展应急救援工作，对因食品安全事故导致人身伤害的人员，卫生行政部门应当立即组织救治；

(二)封存可能导致食品安全事故的食品及其原料，并立即进行检验；对确认属于被污染的食品及其原料，责令食品生产经营者依照本法第五十三条的规定予以召回、停止经营并销毁；

(三)封存被污染的食品用工具及用具，并责令进行清洗消毒；

(四)做好信息发布工作，依法对食品安全事故及其处理情况进行发布，并对可能产生的危害加以解释、说明。

发生重大食品安全事故的,县级以上人民政府应当立即成立食品安全事故处置指挥机构,启动应急预案,依照前款规定进行处置。

第七十三条 发生重大食品安全事故，设区的市级以上人民政府卫生行政部门应当立即会同有关部门进行事故责任调查，督促有关部门履行职责，向本级人民政府提出事故责任调查处理报告。

重大食品安全事故涉及两个以上省、自治区、直辖市的,由国务院卫生行政部门依照前款规定组织事故责任调查。

第七十四条 发生食品安全事故，县级以上疾病预防控制机构应当协助卫生行政部门和有关部门对事故现场进行卫生处理,并对与食品安全事故有关的因素开展流行病学调查。

第七十五条 调查食品安全事故,除了查明事故单位的责任,还应当查明负有监督管理和认证职责的监督管理部门、认证机构的工作人员失职、渎职情况。

第八章 监督管理

第七十六条 县级以上地方人民政府组织本级卫生行政、农业行政、质量监督、工商行政管理、食品药品监督管理部门制定本行政区域的食品安全年度监督管理计划，并按照年度计划组织开展工作。

第七十七条 县级以上质量监督、工商行政管理、食品药品监督管理部门履行各自食品安全监督管理职责,有权采取下列措施:

(一)进入生产经营场所实施现场检查;

(二)对生产经营的食品进行抽样检验;

(三)查阅、复制有关合同、票据、账簿以及其他有关资料;

(四)查封、扣押有证据证明不符合食品安全标准的食品,违法使用的食品原料、食品添加剂、食品相关产品,以及用于违法生产经营或者被污染的工具、设备;

(五)查封违法从事食品生产经营活动的场所。

县级以上农业行政部门应当依照《中华人民共和国农产品质量安全法》规定的职责,对食用农产品进行监督管理。

第七十八条 县级以上质量监督、工商行政管理、食品药品监督管理部门对食品生产经营者进行监督检查,应当记录监督检查的情况和处理结果。监督检查记录经监督检查人员和食品生产经营者签字后归档。

第七十九条 县级以上质量监督、工商行政管理、食品药品监督管理部门应当建立食品生产经营者食品安全信用档案,记录许可颁发、日常监督检查结果、违法行为查处等情况;根据食品安全信用档案的记录,对有不良信用记录的食品生产经营者增加监督检查频次。

第八十条 县级以上卫生行政、质量监督、工商行政管理、食品药品监督管理部门接到咨询、投诉、举报,对属于本部门职责的,应当受理,并及时进行答复、核实、处理;对不属于本部门职责的,应当书面通知并移交有权处理的部门处理。有权处理的部门应当及时处理,不得推诿;属于食品安全事故的,依照本法第七章有关规定进行处置。

第八十一条 县级以上卫生行政、质量监督、工商行政管理、食品药品监督管理部门应当按照法定权限和程序履行食品安全监督管理职责;对生产经营者的同一违法行为,不得给予两次以上罚款的行政处罚;涉嫌犯罪的,应当依法向公安机关移送。

第八十二条 国家建立食品安全信息统一公布制度。下列信息由国务院卫生行政部门统一公布：

(一)国家食品安全总体情况；

(二)食品安全风险评估信息和食品安全风险警示信息；

(三)重大食品安全事故及其处理信息；

(四)其他重要的食品安全信息和国务院确定的需要统一公布的信息。

前款第二项、第三项规定的信息，其影响限于特定区域的，也可以由有关省、自治区、直辖市人民政府卫生行政部门公布。县级以上农业行政、质量监督、工商行政管理、食品药品监督管理部门依据各自职责公布食品安全日常监督管理信息。

食品安全监督管理部门公布信息，应当做到准确、及时、客观。

第八十三条　县级以上地方卫生行政、农业行政、质量监督、工商行政管理、食品药品监督管理部门获知本法第八十二条第一款规定的需要统一公布的信息，应当向上级主管部门报告，由上级主管部门立即报告国务院卫生行政部门；必要时，可以直接向国务院卫生行政部门报告。

县级以上卫生行政、农业行政、质量监督、工商行政管理、食品药品监督管理部门应当相互通报获知的食品安全信息。

第九章　法律责任

第八十四条　违反本法规定，未经许可从事食品生产经营活动，或者未经许可生产食品添加剂的，由有关主管部门按照各自职责分工，没收违法所得、违法生产经营的食品、食品添加剂和用于违法生产经营的工具、设备、原料等物品；违法生产经营的食品、食品添加剂货值金额不足一万元的，并处二千元以上五万元以下罚款；货值金额一万元以上的，并处货值金额五倍以上十倍以下罚款。

第八十五条　违反本法规定，有下列情形之一的，由有关主管部门按照各自职责分工，没收违法所得、违法生产经营的食品和用于违法生产经营的工具、设备、原料等物品；违法生产经营的食品货值金额不足一万元的，并处二千元以上五万元以下罚款；货值金额一万元以上的，并处货值金额五倍以上十倍以下罚款；情节严重的，吊销许可证：

(一)用非食品原料生产食品或者在食品中添加食品添加剂以外的化学物质和其他可能危害人体健康的物质，或者用回收食品作为原料生产食品；

(二)生产经营致病性微生物、农药残留、兽药残留、重金属、污染物质以及其他危害人体健康的物质含量超过食品安全标准限量的食品；

(三)生产经营营养成分不符合食品安全标准的专供婴幼儿和其他特定人群的主辅食品；

(四)经营腐败变质、油脂酸败、霉变生虫、污秽不洁、混有异物、掺假掺杂或者感官性状异常的食品；

(五)经营病死、毒死或者死因不明的禽、畜、兽、水产动物肉类，或者生产经营病死、毒死或者死因不明的禽、畜、兽、水产动物肉类的制品；

(六)经营未经动物卫生监督机构检疫或者检疫不合格的肉类，或者生产经营未经检验或者检验不合格的肉类制品；

(七)经营超过保质期的食品；

(八)生产经营国家为防病等特殊需要明令禁止生产经营的食品；

(九)利用新的食品原料从事食品生产或者从事食品添加剂新品种、食品相关产品新品种生产，未经过安全性评估；

(十)食品生产经营者在有关主管部门责令其召回或者停止经营不符合食品安全标准的食品后，仍拒不召回或者停止经营的。

第八十六条 违反本法规定，有下列情形之一的，由有关主管部门按照各自职责分工，没收违法所得、违法生产经营的食品和用于违法生产经营的工具、设备、原料等物品；违法生产经营的食品货值金额不足一万元的，并处二千元以上五万元以下罚款；货值金额一万元以上的，并处货值金额二倍以上五倍以下罚款；情节严重的，责令停产停业，直至吊销许可证：

(一)经营被包装材料、容器、运输工具等污染的食品；

(二)生产经营无标签的预包装食品、食品添加剂或者标签、说明书不符合本法规定的食品、食品添加剂；

(三)食品生产者采购、使用不符合食品安全标准的食品原料、食品添加剂、食品相关产品；

(四)食品生产经营者在食品中添加药品。

第八十七条 违反本法规定，有下列情形之一的，由有关主管部门按照各自职责分工，责令改正，给予警告；拒不改正的，处二千元以上二万元以下罚款；情节严重的，责令停产停业，直至吊销许可证：

(一)未对采购的食品原料和生产的食品、食品添加剂、食品相关产品进行检验；

(二)未建立并遵守查验记录制度、出厂检验记录制度；

(三)制定食品安全企业标准未依照本法规定备案；

(四)未按规定要求贮存、销售食品或者清理库存食品；

(五)进货时未查验许可证和相关证明文件；

(六)生产的食品、食品添加剂的标签、说明书涉及疾病预防、治疗功能；

(七)安排患有本法第三十四条所列疾病的人员从事接触直接入口食品的工作。

第八十八条 违反本法规定，事故单位在发生食品安全事故后未进行处置、报告的，由有关主管部门按照各自职责分工，责令改正，给予警告；毁灭有关证据的，责令停产停业，并处二千元以上十万元以下罚款；造成严重后果的，由原发证部门吊销许可证。

第八十九条 违反本法规定，有下列情形之一的，依照本法第八十五条的规定给予处罚：

(一)进口不符合我国食品安全国家标准的食品；

(二)进口尚无食品安全国家标准的食品，或者首次进口食品添加剂新品种、食品相关产品新品种，未经过安全性评估；

(三)出口商未遵守本法的规定出口食品。

违反本法规定，进口商未建立并遵守食品进口和销售记录制度的，依照本法第八十七条的规定给予处罚。

第九十条 违反本法规定，集中交易市场的开办者、柜台出租者、展销会的举办者允许未取得许可的食品经营者进入市场销售食品，或者未履行检查、报告等义务的，由有关主管部门按照各自职责分工，处二千元以上五万元以下罚款；造成严重后果的，责令停业，由原发证部门吊销许可证。

第九十一条 违反本法规定，未按照要求进行食品运输的，由有关主管部门按照各自职责分工，责令改正，给予警告；拒不改正的，责令停产停业，并处二千元以上五万元以下罚款；情节严重的，由原发证部门吊销许可证。

第九十二条 被吊销食品生产、流通或者餐饮服务许可证的单位，其直接负责的主管人员自处罚决定作出之日起五年内不得从事食品生产经营管理工作。

食品生产经营者聘用不得从事食品生产经营管理工作的人员从事管理工作的，由原发证部门吊销许可证。

第九十三条 违反本法规定，食品检验机构、食品检验人员出具虚假检验报告的，由授予其资质的主管部门或者机构撤销该检验机构的检验资格；依法对检验机构直接负责的主管人员和食品检验人员给予撤职或者开除的处分。

违反本法规定，受到刑事处罚或者开除处分的食品检验机构人员，自刑罚执行完毕或者处分决定作出之日起十年内不得从事食品检验工作。食品检验机构聘用不得从事食品检验工作的人员的，由授予其资质的主管部门或者机构撤销该检验机构的检验资格。

第九十四条　违反本法规定，在广告中对食品质量作虚假宣传，欺骗消费者的，依照《中华人民共和国广告法》的规定给予处罚。

违反本法规定，食品安全监督管理部门或者承担食品检验职责的机构、食品行业协会、消费者协会以广告或者其他形式向消费者推荐食品的，由有关主管部门没收违法所得，依法对直接负责的主管人员和其他直接责任人员给予记大过、降级或者撤职的处分。

第九十五条　违反本法规定，县级以上地方人民政府在食品安全监督管理中未履行职责，本行政区域出现重大食品安全事故、造成严重社会影响的，依法对直接负责的主管人员和其他直接责任人员给予记大过、降级、撤职或者开除的处分。

违反本法规定，县级以上卫生行政、农业行政、质量监督、工商行政管理、食品药品监督管理部门或者其他有关行政部门不履行本法规定的职责或者滥用职权、玩忽职守、徇私舞弊的，依法对直接负责的主管人员和其他直接责任人员给予记大过或者降级的处分；造成严重后果的，给予撤职或者开除的处分；其主要负责人应当引咎辞职。

第九十六条　违反本法规定，造成人身、财产或者其他损害的，依法承担赔偿责任。

生产不符合食品安全标准的食品或者销售明知是不符合食品安全标准的食品，消费者除要求赔偿损失外，还可以向生产者或者销售者要求支付价款十倍的赔偿金。

第九十七条　违反本法规定，应当承担民事赔偿责任和缴纳罚款、罚金，其财产不足以同时支付时，先承担民事赔偿责任。

第九十八条　违反本法规定，构成犯罪的，依法追究刑事责任。

第十章　附则

第九十九条　本法下列用语的含义：

食品，指各种供人食用或者饮用的成品和原料以及按照传统既是食品又是药品的物品，但是不包括以治疗为目的的物品。

食品安全，指食品无毒、无害，符合应当有的营养要求，对人体健康不造成任何急性、亚急性或者慢性危害。

预包装食品，指预先定量包装或者制作在包装材料和容器中的食品。

食品添加剂，指为改善食品品质和色、香、味以及为防腐、保鲜和加工工艺的需要而加入食品中的人工合成或者天然物质。

用于食品的包装材料和容器，指包装、盛放食品或者食品添加剂用的纸、竹、木、金属、搪瓷、陶瓷、塑料、橡胶、天然纤维、化学纤维、玻璃等制品和直接接触食品或者食品添加剂的涂料。

用于食品生产经营的工具、设备，指在食品或者食品添加剂生产、流通、使用过程中直接接触食品或者食品添加剂的机械、管道、传送带、容器、用具、餐具等。

用于食品的洗涤剂、消毒剂，指直接用于洗涤或者消毒食品、餐饮具以及直接接触食品的工具、设备或者食品包装材料和容器的物质。

保质期，指预包装食品在标签指明的贮存条件下保持品质的期限。

食源性疾病，指食品中致病因素进入人体引起的感染性、中毒性等疾病。

食物中毒，指食用了被有毒有害物质污染的食品或者食用了含有毒有害物质的食品后出现的急性、亚急性疾病。

食品安全事故，指食物中毒、食源性疾病、食品污染等源于食品，对人体健康有危害或者可能有危害的事故。

第一百条　食品生产经营者在本法施行前已经取得相应许可证的，该许可证继续有效。

第一百零一条　乳品、转基因食品、生猪屠宰、酒类和食盐的食品安全管理，适用本法；法律、行政法规另有规定的，依照其规定。

第一百零二条　铁路运营中食品安全的管理办法由国务院卫生行政部门会同国务院有关部门依照本法制定。

军队专用食品和自供食品的食品安全管理办法由中央军事委员会依照本法制定。

第一百零三条　国务院根据实际需要，可以对食品安全监督管理体制作出调整。

第一百零四条　本法自2009年6月1日起施行。《中华人民共和国食品卫生法》同时废止。

附录3　突发公共卫生事件应急条例

第一章　总则

第一条　为了有效预防、及时控制和消除突发公共卫生事件的危害，保障公众身体健康与生命安全，维护正常的社会秩序，制定本条例。

第二条　本条例所称突发公共卫生事件(以下简称突发事件)，是指突然发生，造成或者可能造成社会公众健康严重损害的重大传染病疫情、群体性不明原因疾病、重大食物和职业中毒以及其他严重影响公众健康的事件。

第三条　突发事件发生后，国务院设立全国突发事件应急处理指挥部，由国务院有关部门和军队有关部门组成，国务院主管领导人担任总指挥，负责对全国突发事件应急处理的统一领导、统一指挥。

国务院卫生行政主管部门和其他有关部门，在各自的职责范围内做好突发事件应急处理的有关工作。

第四条　突发事件发生后，省、自治区、直辖市人民政府成立地方突发事件应急处理指挥部，省、自治区、直辖市人民政府主要领导人担任总指挥，负责领导、指挥本行政区域内突发事件应急处理工作。

县级以上地方人民政府卫生行政主管部门，具体负责组织突发事件的调查、控制和医疗救治工作。

县级以上地方人民政府有关部门，在各自的职责范围内做好突发事件应急处理的有关工作。

第五条　突发事件应急工作，应当遵循预防为主、常备不懈的方针，贯彻统一领导、分级负责、反应及时、措施果断、依靠科学、加强合作的原则。

第六条　县级以上各级人民政府应当组织开展防治突发事件相关科学研究，建立突发事件应急流行病学调查、传染源隔离、医疗救护、现场处置、监督检查、监测检验、卫生防护等有关物资、设备、设施、技术与人才资源储备，所需经费列入本级政府财政预算。

国家对边远贫困地区突发事件应急工作给予财政支持。

第七条　国家鼓励、支持开展突发事件监测、预警、反应处理有关技术的国际交流与合作。

第八条　国务院有关部门和县级以上地方人民政府及其有关部门，应当建立严格的突发事件防范和应急处理责任制，切实履行各自的职责，保证突发事件应急处理工作的正常进行。

第九条　县级以上各级人民政府及其卫生行政主管部门，应当对参加突发事件应急处理的医疗卫生人员，给予适当补助和保健津贴；对参加突发事件应急处理作出贡献的人员，给予表彰和奖励；对因参与应急处理工作致病、致残、死亡的人员，按照国家有关规定，给予相应的补助和抚恤。

第二章　预防与应急准备

第十条　国务院卫生行政主管部门按照分类指导、快速反应的要求，制定全国突发事件应急预案，报请国务院批准。

省、自治区、直辖市人民政府根据全国突发事件应急预案，结合本地实际情况，制定本行政区域的突发事件应急预案。

第十一条　全国突发事件应急预案应当包括以下主要内容：

(一)突发事件应急处理指挥部的组成和相关部门的职责；

(二)突发事件的监测与预警；

(三)突发事件信息的收集、分析、报告、通报制度；

(四)突发事件应急处理技术和监测机构及其任务；

(五)突发事件的分级和应急处理工作方案；

(六)突发事件预防、现场控制，应急设施、设备、救治药品和医疗器械以及其他物资和技术的储备与调度；

(七)突发事件应急处理专业队伍的建设和培训。

第十二条　突发事件应急预案应当根据突发事件的变化和实施中发现的问题及时进行修订、补充。

第十三条　地方各级人民政府应当依照法律、行政法规的规定，做好传染病预防和其他公共卫生工作，防范突发事件的发生。

县级以上各级人民政府卫生行政主管部门和其他有关部门，应当对公众开展突发事件应急知识的专门教育，增强全社会对突发事件的防范意识和应对能力。

第十四条　国家建立统一的突发事件预防控制体系。

县级以上地方人民政府应当建立和完善突发事件监测与预警系统。

县级以上各级人民政府卫生行政主管部门，应当指定机构负责开展突发事件的日常监测，并确保监测与预警系统的正常运行。

第十五条　监测与预警工作应当根据突发事件的类别，制定监测计划，科学分析、综合评价监测数据。对早期发现的潜在隐患以及可能发生的突发事件，应当依照本条例规定的报告程序和时限及时报告。

第十六条　国务院有关部门和县级以上地方人民政府及其有关部门，应当根据突发事件应急预案的要求，保证应急设施、设备、救治药品和医疗器械等物资储备。

第十七条　县级以上各级人民政府应当加强急救医疗服务网络的建设，配备相应的医疗救治药物、技术、设备和人员，提高医疗卫生机构应对各类突发事件的救治能力。

设区的市级以上地方人民政府应当设置与传染病防治工作需要相适应的传染病专科医院，或者指定具备传染病防治条件和能力的医疗机构承担传染病防治任务。

第十八条　县级以上地方人民政府卫生行政主管部门，应当定期对医疗卫生机构和人员开展突发事件应急处理相关知识、技能的培训，定期组织医疗卫生机构进行突发事件应急演练，推广最新知识和先进技术。

第三章 报告与信息发布

第十九条 国家建立突发事件应急报告制度。

国务院卫生行政主管部门制定突发事件应急报告规范，建立重大、紧急疫情信息报告系统。

有下列情形之一的，省、自治区、直辖市人民政府应当在接到报告1小时内，向国务院卫生行政主管部门报告：

(一)发生或者可能发生传染病暴发、流行的；

(二)发生或者发现不明原因的群体性疾病的；

(三)发生传染病菌种、毒种丢失的；

(四)发生或者可能发生重大食物和职业中毒事件的。

国务院卫生行政主管部门对可能造成重大社会影响的突发事件，应当立即向国务院报告。

第二十条 突发事件监测机构、医疗卫生机构和有关单位发现有本条例第十九条规定情形之一的，应当在2小时内向所在地县级人民政府卫生行政主管部门报告；接到报告的卫生行政主管部门应当在2小时内向本级人民政府报告，并同时向上级人民政府卫生行政主管部门和国务院卫生行政主管部门报告。

县级人民政府应当在接到报告后2小时内向设区的市级人民政府或者上一级人民政府报告；设区的市级人民政府应当在接到报告后2小时内向省、自治区、直辖市人民政府报告。

第二十一条 任何单位和个人对突发事件，不得隐瞒、缓报、谎报或者授意他人隐瞒、缓报、谎报。

第二十二条 接到报告的地方人民政府、卫生行政主管部门依照本条例规定报告的同时，应当立即组织力量对报告事项调查核实、确证，采取必要的控制措施，并及时报告调查情况。

第二十三条 国务院卫生行政主管部门应当根据发生突发事件的情况，及时向国务院有关部门和各省、自治区、直辖市人民政府卫生行政主管部门以及军队有关部门通报。

突发事件发生地的省、自治区、直辖市人民政府卫生行政主管部门，应当及时向毗邻省、自治区、直辖市人民政府卫生行政主管部门通报。

接到通报的省、自治区、直辖市人民政府卫生行政主管部门，必要时应当及时通知本行政区域内的医疗卫生机构。

县级以上地方人民政府有关部门，已经发生或者发现可能引起突发事件的情形时，应当及时向同级人民政府卫生行政主管部门通报。

第二十四条 国家建立突发事件举报制度，公布统一的突发事件报告、举报电话。

任何单位和个人有权向人民政府及其有关部门报告突发事件隐患，有权向上级人民政府及其有关部门举报地方人民政府及其有关部门不履行突发事件应急处理职责，或者不按照规定履行职责的情况。接到报告、举报的有关人民政府及其有关部门，应当立即组织对突发事件隐患、不履行或者不按照规定履行突发事件应急处理职责的情况进行调查处理。

对举报突发事件有功的单位和个人，县级以上各级人民政府及其有关部门应当予以奖励。

第二十五条 国家建立突发事件的信息发布制度。

国务院卫生行政主管部门负责向社会发布突发事件的信息。必要时，可以授权省、自治区、直辖市人民政府卫生行政主管部门向社会发布本行政区域内突发事件的信息。

信息发布应当及时、准确、全面。

第四章 应急处理

第二十六条 突发事件发生后，卫生行政主管部门应当组织专家对突发事件进行综合评估，初步判断突发事件的类型，提出是否启动突发事件应急预案的建议。

第二十七条　在全国范围内或者跨省、自治区、直辖市范围内启动全国突发事件应急预案，由国务院卫生行政主管部门报国务院批准后实施。省、自治区、直辖市启动突发事件应急预案，由省、自治区、直辖市人民政府决定，并向国务院报告。

第二十八条　全国突发事件应急处理指挥部对突发事件应急处理工作进行督察和指导，地方各级人民政府及其有关部门应当予以配合。

省、自治区、直辖市突发事件应急处理指挥部对本行政区域内突发事件应急处理工作进行督察和指导。

第二十九条　省级以上人民政府卫生行政主管部门或者其他有关部门指定的突发事件应急处理专业技术机构，负责突发事件的技术调查、确证、处置、控制和评价工作。

第三十条　国务院卫生行政主管部门对新发现的突发传染病，根据危害程度、流行强度，依照《中华人民共和国传染病防治法》的规定及时宣布为法定传染病；宣布为甲类传染病的，由国务院决定。

第三十一条　应急预案启动前，县级以上各级人民政府有关部门应当根据突发事件的实际情况，做好应急处理准备，采取必要的应急措施。

应急预案启动后，突发事件发生地的人民政府有关部门，应当根据预案规定的职责要求，服从突发事件应急处理指挥部的统一指挥，立即到达规定岗位，采取有关的控制措施。

医疗卫生机构、监测机构和科学研究机构，应当服从突发事件应急处理指挥部的统一指挥，相互配合、协作，集中力量开展相关的科学研究工作。

第三十二条　突发事件发生后，国务院有关部门和县级以上地方人民政府及其有关部门，应当保证突发事件应急处理所需的医疗救护设备、救治药品、医疗器械等物资的生产、供应；铁路、交通、民用航空行政主管部门应当保证及时运送。

第三十三条　根据突发事件应急处理的需要，突发事件应急处理指挥部有权紧急调集人员、储备的物资、交通工具以及相关设施、设备；必要时，对人员进行疏散或者隔离，并可以依法对传染病疫区实行封锁。

第三十四条　突发事件应急处理指挥部根据突发事件应急处理的需要，可以对食物和水源采取控制措施。

县级以上地方人民政府卫生行政主管部门应当对突发事件现场等采取控制措施，宣传突发事件防治知识，及时对易受感染的人群和其他易受损害的人群采取应急接种、预防性投药、群体防护等措施。

第三十五条　参加突发事件应急处理的工作人员，应当按照预案的规定，采取卫生防护措施，并在专业人员的指导下进行工作。

第三十六条　国务院卫生行政主管部门或者其他有关部门指定的专业技术机构，有权进入突发事件现场进行调查、采样、技术分析和检验，对地方突发事件的应急处理工作进行技术指导，有关单位和个人应当予以配合；任何单位和个人不得以任何理由予以拒绝。

第三十七条　对新发现的突发传染病、不明原因的群体性疾病、重大食物和职业中毒事件，国务院卫生行政主管部门应当尽快组织力量制定相关的技术标准、规范和控制措施。

第三十八条　交通工具上发现根据国务院卫生行政主管部门的规定需要采取应急控制措施的传染病病人、疑似传染病病人，其负责人应当以最快的方式通知前方停靠点，并向交通工具的营运单位报告。交通工具的前方停靠点和营运单位应当立即向交通工具营运单位行政主管部门和县级以上地方人民政府卫生行政主管部门报告。卫生行政主管部门接到报告后，应当立即组织有关人员采取相应的医学处置措施。

交通工具上的传染病病人密切接触者，由交通工具停靠点的县级以上各级人民政府卫生行政主管部门或者铁路、交通、民用航空行政主管部门，根据各自的职责，依照传染病防治法律、行政法规的规定，采取控制措施。

涉及国境口岸和入出境的人员、交通工具、货物、集装箱、行李、邮包等需要采取传染病应急控制措施的，依照国境卫生检疫法律、行政法规的规定办理。

第三十九条　医疗卫生机构应当对因突发事件致病的人员提供医疗救护和现场救援，对就诊病人必须接诊治疗，并书写详细、完整的病历记录；对需要转送的病人，应当按照规定将病人及其病历记录的复印件转送至接诊的或者指定的医疗机构。

医疗卫生机构内应当采取卫生防护措施，防止交叉感染和污染。

医疗卫生机构应当对传染病病人密切接触者采取医学观察措施，传染病病人密切接触者应当予以配合。

医疗机构收治传染病病人、疑似传染病病人，应当依法报告所在地的疾病预防控制机构。接到报告的疾病预防控制机构应当立即对可能受到危害的人员进行调查，根据需要采取必要的控制措施。

第四十条　传染病暴发、流行时，街道、乡镇以及居民委员会、村民委员会应当组织力量，团结协作，群防群治，协助卫生行政主管部门和其他有关部门、医疗卫生机构做好疫情信息的收集和报告、人员的分散隔离、公共卫生措施的落实工作，向居民、村民宣传传染病防治的相关知识。

第四十一条　对传染病暴发、流行区域内流动人口，突发事件发生地的县级以上地方人民政府应当做好预防工作，落实有关卫生控制措施；对传染病病人和疑似传染病病人，应当采取就地隔离、就地观察、就地治疗的措施。对需要治疗和转诊的，应当依照本条例第三十九条第一款的规定执行。

第四十二条　有关部门、医疗卫生机构应当对传染病做到早发现、早报告、早隔离、早治疗，切断传播途径，防止扩散。

第四十三条　县级以上各级人民政府应当提供必要资金，保障因突发事件致病、致残的人员得到及时、有效的救治。具体办法由国务院财政部门、卫生行政主管部门和劳动保障行政主管部门制定。

第四十四条　在突发事件中需要接受隔离治疗、医学观察措施的病人、疑似病人和传染病病人密切接触者在卫生行政主管部门或者有关机构采取医学措施时应当予以配合；拒绝配合的，由公安机关依法协助强制执行。

第五章　法律责任

第四十五条　县级以上地方人民政府及其卫生行政主管部门未依照本条例的规定履行报告职责，对突发事件隐瞒、缓报、谎报或者授意他人隐瞒、缓报、谎报的，对政府主要领导人及其卫生行政主管部门主要负责人，依法给予降级或者撤职的行政处分；造成传染病传播、流行或者对社会公众健康造成其他严重危害后果的，依法给予开除的行政处分；构成犯罪的，依法追究刑事责任。

第四十六条　国务院有关部门、县级以上地方人民政府及其有关部门未依照本条例的规定，完成突发事件应急处理所需要的设施、设备、药品和医疗器械等物资的生产、供应、运输和储备的，对政府主要领导人和政府部门主要负责人依法给予降级或者撤职的行政处分；造成传染病传播、流行或者对社会公众健康造成其他严重危害后果的，依法给予开除的行政处分；构成犯罪的，依法追究刑事责任。

第四十七条 突发事件发生后，县级以上地方人民政府及其有关部门对上级人民政府有关部门的调查不予配合，或者采取其他方式阻碍、干涉调查的，对政府主要领导人和政府部门主要负责人依法给予降级或者撤职的行政处分；构成犯罪的，依法追究刑事责任。

第四十八条 县级以上各级人民政府卫生行政主管部门和其他有关部门在突发事件调查、控制、医疗救治工作中玩忽职守、失职、渎职的，由本级人民政府或者上级人民政府有关部门责令改正、通报批评、给予警告；对主要负责人、负有责任的主管人员和其他责任人员依法给予降级、撤职的行政处分；造成传染病传播、流行或者对社会公众健康造成其他严重危害后果的，依法给予开除的行政处分；构成犯罪的，依法追究刑事责任。

第四十九条 县级以上各级人民政府有关部门拒不履行应急处理职责的，由同级人民政府或者上级人民政府有关部门责令改正、通报批评、给予警告；对主要负责人、负有责任的主管人员和其他责任人员依法给予降级、撤职的行政处分；造成传染病传播、流行或者对社会公众健康造成其他严重危害后果的，依法给予开除的行政处分；构成犯罪的，依法追究刑事责任。

第五十条 医疗卫生机构有下列行为之一的，由卫生行政主管部门责令改正、通报批评、给予警告；情节严重的，吊销《医疗机构执业许可证》；对主要负责人、负有责任的主管人员和其他直接责任人员依法给予降级或者撤职的纪律处分；造成传染病传播、流行或者对社会公众健康造成其他严重危害后果，构成犯罪的，依法追究刑事责任：

(一)未依照本条例的规定履行报告职责，隐瞒、缓报或者谎报的；

(二)未依照本条例的规定及时采取控制措施的；

(三)未依照本条例的规定履行突发事件监测职责的；

(四)拒绝接诊病人的；

(五)拒不服从突发事件应急处理指挥部调度的。

第五十一条 在突发事件应急处理工作中，有关单位和个人未依照本条例的规定履行报告职责，隐瞒、缓报或者谎报，阻碍突发事件应急处理工作人员执行职务，拒绝国务院卫生行政主管部门或者其他有关部门指定的专业技术机构进入突发事件现场，或者不配合调查、采样、技术分析和检验的，对有关责任人员依法给予行政处分或者纪律处分；触犯《中华人民共和国治安管理处罚条例》，构成违反治安管理行为的，由公安机关依法予以处罚；构成犯罪的，依法追究刑事责任。

第五十二条 在突发事件发生期间，散布谣言、哄抬物价、欺骗消费者，扰乱社会秩序、市场秩序的，由公安机关或者工商行政管理部门依法给予行政处罚；构成犯罪的，依法追究刑事责任。

第六章 附则

第五十三条 中国人民解放军、武装警察部队医疗卫生机构参与突发事件应急处理的，依照本条例的规定和军队的相关规定执行。

第五十四条 本条例自公布之日起施行。

附录4 学校卫生工作条例

第一章 总则

第一条 为加强学校卫生工作，提高学生的健康水平，制定本条例。

第二条 学校卫生工作的主要任务是：监测学生健康状况；对学生进行健康教育，培养学生良好的卫生习惯；改善学校卫生环境和教学卫生条件；加强对传染病、学生常见病的预防和治疗。

第三条　本条例所称的学校，是指普通中小学、农业中学、职业中学、中等专业学校、技工学校、普通高等学校。

第四条　教育行政部门负责学校卫生工作的行政管理。卫生行政部门负责对学校卫生工作的监督指导。

第二章　学校卫生工作要求

第五条　学校应当合理安排学生的学习时间。学生每日学习时间(包括自习)，小学不超过六小时，中学不超过八小时，大学不超过十小时。学校或者教师不得以任何理由和方式，增加授课时间和作业量，加重学生学习负担。

第六条　学校教学建筑、环境噪声、室内微小气候、采光、照明等环境质量以及黑板、课桌椅的设置应当符合国家有关标准。新建、改建、扩建校舍，其选址、设计应当符合国家的卫生标准，并取得当地卫生行政部门的许可。竣工验收应当有当地卫生行政部门参加。

第七条　学校应当按照有关规定为学生设置厕所和洗手设施。寄宿制学校应当为学生提供相应的洗漱、洗澡等卫生设施。学校应当为学生提供充足的符合卫生标准的饮用水。

第八条　学校应当建立卫生制度，加强对学生个人卫生、环境卫生以及教室、宿舍卫生的管理。

第九条　学校应当认真贯彻执行食品卫生法律、法规，加强饮食卫生管理，办好学生膳食，加强营养指导。

第十条　学校体育场地和器材应当符合卫生和安全要求。运动项目和运动强度应当适合学生的生理承受能力和体质健康状况，防止发生伤害事故。

第十一条　学校应当根据学生的年龄，组织学生参加适当的劳动，并对参加劳动的学生，进行安全教育，提供必要的安全和卫生防护措施。普通中小学校组织学生参加劳动，不得让学生接触有毒有害物质或者从事不安全工种的作业，不得让学生参加夜班劳动。普通高等学校、中等专业学校、技工学校、农业中学、职业中学组织学生参加生产劳动，接触有毒有害物质的，按照国家有关规定，提供保健待遇。学校应当定期对他们进行体格检查，加强卫生防护。

第十二条　学校在安排体育课以及劳动等体力活动时，应当注意女学生的生理特点，给予必要的照顾。

第十三条　学校应当把健康教育纳入教学计划。普通中小学必须开设健康教育课，普通高等学校、中等专业学校、技工学校、农业中学、职业中学应当开设健康教育选修课或者讲座。学校应当开展学生健康咨询活动。

第十四条　学校应当建立学生健康管理制度。根据条件定期对学生进行体格检查，建立学生体质健康卡片，纳入学生档案。学校对体格检查中发现学生有器质性疾病的，应当配合学生家长做好转诊治疗。学校对残疾、体弱学生，应当加强医学照顾和心理卫生工作。

第十五条　学校应当配备可以处理一般伤病事故的医疗用品。

第十六条　学校应当积极做好近视眼、弱视、沙眼、龋齿、寄生虫、营养不良、贫血、脊柱弯曲、神经衰弱等学生常见疾病的群体预防和矫治工作。

第十七条　学校应当认真贯彻执行传染病防治法律、法规，做好急、慢性传染病的预防和控制管理工作，同时做好地方病的预防和控制管理工作。

第三章　学校卫生工作管理

第十八条　各级教育行政部门应当把学校卫生工作纳入学校工作计划，作为考评学校工作的一项内容。

第十九条　普通高等学校、中等专业学校、技工学校和规模较大的农业中学、职业中学、普通中小学,可以设立卫生管理机构,管理学校的卫生工作。

第二十条　普通高等学校设校医或者卫生科。校医院应当设保健科(室),负责师生的卫生保健工作。城市普通中小学、农村中心小学和普通中学设卫生室,按学生人数六百比一的比例配备专职卫生技术人员。中等专业学校、技工学校、农业中学、职业中学,可以根据需要,配备专职卫生技术人员。学生人数不足六百人的学校,可以配备专职或者兼职保健教师,开展学校卫生工作。

第二十一条　经本地区卫生行政部门批准,可以成立区域性的中小学生保健机构。区域性的中小学生卫生保健机构的主要任务是:

(一)调查研究本地区中小学生体质健康状况;

(二)开展中小学生常见疾病的预防与矫治;

(三)开展中小学卫生技术人员的技术培训和业务指导。

第二十二条　学校卫生技术人员的专业技术职称考核、评定,按照卫生、教育行政部门制定的考核标准和办法,由教育行政部门组织实施。学校卫生技术人员按照国家的有关规定,享受卫生保健津贴。

第二十三条　教育行政部门应当将培养学校卫生技术人员的工作列入招生计划,并通过各种教育形式为学校卫生技术人员和保健教师提供进修机会。

第二十四条　各级教育行政部门和学校应当将学校卫生经费纳入核定的年度教育经费预算。

第二十五条　各级卫生行政部门应当组织医疗单位和专业防治机构对学生进行健康检查、传染病防治和常见病矫治,接受转诊治疗。

第二十六条　各级疾病预防控制机构,对学校卫生工作承担下列任务:

(一)实施学校卫生监测,掌握本地区学生生长发育和健康状况,掌握学生常见病、传染病、地方病动态;

(二)制定学生常见病、传染病、地方病的防治计划;

(三)对本地区学校卫生工作进行技术指导;

(四)开展学校卫生服务。

第二十七条　供学生使用的文具、娱乐器具、保健用品,必须符合国家有关卫生标准。

第四章　学校卫生工作监督

第二十八条　县以上卫生行政部门对学校卫生工作行使监督职权。其职责是:

(一)对新建、改建、扩建校舍的选址、设计实行卫生监督;

(二)对学校内影响学生健康的学习、生活、劳动、环境、食品等方面的卫生和传染病防治工作实行卫生监督;

(三)对学生使用的文具、娱乐器具、保健用品实行卫生监督。

国务院卫生行政部门可以委托国务院其他有关部门的卫生机构,在本系统内对前款所列第(一)、(二)项职责行使学校卫生监督职权。

第二十九条　行使学校卫生监督职权的机构设立学校卫生监督员,由省级以上卫生行政部门聘任并发给学校卫生监督员证书。学校卫生监督员执行卫生行政部门或者其他有关部门卫生主管机构交付的学校卫生监督任务。

第三十条　学校卫生监督员在执行任务时应出示证件。学校卫生监督员在进行卫生监督时,有权查阅与卫生监督有关的资料,搜集与卫生监督有关的情况,被监督的单位或者个人应当给予配合。学校卫生监督员对所掌握的资料、情况负有保密责任。

第五章 奖励与处罚

第三十一条 对在学校卫生工作中成绩显著的单位或者个人,各级教育、卫生行政部门和学校应当给予表彰、奖励。

第三十二条 违反本条例第六条第二款规定,未经卫生行政部门许可新建、改建、扩建校舍的,由卫生行政部门对直接责任单位或者个人给予警告、责令停止施工或者限期改建。

第三十三条 违反本条例第六条第一款、第七条和第十条规定的,由卫生行政部门对直接责任单位或者个人给予警告并责令限期改进。情节严重的,可以同时建议教育行政部门给予行政处分。

第三十四条 违反本条例第十一条规定,致使学生健康受到损害的,由卫生行政部门对直接责任单位或者个人给予警告,责令限期改进。

第三十五条 违反本条例第二十七条规定的,由卫生行政部门对直接责任单位或者个人给予警告。情节严重的,可以会同工商行政部门没收其不符合国家有关卫生标准的物品,并处以非法所得两倍以下的罚款。

第三十六条 拒绝或者妨碍学校卫生监督员依照本条例实施卫生监督的,由卫生行政部门对直接责任单位或者个人给予警告。情节严重的,可以建议教育行政部门给予行政处分或者处以二百元以下的罚款。

第三十七条 当事人对没收、罚款的行政处罚不服的,可以在接到处罚决定书之日起十五日内,向作出处罚决定机关的上一级机关申请复议,也可以直接向人民法院起诉。对复议决定不服的,可以在接到复议决定之日起十五日内,向人民法院起诉。对罚款决定不履行又逾期不起诉的,由作出处罚决定的机关申请人民法院强制执行。

第六章 附则

第三十八条 学校卫生监督办法、学校卫生标准由卫生部会同国家教育委员会制定。

第三十九条 贫困县不能全部适用本条例第六条第一款和第七条规定的,可以由所在省、自治区的教育、卫生行政部门制定变通的规定。变通的规定,应当报送国家教育委员会、卫生部备案。

第四十条 本条例由国家教育委员会、卫生部负责解释。

第四十一条 本条例自发布之日起施行。

附录5 中小学生健康体检管理办法

为贯彻落实《中共中央国务院关于加强青少年体育增强青少年体质的意见》精神,根据《学校卫生工作条例》、《国家学校体育卫生条件试行基本标准》、《预防性健康检查管理办法》的规定要求,特制定本管理办法。

一、健康体检基本要求

(一)新生入学应建立健康档案。学校应组织所有入学新生进行健康体检,建立健康档案。小学新生可在家长或监护人的陪伴下前往指定的健康体检机构或由健康体检机构人员前往学校进行健康体检。

(二)在校学生每年进行一次常规健康体检。

(三)在校学生健康体检的场所可以设置在医疗机构内或学校内。设置在学校内的体检场地,应能满足健康体检对检查环境的要求。

二、健康体检项目

(一)病史询问。

(二)体检项目。

1.内科常规检查:心、肺、肝、脾;

2.眼科检查:视力、沙眼、结膜炎;

3.口腔科检查:牙齿、牙周;

4.外科检查:头部、颈部、胸部、脊柱、四肢、皮肤、淋巴结;

5.形体指标检查:身高、体重;

6.生理功能指标检查:血压;

7.实验室检查:

(1)结核菌素试验*;

(2)肝功能**:谷丙转氨酶、胆红素。

注:"*"小学、初中入学新生必检项目;"**"寄宿制学生必要时到符合规定的医疗机构进行的体检项目。

其他项目应根据国家相关法律、法规、规定所要求开展的检查项目或根据地方具体情况,进行适当增补,涉及实验室和影像学的检查必须在医疗机构内完成。

三、健康检查结果反馈与档案管理

(一)学生健康体检机构在体检结束后,应分别向学生(家长)、学校和当地教育行政部门反馈学生个体健康体检结果与学生群体健康评价结果。

(二)健康检查结果的反馈形式。

健康体检机构以个体报告单形式向学生反馈健康体检结果;以学校汇总报告单形式向学校反馈学生体检结果;将所负责的体检学校的学生体检结果统计汇总,以区域学校汇总报告单形式上报当地教育行政部门,当地教育行政部门再逐级上报。

(三)健康体检报告单内容。

1.个体报告单内容应包括学生个体体检项目的客观结果、对体检结果的综合评价以及健康指导建议;

2.学校汇总报告单内容应包括学校不同年级男女生的生长发育、营养状况的分布、视力不良、龋齿检出率、传染病或缺陷的检出率,不同年级存在的主要健康问题以及健康指导意见;

3.区域学校汇总报告单内容应包括所检查学校学生的总体健康状况分析,包括生长发育、营养状况的分布、视力不良、龋齿检出率、传染病或缺陷检出率以及健康指导意见。

(四)健康检查报告单的反馈时限。

个体报告单应于健康检查后2周内反馈学生;学校汇总报告单应于检查后1个月内反馈给学校;区域学校汇总报告单应于检查后2个月内反馈当地教育行政部门。

(五)学生健康档案管理。

学校和教育行政部门应将学生健康档案纳入学校档案管理内容,实行学生健康体检资料台账管理制度;应根据学生健康体检结果和体检单位给出的健康指导意见,研究制定促进学生健康的措施,有针对性地开展促进学生健康的各项工作。

四、健康体检机构资质

(一)机构条件。

1.具有法人资格、持有有效的《医疗机构执业许可证》、由政府举办的公立性医疗机构(包括教育行政部门所属的区域性中小学卫生保健机构)。

学生健康体检机构必须报经学校主管教育行政部门备案。

2.能独立开展学生健康检查工作。

3.能对学生健康检查状况进行个体和群体评价、分析、反馈,并提出健康指导建议。

4.有独立、固定的办公场所和足够的学生健康检查场所、工作条件和必备的合格的医疗检查设备与检验仪器。

5.有健全的规章制度、有国家制定或认可的医疗护理技术操作规程。

(二)人员要求。

1.体检岗位设置合理,管理职责明确。

2.有足够的与学生健康体检项目相适应的管理、技术、质量控制和统计人员;按体检项目确定从事健康体检的人员,每个体检项目不得少于1人(其中:检验人员不少于2人)。

3.具有与学生健康检查工作和学生常见病防治有关的知识和经验。

4.专业技术负责人应熟悉本专业业务,技术人员的专业与学生健康检查的项目相符合。

5.内科、外科、口腔科、眼科检查及实验室检验的人员必须具有相应的专业技术职务任职资格;各专业体检医师至少有1人具有中级以上专业技术职务任职资格。

6.具有中级以上专业技术职务任职资格的人员不得少于从事学生健康检查总人数的30%。

(三)场所设置基本要求。

具有独立于医院诊疗区之外的健康人群体检场所,设有专门的检查室及辅助功能设施:

1.有学生集合场地,并设有室内候诊区(不小于20平方米);

2.男女分开的内科、外科检查室(各不少于1间);

3.眼科、口腔科检查室;

4.化验室、消毒供应室;

5.男、女卫生间。

体检场所应按照《医院消毒技术规范》的要求进行消毒处理,符合《医院消毒卫生标准》(GB 15982—1995)中三类环境的消毒卫生标准,保证卫生安全。医疗废物处理应符合国务院《医疗废物管理条例》的规定。生物样本的采集和留存应符合国家有关卫生标准的规定和相关检验技术规范的要求;生物样本的运输应按照国家相关规定执行。

(四)仪器设备。

学生健康体检所需的医疗检查设备与检验仪器的种类、数量、性能、量程、精度能满足工作需要,并能良好运行,定期校验;仪器设备有完整的操作规程。

实验室基本设备:

(1)分光光度计;

(2)恒温箱;

(3)离心机;

(4)电冰箱;

(5)对数灯光视力表箱;

(6)检眼镜片箱;

(7)口腔科器械(平面口镜、五号探针);

(8)全自动或半自动生化仪;

(9)诊察床;

(10)与开展的诊查科目相应的其他设备。

体检器具的消毒应符合《医院消毒卫生标准》(GB 15982—1995)中的医疗用品卫生标准的规定。

(五)其他。

1.学生体检表由各省(区、市)卫生行政部门统一制定;

2.健康体检机构应有良好的内务管理,检查仪器放置合理,便于操作,配有必要的消毒、防污染、防火、控制进入等安全措施;

3.检测方法应尽可能采用国际、国家、行业或地方规定的方法或标准;

4.编制有质量管理体系文件,并严格开展质量控制;

5.为检验样品建立唯一识别系统和状态的标志,应当编制有关样品采集、接收、流转、保存和安全处置的书面程序;

6.体检报告按照规定书写、更改、审核、签章、分发、保存和统计;

7.开展健康体检的机构应按照有关规定收取体检费用。

五、健康体检经费及管理

(一)义务教育阶段学生健康体检的费用由学校公用经费开支,学生健康体检经费管理(拨付)办法由省级教育、财政部门共同制定。

(二)义务教育阶段的学生健康体检具体费用标准由省级财政、物价、教育、卫生等相关部门根据本管理办法确定的健康体检项目,以及当地教育、卫生状况和经济发展水平确定。

(三)非义务教育阶段的学生健康体检费用标准和解决办法,由省级人民政府统一制定。

六、健康体检培训与考核

各省(区、市)落实本管理办法,参加学生健康体检的机构及人员必须进行统一培训,统一体检标准。县级以上卫生行政部门负责组织健康体检人员的培训、考核。健康体检人员必须经培训考核合格后方可上岗。

附录6　关于做好入托、入学儿童预防接种证查验工作的通知

卫疾控发〔2005〕408号

各省、自治区、直辖市卫生厅局、教育厅(教委),新疆生产建设兵团卫生局、教育局:

国务院发布的《疫苗流通和预防接种管理条例》(以下简称《条例》)已于2005年6月1日实行。为切实依法实施儿童入托、入学查验预防接种证工作,加强托幼机构和学校的传染病控制,保护儿童身体健康,依据《条例》相关规定,现提出如下要求:

一、加强领导,广泛宣传,确保《条例》贯彻实施

各级卫生、教育行政部门要高度重视《条例》宣传工作,依照各自的职责制订宣传计划,通过宣传提高各地卫生、教育部门对预防接种工作重要性的认识,增进儿童及家长自觉接受预防接种意识,形成全社会重视、关心儿童预防接种工作的良好环境。

各级教育行政部门应加强对托幼机构和学校查验预防接种证工作的领导和管理,将其纳入传染病防控管理内容,开展定期检查。各级卫生行政部门应加强对漏种儿童补种工作的领导和管理,疾病预防控制机构应积极指导托幼机构和学校开展预防接种宣传工作。

托幼机构和学校要充分利用多种形式向学生及家长宣传预防接种的意义和有关知识;应当将查验预防接种证纳入儿童入托、入学报名程序,在报名须知中明确告知查验预防接种证的要求和国家免疫规划要求接种的疫苗种类,要求没有预防接种证或未按国家免疫规划接种疫苗的儿童,在入托、入学前应到居住地的接种单位补办或补种。

二、开展培训,确保查验预防接种证工作的落实

各级卫生行政部门应当会同当地教育行政部门结合实际制订具体培训计划，组织开展辖区内各级各类托幼机构和学校查验预防接种证的培训工作,各级疾病预防控制机构要加强技术指导。各级教育行政部门应协助卫生行政部门落实有关培训工作,确保托幼机构和学校派员参加。培训内容应包括:纳入国家免疫规划疫苗的种类及其免疫程序、预防接种证查验、登记报表填写、查验结果报告(包括报告机构、时限、内容等)、漏种儿童补种等具体内容和要求。

托幼机构和学校应明确专人负责查验预防接种证工作,并接受相关培训。

三、加强管理,切实落实查验预防接种证情况通报和补种工作

县级卫生行政部门应当将漏种儿童补种工作列入常规工作计划。县级疾病预防控制机构应在儿童入托、入学前做好辖区内漏种儿童补种的工作安排，提前将查验预防接种证登记报表和补种(补证)通知单提供给托幼机构和学校,对接种单位开展补种和补证工作的情况进行检查,及时收集统计儿童补种和补证情况并逐级上报。

接种单位应根据县级疾病预防控制机构的安排按时对漏种儿童开展补种（漏种儿童的补种原则见附件),对遗失预防接种证的已种儿童经核对无误后给予补证,将补种或补证信息及时反馈给儿童所在托幼机构或学校,按照要求报告儿童补种和补证情况。

托幼机构和学校应按照《条例》要求,在儿童入托、入学时查验预防接种证,查验情况必须如实填写并登记造册。发现未依照要求接种纳入国家免疫规划疫苗的儿童,或无预防接种证的儿童,应当在30日内向托幼机构和学校所在地的接种单位或县级疾病预防控制机构报告,同时将补种(补证)通知单交儿童监护人,督促监护人带儿童到当地规定的接种单位补种。托幼机构和学校应在儿童补种或补证后复验预防接种证。托幼机构或学校对学期中新接收的转学儿童也应当查验其预防接种证,漏种儿童应按要求补种或补证。

四、落实保障措施,加强监督检查,确保预防接种各项措施的实施

各级卫生行政部门和教育行政部门要制定切实可行的漏种儿童补种方案，积极争取财政部门的支持,落实工作经费,以确保儿童入托、入学查验预防接种证和漏种儿童补种工作的开展。

各级卫生、教育行政部门应加强对托幼机构和学校查验预防接种证工作和漏种儿童补种工作的监督和管理,每年定期开展检查。对儿童入托、入学时,托幼机构、学校未依照规定查验预防接种证,或者发现未依照规定受种的儿童后未向疾病预防控制机构或者接种单位报告的,要按照《条例》第67条规定由县级以上地方人民政府教育主管部门责令改正,给予警告;拒不改正的,对主要负责人、直接负责的主管人员和其他直接责任人员依法给予处分。

各省、自治区、直辖市卫生、教育行政部门可根据本地实际情况制定具体实施办法。

二〇〇五年十月十一日

抄送:各省、自治区、直辖市疾病预防控制中心,新疆生产建设兵团疾病预防控制中心,中国疾病预防控制中心。

国家免疫规划疫苗漏种儿童的补种原则

根据《疫苗流通和预防接种管理条例》要求,在入托、入学查验预防接种证时,对未完成免疫程序的儿童,按以下原则进行补种:

一、未接种国家免疫规划疫苗的儿童,按照疫苗免疫程序进行补种。

二、未完成国家免疫规划疫苗免疫程序规定剂次的儿童，只需补种未完成的剂次。

三、未完成吸附百白破联合疫苗免疫程序的儿童，3月龄~6岁儿童使用吸附百白破联合疫苗，7~11岁使用吸附白喉破伤风联合疫苗，12岁以上儿童使用成人及青少年型吸附白喉破伤风联合疫苗。

四、未完成脊髓灰质炎减毒活疫苗免疫程序的儿童，4岁以下儿童未达到3剂次（含强化免疫等）的应补种完成3剂次，4岁以上儿童未达到4剂次（含强化免疫等）的应补种完成4剂次。

五、未完成2剂次麻疹减毒活疫苗免疫程序的儿童，应补满至2剂次。

六、如需补种多种国家免疫规划疫苗，两种疫苗可以同时在不同部位接种。两种减毒活疫苗可在同一天注射，如未在同一天注射，则接种注射时间应至少间隔4周。严禁将不同疫苗混合在同一支注射器中接种。

参考书目

王陇德.卫生应急工作手册.北京：人民卫生出版社.2005.
季成叶.儿童少年卫生学.北京：人民卫生出版社.2003.
郑永东，桑向来.乡村医生培训指南.兰州：兰州大学出版社.2012.
李林静.学校卫生学.重庆：西南师范大学出版社. 1997.
刘应麟.传染病学.北京：人民卫生出版社.2006.
张琳琳，刘岩.卫生法规.北京：人民卫生出版社.2010.
吴坤.营养与食品卫生学.北京：人民卫生出版社.2003.
姜文国等.预防接种规范与相关疾病免疫预防.北京：军事医学科学出版社.2007.
刘维良.学校心理健康教育实施与管理.重庆：重庆大学出版社.2006.
孙俊.消毒技术与应用.北京：化学工业出版社.2004.